心一堂彭措佛緣叢書•索達吉堪布仁波切譯著文集

入行論釋・善說海

無著菩薩　原著

索達吉堪布仁波切　漢譯

書名：入行論釋 • 善說海
系列：心一堂彭措佛緣叢書 • 索達吉堪布仁波切譯著文集
作者：無著菩薩
譯者：索達吉堪布仁波切
責任編輯：陳劍聰

出版：心一堂有限公司
地址/門市：香港九龍尖沙咀東麼地道六十三號好時中心LG六十一室
電話號碼：(852)2781-3722 (852)6715-0840
傳真號碼：(852)2214-8777
網址：www.sunyata.cc
電郵：sunyatabook@gmail.com
心一堂 彭措佛緣叢書論壇： http://bbs.sunyata.cc
心一堂 彭措佛緣閣： http://buddhism.sunyata.cc
網上書店： http://book.sunyata.cc

香港及海外發行：香港聯合書刊物流有限公司
香港新界大埔汀麗路36號中華商務印刷大廈3樓
電話號碼：(852)2150-2100
傳真號碼：(852)2407-3062
電郵：info@suplogistics.com.hk

台灣發行：秀威資訊科技股份有限公司
地址：台灣台北市內湖區瑞光路七十六巷六十五號一樓
電話號碼：(886)2796-3638
傳真號碼：(886)2796-1377
網絡書店：www.govbooks.com.tw
經銷：易可數位行銷股份有限公司
地址：台灣新北市新店區寶橋路235巷6弄3號5樓
電話號碼：(886)8911-0825
傳真號碼：(886)8911-0801
網址：http://ecorebooks.pixnet.net/blog

中國大陸發行 • 零售：心一堂 • 彭措佛緣閣
深圳流通處：中國深圳羅湖立新路六號東門博雅負一層零零八號
電話號碼：(86)755-82224934
北京流通處：中國北京東城區雍和宮大街四十號
心一堂官方淘寶流通處：http://shop35178535.taobao.com/

版次：二零一三年九月初版，平裝

	港幣	一百三十八元正
定價：	新台幣	五百元正

國際書號 ISBN 978-988-8266-41-8

目　錄

無著菩薩傳

益西堅贊大師　著

索達吉堪布　譯

無著菩薩吉祥賢降生於吉祥薩迦寺西南方二由旬半處一名為扎嘉之地，此地周圍遍布白色山岩，其上有遼闊豐饒的牧場，下邊則是平坦肥厚的農區，整個地區完全被翠色欲滴的草原覆蓋，猶如一塊溫潤剔透的藍寶石靜靜地鋪在大地上，讓人頓生無盡的悅意。其父名功秋華，其母則叫琫准，藏曆木羊年（1295年），尊者伴隨著種種瑞相誕生於此世間。當其初入胎時，母親就在夢中看到觀音菩薩融入自己的心間，而當他出生時，外境中亦顯現出各種與觀音菩薩有關的徵相：此地以前從未曾出現過的妙香飄滿虛空、充盈大地；悅耳動聽的樂音傳遍諸方；大地震動；天空中降下花雨；當地民眾從來沒有目睹過的鮮花、草木自此繁盛生長……其後則為他取名功秋桑博（寶賢）。

出生後，他的身相即具有佛菩薩的相似相好，眾人都說他就像能給眼目帶來清新感受的甘露一般令人賞心悅目。降臨人間之後，他與生俱來的寂靜、調柔、溫順、正直、慈悲等心性品質就逐漸散發出來，以至在他很小的時候，其行為表現之水準就遠超一般凡夫之所作所為。若究其原因，當屬無量生世以來，尊者一直串習如海般之二資糧所致。幼年時，從他的日常舉止當中即可看出非常稀有的一種未來發展趨勢。比如，有一天，當功秋桑博正躺在母親懷裡時，突然刮起了一陣狂風，狂風夾裹著樹枝直上虛空。孩子見到後立刻大哭不止，母親問他為何如此難過，他就用小指頭指著天空說道：「一個有情被捲到空中去了。」母親連忙安慰他說：「那不是有情，那是樹葉。」聽到這句話，小功秋桑博才停止了哭泣。又有一次，秋天裡的某一天，當天地凍天寒並降下大霜，功秋桑博上午離開家到外面走動，結果等他回到家中時家人發現他的衣服不見了。父親急忙問他：「你的衣服呢？」他則回答說：「碰到一些非常可憐的眾生，見牠們被嚴寒逼迫，我就把自己的衣服給牠們了。」父親為了查證就帶著孩子一起去看個究竟，結果當他們來到一處遍滿蜘蛛的墳堆時，果然發現在那些快凍僵的蜘蛛身上正蓋著功秋桑博的外套。為防止衣服被風吹走，孩子還在衣服的四周壓上了一些石頭。

童年時的尊者即具有如是輕自重他的菩提心。

他有時會說：「我要修行。」言罷即依毗盧七法之坐式安坐且思維法義，他就這樣經常以聖者之行為度日。有時他也會哭，每當此時，家人便把經書拿給他，而他隨即就會停止哭泣並面露高興之色。別的孩童打他時，他只是哭一哭而已，根本不會還手打對方。後來，

一個名叫蔣陽頓有堅贊的人將他迎請到薩迦寺，並問起過他這些事情是否屬實。尊者當時回答說：「儘管大家都有這種說法，但我卻想不起來了。不過，每當碰到有人對佛法表示不恭敬時，我的心裡就會很難受。小時候，我的嗔心就很少，慈悲心倒很具足，別人行善時我都會隨喜其功德。因為這些原因，我對任何人都不會惡語相向。記得在我很小的時候，有天在薩迦嘎頗門口，一人沒有任何理由地故意打我的頭，最後打得頭上都起了大包，即便這樣，我還是沒對他生嗔恨心。跟其他小孩做遊戲時，如果他們輸了，我當時反而會因此而心裡痛苦並哭泣不已；如果自己輸了，心中反倒沒有任何不愉快的情緒。與夥伴們撿柴火時，他們若拾到了我卻未撿著，此時我一點也不覺得難受、痛苦；如果自己撿到了別人卻都沒撿到，我就會擔心他們父母會因此而責罵他們，想到這，我一定會把自己撿來的木柴分給大家，有時也會幫他們撿一點兒。回想孩提時代所玩的那些遊戲，大多不出建造佛塔、講經說法、禪定等項內容，基本上都是在以善法度日。」

尊者父母去世得很早，五歲時他就被外祖母撫養了。住在姥姥家時，他經常都要放羊，當時因為要交稅，姥姥不得不殺掉一些羊隻。每當看到有人在殺羊時，他心裡便明白又到了給官員上繳羊肉的時候了。當那些人拖著羊群奔向屠宰場時，他邊哭邊生起不可遏制

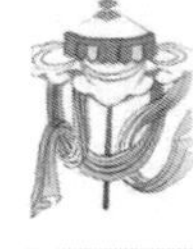

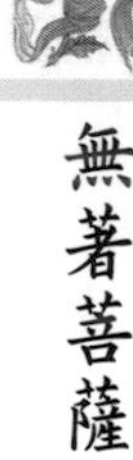

的悲心。雖說拉著那些人不讓他們走，但這一切都無濟於事，長時間拖拽著他們後，尊者最終往往會哭昏過去，而那些羊還是會被送到斷頭台上。經歷了這些事後，儘管姥姥對他依然疼愛有加，但他對人世間的種種虛情假意卻生起了強烈的厭煩心。九歲時，他終於從放羊之地逃脫，並來到了叔叔仁欽扎西所在的薩朗寺廟。在那裡，他開始學習文字、誦經等，不管所學為何，他總能做到過目不忘，當時的人們都稱他為不凡之人。

想到以前的高僧大德都是在佛陀的教法下出家、守持清淨戒律並精進聞思修行，尊者便來到薩朗寺諸上師面前請求也能讓他追尋前輩的足跡前行。結果，於十四歲那年，他終於圓滿了自己的心願：是年六月初八上午，薩朗寺喇嘛歡巴上師為其作軌範師，堪布仁欽華桑當他的親教師，仁欽多傑上師則擔當了日晷師一職，尊者如是於圓滿僧團中受了沙彌戒，並得法名桑博華（賢吉）。當其時，前未曾有之妙香遍滿大地，悅耳音聲縷傳來，天空中降下花雨，諸如此類的吉瑞徵兆皆為當地民眾所耳聞目睹。尊者尚在諸位上師前莊重承諾：今後縱遇命難，亦要守持住清淨戒律！

遵循前輩大德的行持風範，受戒後，他即捨棄一切今生瑣事，開始精進、專注於聞思如來經典，並背誦經文且思維法義。對家鄉的財富、受用、眷屬等，他一概無所貪求，為報答叔父仁欽扎西當初對自己的收留、照管之恩，他將屬於自己名下的田地、屋舍全都賜給了他，並教誡他說：「從今往後，你要好好行持善法，對毫無實義的世事萬不可執著牽掛。我的田產，再加上原本就屬於你自己的，這些財物已足夠維持你日常生活之用。若還覺生活無著，那我即便化緣也會供養你。不用擔心，認認真真修持就是了。」

尊者曾反覆思考過這一問題：即所謂佛法必須以講經說法以及實修來弘揚、護持，也就是說，通過聞思、講辯以持守教法；通過修行以持守證法。每念及此，他便發願要拼盡全力深鑽闡釋如來教法密意的諸大經論，並及祖師大德解釋它們的著疏。懷著這種信念，十五歲時，他便來到渥東乂森寺之分院艾悟佛學院，並投師根迦上師門下，從其精研《阿毗達磨雜事集》。因他與生俱來就具有調柔、寂靜、安忍、慈悲等心性特點，為防止別的道友生起嫉妒心，他就故意在人前擺出一副特別孱懦、低劣的神態。不過，不管尊者自己如何偽裝，無數生世以來串習善法的功德力卻讓他的智慧遠遠超越常人通過多年精進才能得到的那點兒智慧境界。某次，一個名叫蔣陽榮巴尼瑪堅贊的人對寺廟裡的僧人供齋，在廟裡所有年輕聰慧的僧人們聚集起來以後，他向大家提出了這麼一個問題：「俱舍裡說無貪受是痛苦，那麼我請問，既然已無貪愛，痛苦又從何說起？何況無貪又直接與痛苦相違。」對此問題，當時在場的眾多僧眾竟無

一人能予以解答。

尊者知道後就對那人回答說：「《俱舍論》中講有些聲聞阿羅漢雖然沒有了具貪之煩惱，但卻擺脫不了業力所致的痛苦感受，故無貪受與痛苦並不相違。」如此回答後，所有大智者皆深感稀有。南扎上師當即讚歎道：「你的回答無有絲毫拖泥帶水之處，確實已與無著菩薩無二無別，完全堪當第二無著之美譽，理應成為眾人的禮敬處。」自此之後，人們便稱其為渥東無著。

他對《彌勒五論》、《瑜伽師地論》、《二律儀論》、《八品論》①等論著中所闡發的道理一一通達無礙，恰似印度無著菩薩一般。同時，他亦深解《入菩薩行論》、《學集論》、《經集論》、《龍樹六論》等論典的旨趣。將這些論著全部掌握後，尊者又想將因明理論了然於胸，於是，他又來到吉祥薩迦寺，並拜著名修行者雄甲上師為師，從其學習《因明七論》、《集量論》等因明專著，並盡皆了悟，尤其對《定量論》更是用心頗深，且理解透徹。法勝論師以及莊嚴、天自在慧、釋迦慧、伽那些等諸大論師所造的

因明注解，不論從文字還是意義角度，他都可稱通盤解悟，就像當初的法稱論師一樣。大菩薩自己也曾說過：「我本人比較懈怠也不怎麼精進，但在我的智慧面

①《八品論》：古印度佛學家世親論師所造、闡明彌勒學的八種論著：《莊嚴經論釋》、《辨法法性論釋》、《辨中邊論釋》、《注疏道理》、《作業品》、《五蘊品》、《二十頌品》、《三十頌品》。

前，萬法皆可被同時通達。」他有時即會以這種玩笑的方式道破天機。如是修學後，尊者最終徹底明了了二勝六莊嚴所有論著的精義。

二十三歲時，他以雲遊僧的身分前往後藏各大寺廟進行辯論。對那些執持邪見者，他以教證理證將其各個擊破；對那些堅持正見者，他則予以攝受，並同他們一起雲遊四方。當時的人們都紛紛議論說：「像渥東無著這樣的大智者，以前從未出現過。」

在他三十歲的那一年，也即藏曆木鼠年，十月六日上午，以堪布香森仁欽袞為軌範師，南卡桑給為羯磨師，更嘎堅贊為屏教師，夏嘉香秋為日晷師等，在如是具足所要求之數量的僧團中，尊者於艾悟佛學院受了近圓戒。從那時起，他就對四部毗奈耶中所宣講的有關開遮持犯之種種規定嚴持不犯，他就好像優波離尊者又親臨雪域藏地一樣，成為了持戒精嚴之僧團的頂飾。

三十二歲時，蔣陽多有及其眷屬、更嘎堅贊上師、更邦朗卡扎、香森仁欽袞等人勸請他擔當達熱寺住持一職，尊者拒絕了。後來，那巴瓊帕堅贊、仁欽西日本巴也勸請他接受住持之職。面對眾人誠懇、認真的請求，他擔心若再拒絕就會有違背上師教言之嫌，思前想後，尊者最終還是挑起了達熱寺住持這一重任。後應以香森仁欽袞為主的諸大上師、善知識以及下擦瓦的善知識、僧眾之請，他到那裡創辦了艾熱佛學院。

多年以來，他對所有眾生皆如母待獨子一般慈愛憐憫，從未曾退失過片刻的輕自重他之菩提心。

為了弘揚佛法，他一直未間斷過講經說法，每次傳法時，他總愛同時開講《現觀莊嚴論》、因明、《阿毗達磨雜事集》、《大乘莊嚴經論》、《寶性論》、《入菩薩行論》這六部論典；除此以外，於相應時間內，他還適時宣說顯密佛經並及注疏；在以蔣陽頓有堅贊為主的眾多善知識面前，他則廣講甚深竅訣。因擔心會對聞思造成障礙、影響，對超度等法事他一概予以拒絕。尊者就這樣盡心盡力地弘傳佛法，依憑其菩提心之神威，每次講法時，他都能做到吐字清晰、不會掉字或遺漏，並因之而使其所說極富吸引力，且易於使弟子生起定解。尊者語言的慧光遣除了弟子們心靈的愚癡晦暗，同時也開啟了他們智慧的心蓮，一生中，他培養出的得意高足共有十位，至於其他的大智者則舉不勝舉，其名聲誠可謂遍滿整個大地。尊者即如是刹那也不散亂地弘法利生，在達熱寺的七年時間裡，他始終保持著這種心不外散的狀態。

三十八歲時，蔣陽頓有堅贊勸請他造《大乘莊嚴經論》的注疏，著作完畢後，他如是說道：「如果寫明此書乃由蔣陽頓有堅贊勸請而造，別人就會認為那就像說空話一樣（此句句意不明）。」故而書成之後，他並未寫上勸請者的姓名。《大乘莊嚴經論注疏》經過一番辛苦努

力後，終於圓滿完成了，它是尊者所造的一部大部頭著作。以後，他又造了《寶性論注疏》。

當時，一位名叫者嘉的上師勸請他造一部《入菩薩行論釋》，恰在此時，許多大智者聚集於邦.洛近登巴②譯師處向其詢問當今時代誰最精通《入行論》這一問題，因眾人對此事歷來眾說紛紜，比如有人就認為傑頓巴大師最了解此論的真義。而譯師則評價道：「於藏地而言，對《入菩薩行論》最為精通者當屬果倉巴、無著上師二人，其對《入行論》了解之深似無人可比，二人的相續中已具足此論的全部意義。」

在渥東講經說法時，他經常都會用自己的財物資助一些上師、道友，有人曾請他想一個能招財、守財的良策，菩薩當即就乾脆地回答說：「以邪命求財絕對不應理，因其不符合佛陀教言，亦與前輩高僧大德的行持背道而馳。前人捨棄今生一切意樂與無意義之行為，他們所言所行完全合於佛陀教言與法度，並嚴格護持三戒；在此基礎上，他們又廣行菩薩道。因此說，如果想要有所行持的話，那就一定要按照我的行為規範如理而行。」他隨即便開始宣講《佛子行》。為使自他眾生盡皆趨入佛子之行持，他在每一頌詞結尾都加上「佛子行」三字，以此方式最終圓滿創作了由三十七頌組成的

②邦.洛近登巴：亦名堅慧，生於1276年，曾翻譯有印度佛慧所著《集量論注疏》、《時輪經義疏.顯真論》等論著，並著有《三身明論》等著作。

不朽名篇《佛子行》。後上房頂校稿時，他把文稿放在面前，就在此刻，一陣狂風突然平地刮起，瞬間就把法本席捲而去，一張紙都沒給尊者留下。但他不灰心，又重新依照心中所憶將其整理了出來。如今，《佛子行》早已是傳遍諸方，其緣起還應追溯至那場大風所導致的突變吧。

正因為大菩薩發心極為廣大，故各宗各派之修行人都對他非常崇拜，並十分仰慕其教言中所流露出的智慧，特別是對《佛子行》更是讚不絕口，以至本論流傳久遠、影響力深廣，確實稱得上世代風行。不論何種身分者，見之都會恭敬合掌；雖說有人未能如理秉承教言、依而實行，但他們也對本論有敬信心，並將之當成發願時的殊勝對境，這些都是現量可見的事實。有次尊者生了重病，弟子們請他留下遺書，他則毫不遲疑地回答說：「我的遺書就是《佛子行》！」

大菩薩守持如來一切教法的宏願實際上已得成就，善財童子當初曾依止過一百多位上師，與其相似，無著菩薩一生中也依止過四十位善知識及兩位無與倫比的如意寶般的根本上師。具體說來，他們分別是：

廣聞博學時曾依止過的十位善知識：十四歲時，在一名叫蔣陽昆頓的上師前聞聽發心、般若、因明、俱舍、大威德、佛母修法、不動佛修法等；於根迦上師前聞聽《阿毗達磨雜事集》等與彌勒菩薩有關的論典；於

嘉樣尼瑪堅贊前聽受《定量論》；在薩迦派大智者雄甲上師處從其聞受《因明七論》及注解；在扎西衮上師前聽聞《阿毗達磨雜事集》；在阿闍黎釋迦香秋前聽受《現觀莊嚴論》；又於卓比地方的量士夫索南衮面前聽聞《廣般若》、《般若八千頌》及《般若八千頌釋》等經論；在蔣陽牙吉前聽受《般若二萬頌》、《般若八千頌》等般若方面的經論及《瑜伽師地論》等論典；還在邦.洛近登巴譯師前聽受了《瑜伽師地論》、《攝大乘論》、《阿毗達磨雜事集》、《能仁密意莊嚴論》、因明理論、羯磨事業、《緣起經釋》以及《中觀次第修法》等中觀方面的論著，還有《時輪金剛續釋》、密集金剛修法、《般若 八千頌攝義》及注釋、《菩薩論道》、《辨五蘊論》、十一面陀羅尼、佛智足尊者所造《攝集經釋》等；第十位善知識則是果仁欽桑科，他為尊者教授了《阿毗達磨雜事集》。

對無著菩薩恩重如山之十位善知識是：桑傑文上師，尊者五歲時曾於薩朗寺在他面前接受了勝樂金剛灌頂，人們普遍認為，在接受灌頂的同時，他即認識了心的本體；在薩朗寺的仁欽歡巴、仁欽華桑堪布面前學習別解脫戒律及其學處；在多德瓦上師處修習尊勝修法、陀羅尼咒、度母四曼茶羅、二十一度母修法等，並獲大威德猛修灌頂、開許灌頂以及月幢菩薩所造《八食子儀軌》、《五釘教言》、《修心寶頂》等傳承；又於喇嘛那巴上師瓊帕堅贊前接受、聽聞有關瑜伽方面的灌頂、竅訣及甚深法要；另一位大恩上師即是香森仁欽袞堪布，他在堪布面前接受了勝樂金剛、度母、大輪續、喜金剛、黑敵、無量壽及普明佛灌頂，並聽聞了《能仁密意莊嚴論》、三種《攝大乘論》、《彌勒五論》及其注釋、《唯識二十頌》、《唯識三十頌》，且前後六次聽受發心儀軌，又於其前得到了尊勝開許灌頂、瑪哈噶拉灌頂、阿且目食子灌頂、食子儀軌等；在上師熱巴仁欽朗前聽聞了文殊真言修法，後依而實修，結果其辨別智慧大大提高，尊者自己就曾說過「現在已能背誦《般若十萬頌》了」；又在大堪布甲渥華桑前聞受《三精華》、《大圓滿心性休息》等觸部法門（無垢光尊者所造）的一百個竅訣；於日巴華習前聽聞有關讚歎大手印方面的相關法要，如那諾六法、俱生大手印等；還有一位大恩善知識即是更邦南卡扎巴上師，於其前，尊者得到過兩次勝樂金剛灌頂，還有馬鳴菩薩所造的《本生傳》、《學集論》、《經集論》，以及恆河大手印等法要。這位上師具有殊勝的預知未來的神通，某次他曾計畫為自己造一所屋宅，當他與眾人正就房屋的具體設計方案商討、研究時，恰好無著菩薩也在場，上師就邊笑邊對他說道：「你可能會想這個老僧人肯定老糊塗了，要不然建這麼大的房子幹什麼！不過我告訴你，誰享用它還說不定呢。」結果房子蓋好後，上師只在裡面住了

一個冬天就示現生病了。他當時一面迎請尊者入住其中一面對尊者交代說：「我有四句話，你一定要記住：第一，我未死之前，你應守在我身邊；第二，我死之後，於四十九天之內，你要日日為我修持儀軌；第三第四，等我死了，這所房子還有糧食都供養你，你必須接受。」尊者後依教奉行，他將青稞大多用於為上師舉行的法會上，至於所接受的其他遺產則完全按照上師的遺囑處理。他後來曾說過：「此房竣工後，上師只住過一個冬天，而我們則享用了三十多年，看來上師了知未來的神通的確厲害！」

在其前聽聞過甚深法要的十位大善知識是：大上師根洛，尊者在他面前聽受過發心儀軌、《佛子妙答》、《入菩薩行論》等法要；增巴雲登嘉措上師，於其前得到過《大論續》、梵文度母法、不空成就罥索法等法門；多傑華上師，乃增巴雲登嘉措之兄，他向尊者傳授了《五釘加持》、《親友書》等傳承；任耶瓦上師，從他那裡，無著菩薩聽聞了行菩提心法門、《彌勒五論》及其注疏、陽貢巴所造三山法、《喻法寶積書》、《竅訣寶積書》等；江華陽頓有巴，在這位上師前，他得到了度母及大樂一髻之灌頂，還有發心儀軌、薩迦派不共之上師瑜伽、大中觀引導文等法要；布敦大堪布，於其前聞受了勝樂金剛、密集金剛灌頂，以及《吉祥勝續》、金剛薩埵灌頂、黑尊者修法、事業法之注疏等；

十位善知識中尚有一位索南堅贊法王，他在法王座下接受了發心儀軌、度母灌頂、三部芝悟巴法門、勝樂金剛勝供法、《勝樂金剛生戒注釋》、森巴譯師耳傳法、旃扎古昧所造《尊勝佛讚歎文》等傳承、灌頂；熱薩上師索南嶺珠，他為尊者傳了黑閻羅王灌頂與竅訣；洛桑上師，他給無著菩薩傳授的是朗日塘巴格西所造的《修心八頌》；還有一位善知識則是修瓦類堪布些嘉智，他向尊者傳授了觀音菩薩法門。

於其前修習廣大清淨行之十位善知識是：德些更嘎堅贊、開增欽波、索羅大上師、夏巴更索上師、希堅贊、章波龍的堪布土吉希、華齊阿闍黎、堪布索朗桑給、嘉波華上師、南卡桑給上師等十位，尊者從他們那裡都得到過法益。

至於無與倫比的如意寶般的兩位上師則分別為：一切佛法之頂飾、一切利樂之源泉、大阿羅漢之化身、住於清淨地之大菩薩——大堪布索南扎巴，在他面前，尊者得到過一切經續之精華、一切竅訣之醍醐、一切如來之妙道——大乘修心法門。得此法門時，因二人有無量世的師徒因緣，故尊者的兩種菩提心就像夏季湧泉一般汩汩湧出、不竭增盛，他的空性大悲藏猶如洶湧之波濤一般，最終全部匯入自他二利的汪洋大海中。對無著菩薩無誤開示菩提正道的大恩上師，尊者觀其為如意寶般，與真佛無異，並對之生起了無偽的恭敬心。初見堪

布如意寶時，他就有種與拜見真正的大聖者無絲毫區別的感覺，恰似阿底峽尊者一聞金洲上師之名號立刻就雙手合十且淚流滿面一樣，他在每次提到仁波切的名字時，立即都會恭敬合掌並熱淚盈眶。他曾讚歎說：「我的上師所具有的悲心，任誰也無法相比。」故尊者自始至終都把堪布當作如意寶一般虔誠頂戴。於此上師前，他還得到過苦樂道用法、不空成就罥索法、藥師佛開許灌頂及儀軌、《戒律根本律》、洛炯瑪及具光佛母陀羅尼咒、阿底峽尊者所著《發心儀軌》、則達日等上師所造的《百法論》、傑中更瓦所造法要等法門。菩薩在上師前首先學習並精通五明，中間又具有並修行空性正見及無緣大悲心，獲得殊勝成就後即開始不斷饒益有情。

另一位無與倫比的如意寶般的上師則是與金剛持佛無二無別的仁欽西日本巴尊者，在他面前，菩薩聽聞並得到了時輪金剛灌頂、六加行引導等有關甚深密法方面的法要，尤其是三世諸佛唯一之妙道、一切大菩薩心之精髓——兩種如意寶般的菩提心，故尊者對上師的信心與恭敬心與日俱增。他曾說過：「我相續中的大悲心乃依如意寶般的西日本巴尊者之加持方才得以生出。」因此，每提及恩師他就常常情不自禁地流下熱淚並恭敬合掌。有一次，上師對尊者說：「到我跟前來。」然後就給他傳授了以耳傳耳、以心印心、能使巨大成就不斷湧現、並且其本身的加持雲霧繚繞不散、能使罪業深重者強行成就、令利根者即生成就、中根者中陰階段成就、下根者也可於七世或十六世得到究竟解脫的空行母口氣尚未消失的觀音實修法門、俱生大手印法，並將緣起法門、略灌頂以及八關齋戒修法也一併傳授予他。上師並且慈悲加持，為他創造了日後弘法利生之事業可達於廣大無邊之境地的緣起。從此以後，菩薩即按照《俱舍論》中教示的修法次第，在清淨戒律的基礎上，一步步聞思修行。對顯密之道，他先依靠聞思斷除了一切增益；遵循前輩高僧大德之行持風範，他又前往寂靜地一心一意專心修煉。

尊者後將渥東艾悟達道場交給大弟子堅贊桑給。在他講經說法時，蔣陽頓有堅贊及其眷屬請求他能作艾悟的住持，對此尊者回答說：「我可以給你們另請一位上師。」隨後他便前往薩迦寺，並對邦.洛近登巴譯師說：「請你務必到艾悟作住持。」譯師非常歡喜地回應說：「無著上師，你帶來的消息令我深感受用，以前，我的上師雅德桑給堅贊未能擁有此道場，（而今我卻得到了，）我看我們明天就出發吧！」在邦.洛近登巴譯師到達艾悟的當天，尊者將《瑜伽師地論》等法本供養給他，自己就想趁此機會去寂靜地苦行實修，為此他特意吟誦道：

「散亂如不淨物應拋棄，為自他二利恆修禪定，
心中切盼如是精進者，皆願獲得內外之寂靜。

嗟！嗟！忠誠友諦聽：若欲得永久安樂，
應思維老病死苦，且至誠三門行善。
世間瑣事無意義，做之非理應斷除，
壽命猶如崖上水，剎那不住奔死處。
青春靚麗似花圈，掛於頸上色斑斕，
一朝色盡花紛墜，今生剎那即滅盡。
所積資財無法用，突然孑然離人群，
獨自前往陌生地，今世誘惑難擺脫。
汗毛上聳糞下泄，眼眶深陷眼球凸，
口乾舌燥無食欲，身難挪動心迷惑。
受此諸般痛苦時，良醫再多亦無用，
財產經懺無能力，親友深情徒唐捐。
眼睜睜望親友面，自己手拽自衣裳，
氣息急促呼吸短，猛厲喘息近斷氣。
恐怖閻羅逼近時，雖住珍寶無量宮，
十萬勇士持利器，嚴加防護不能敵。
轉輪王亦救不得，三界財富無能贖，
故當速皈依三寶，勤積聖者之七財。
煩惱所積之財產，今生來世痛苦源，
有漏煩惱之助緣，親友分崩之禍根。
財富恰似蜂釀蜜，釀成難食芝麻許，
為防他人損害之，失財喪命來守護。
安住世間轉輪王，離開此世空手歸，

一絲不掛故當思，積累資財迷惑否？
永不滅盡安樂園，信戒聞施智慚愧，
欲得長遠之快樂，聖者七財理應守。
上師善友應依止，智者還須斷煩惱，
惡人如食染毒物，遠離應如棄毒蛇。
六十四種狡詐索，女人以之縛貪者，
誰人堪能貪著彼，斷除解脫之根者。
富時逃跑亦緊隨，衰時求助彼遠遁，
親子弒父何足道，此等親友誰信賴。
當面奉承暗中貶，恩將仇報饒益者，
凡愚往來極密切，懷抱私心必欺汝。
故應力斷世貪欲，內心斬斷舊習氣，
全體剝盡無剩餘，一心皈命依三寶。
一切有為皆無常，有漏皆苦執樂迷，
涅槃寂靜如欲得，當修離邊之無我。
劣海翻湧惡緣浪，苦痛江河匯其中，
惡人巨鯨實遍滿，塵世濁海勿貪執。
自性快樂無他損，淨水花果自豐富，
貪嗔之聲不得聞，寂靜森林中安住。
蜜蜂嗡嗡起歡歌，孔雀踏出精彩舞，
樹枝隨風影婆娑，部分成熟花葉果。
具八功德之河流，潺潺流水傳歌聲，
水泡寶鬘所裝飾，水底鮮花處處開。

如是寂靜歡喜地，宣講深妙法上師，
師如第二佛陀尊，如子待母敬承侍。
師所宣說法乳汁，滋養智身愈強壯，
日夜恆時不散亂，精勤修持彼妙法。
方便船上智慧槳，我欲憑之救度盡，
輪迴苦海中眾生，諸法根本菩提心。
不求今生來世報，諸佛讚歎此布施。
戒乃一切功德本，害他如毒應斷除。
嗔敵掠奪諸財富，汝應依止安忍軍。
懈怠難成自他利，斷除瑣事精行善。
無禪定不見法性，應修無相之等持。
無智永不得解脫，應通甚深二諦義。
自他三世所造善，為諸眾生得菩提，
以三輪空智迴向，三身現前菩提果。」

尊者即如是吟誦了上述偈文。

接著，他便來到一處具足《經觀莊嚴論》中所講的寂靜地所應具足之功德的聖地——悟啟求忠（銀水法堡），這裡曾湧現出無數個大成就者，就像風水寶地普陀山一樣，下面就簡要描述一下此聖地的境況與功德：

悟啟求忠環境幽雅、寂靜，安住此處定會令歡喜心不斷生起，等持力亦會自然增上。放眼望去，五彩繽紛的花朵遍地盛開；側耳傾聽，各種鳥兒的宛轉鳴音時時傳來。整個地區遍滿花草樹木，到處呈現出一派生機盎然的景象。其前有屬於四大河流之一的後藏河匆匆流過，河水一路喧騰流向遠方；附近則鋪滿藍寶石一般晶瑩溫潤、秀色奪人的草地，各色鮮花星星點點地鑲嵌在後藏河兩岸。此地前方還有一嘉塘草原，其景色宛如用松耳石裝飾的金質曼荼盤一樣。此地不僅風光適人耳目身心，生活所需也很容易獲取。另外，盜匪、猛獸也都不會光臨這一雪山環繞的修行寶地。

從四十三歲開始，尊者就在這裡閉關清修，除了侍者阿索南達的父母以及一位續木瑜伽士共三人作為護關者以外，他與外界斷絕了一切聯繫，不再接見任何人。不管來訪者的地位有多麼尊貴或卑賤，他一概將其拒之門外。在關房的門口上，他還寫下了如下語句：

「頂禮上師三寶！

諸位欲見我者明鑒：

人生似秋日白晝一般短暫易逝，而閻羅死主卻像西山影子般步步緊隨。大限到來之時，我們只能獨自一人默默承受，那時唯一能給予有力幫助的即是佛法。

故不應以毫無實義之閒談耽誤自他行持善法，大家都應觀修無常，並對此世間生起無偽的厭離心。不可懈怠度日，要抓住光陰盡快修行。殊勝無比之佛法與今世之世間法不可兼得，欲自在駕馭世與出世法，懷抱此種想法者必定是自欺欺人之徒。

諸位即便見到我，我也沒有其他話可奉告，望眾人

各歸自家，並精進行持身語之善法。」

他又寫道：

「因前世造作不善業，故我於濁世轉生邊地，往昔身語意所造的一切業，都必將成為現在或將來遭受苦報的因。如今，既已進入寂靜地的關房中，就應像扯斷捆綁麥稈的繩子一樣，放棄身體的一切行為造作；亦應似斷弦之琴一般，停止語言的所有功用；還應如斷了水的磨盤那般，將內心所起的分別念完全斷除。上述誓言若有違背，就請瑪哈噶拉對我進行嚴厲制裁！」

尊者即如是請空行、護法作證，並自此後不再與外界進行任何接觸，他將今生的一切分別念全都鏟除，專心精進修法，同時保持誓言的堅定，唯以閉關之方式日夜觀修空性正見與大悲心等持。

在尊者如是閉關期間，某次艾悟格西前來迎請他出關廣轉法輪，尊者拒絕了這一請求。儘管未與格西見面，但他還是慈悲賜予了格西如下教言：

「南無羅給修鬲雅！

在以無量的智悲事業光芒照耀一切眾生、使之皆獲暫時及究竟利樂的諸佛菩薩前，我恭敬頂禮！

雖說心中充滿悲憫，但我瑪呢瓦卻無法利益眾人，想對他們有所饒益，卻苦於力不從心。在此，我只能滿含熱淚、以無盡的悲愍心對弟子們說說我的心裡話。

若於暇滿難得之人身寶洲，未取受絲毫的妙法如意寶，反以此身廣行無意義之今生瑣事，這樣的話，自己將來一定會後悔不迭。因此凡具智者切勿自欺，而應清淨戒律、不懈聞思修行、如理修持妙法，如此修為方能使暇滿人身真正獲得實義。

對大眾而言，不管身為老者抑或青壯年，誰都不願死，也不會想到死，但死主卻會突然出現在人們眼前。現在的我們對死亡毫無準備，看看你內心對主宰死亡有多大把握就可明了此點。故而不要再希求今生的名聞利養了，把精力用在行持能對來生帶來利益的妙法上吧！果能如是，日後迎接來世時，你一定會胸有成竹。

誰都不想受苦，誰都願意快樂永隨，因果無欺之道理想來大家也都明白，在這些前提條件下，如果仍一意孤行、造惡不止、不行善業，這種人若能成為智者，則世上還會有愚者存在嗎？是故寧可今世受人欺侮，或困窘餓死，也要斷惡行善，如此才稱得上是智者之舉。再看愚者，他們對餓鬼也會皈依，無慈悲心之輩皈依的對境竟然包括那些罪大惡極之人！其實這些人都非智者的皈依處，相反，他們不折不扣皆應成為智者悲愍的對境。所以說，我們理當一心一意皈依具足智、悲、力之三寶，一切暫時的苦樂境況都應了知為三寶加持所致，這樣，我們就一定會獲得短暫及長遠之利益。業、煩惱所生之輪迴三大痛苦，若執為快樂且希求不已，這無異於飛蛾投向木薪所生之火，（其結果只能是自取滅亡。）故當

了知輪迴本性為苦的事實，並力斷輪迴之因——業與煩惱，且為得解脫而不斷行持善法。

我們都知道離苦得樂是每個眾生的心願，故而為著自己的利益去損害別的眾生，這種行為與人形旁生又有何區別？這些被傷害的眾生在長劫輪迴中多次以慈悲心飽受痛苦煎熬利益我們，如果傷害眾生依然可以被稱為修行人的話，則普天之下又有哪一個人不能被叫做修行人呢？他們曾無數次捨棄自己的快樂，為我們忍辱負重、含辛茹苦，現在，若大家把他們統統捨棄，那聽聞大乘佛法還有何用？所以，為度化天邊無際的眾生，我們都應發起無上殊勝的菩提心，並斷除自利之心行，以直接間接的方式利益一切有情，這才可謂是殊勝的士夫。那種對他眾不會帶來利益的無貪之快樂，應觀若地獄之火般迅疾滅除；如果對他人有所助益，那麼即便是無間地獄之火也應看作花園一般坦然承受且修持。所有顯現皆如幻化，顯現的當下，其本體即是空性，顯空非一亦非異。若能如是詳加觀察，則萬有顯現均經不起勘驗。它們的實相了不可得，無論如何執著，都不過是自心尚處於迷亂狀態的證明而已。因此，修行人理應遠離四邊執著，一心安住於殊勝中觀道中。假如因自私自利心而不斷生起痛苦，且無法消除執實之病的話，那麼依止與良醫無別的上師又有什麼用？整天享用妙法的作用又體現在哪裡？故應遵循上師的教言，通過理證及智慧

觀察，享用妙法之妙藥，斷除執實病垢，精勤行持能帶來自他二利之善法。

雖已受持三戒，但又染污破戒，通過聞思也未能最終通達四聚戒之含義；雖欲利益眾生，但自利之心卻似烈火一般熾燃；雖住於寂靜地，但卻懈怠懶散……像我這樣的人又哪裡有資格教導別人！不過，言為心聲，我寫的全都是自己的心裡話，只想對你們有所饒益，除此之外，絕沒有夾雜任何別的個人目的在其中，望諸位見到後都能好好秉持。就算我們真的見了面，我也沒有其他話可說，即便我死了，除了上述話語也不可能再有別的遺囑。」

尊者即將此教言賜予了請求接見者。

幾年當中，他除了通過一個小視窗接受供養的食物外，未與外界進行任何接觸，甚至連關房的門都封死了，供養他的信財也一概拒不收受。有一次，在雲登達作上師侍者期間，曾收留了信眾供養的一整扇肉，以及一桶優酪乳還有一瓶酒，未曾想上師見到後馬上對雲登達說：「你要享用就自己享用吧！」他自己則壓根兒也不想接受這些東西。侍者無奈，只得將優酪乳、酒倒掉，那整扇肉則送給了提水者。無著菩薩某次曾這樣說過：

「在寂靜地不會對名聞利養抱有希望，對美食珍饈也自然斷除了貪執。為了掙脫輪迴牢籠的束縛，於此日

日都在精進修行。」

他就以這種方式堅持閉關了二十多年。

當時，一位全知法王也曾來到悟啟並請求能與尊者見面，他還有一些佛法上的問題要請教大菩薩。對此尊者回答說：「我已發過誓言，要嚴格閉關，因而無法與你暢談，以後再會晤吧。」至於法王所提的問題，則以書面形式作了答覆，他本人並未邁出閉關房一步。

另一位法王索南堅贊莖臨渥東時也請求能與尊者會晤，大菩薩則勸阻道：「這次希望你不要前來。」對於當時很多高僧大德、顯赫人物的這類請求，他全部予以拒絕，從未為此而出過關。他的身體遠離了散亂，語言遠離了綺語，內心遠離了分別念，如是刻苦磨礪，使他相續中的證悟境界日夜增上。他曾說過如下話語：

「在寂靜處當心正清淨無念時，忽然聽到此人彼人相繼死去的消息，每當這個時刻我就會想，我們的身體與水泡、風中燈火有什麼區別呢？一樣皆是連安住一剎那的力量都不具備！這種念頭在這種情境下總會情不自禁地生起。」

侍者有時會請求將所住關房略加修繕，尊者此時就會告誡他說：「我們不一定會在此處居留很長時間，更何況修整房屋時免不了要殺害很多眾生。」因此他一直未開許對自己的居所進行翻修。出關後他前往任耶瓦上師處，趁此機會，侍者偷偷將房屋作了修整。尊者回來後非常不高興地說：「在你修蓋房子的過程中，肯定會死許多蟲子，我們一定要念經迴向給牠們，好好給牠們作超度，這些有情實在是太可憐了！」當時，尊者還對自己寫下了如下教言以自我勸勉：

「南無羅給修局雅！

殊勝智悲力眾生怙主，恭敬頂禮觀世音菩薩，
懶惰乞丐鄙人瑪呢瓦，寫下勸誡自己之教言。
一入恐怖輪迴獄，即遭老病鐐銬縛，
住於持兵死卒前，此生恆久心有否？
廣大無際輪迴海，業與煩惱狂風吹，
恐怖惡趣漩渦上，名利之心想及否？
歲月山擋青春日，衰影障覆身群山，
臨死黑暗旋將至，安逸空閒汝有否？
頭刺白髮之鐵鉤，身體皺紋如繩纏，
拘於無情死卒爪，放逸安睡汝能否？
光陰大軍後緊追，死亡深淵前橫陳，
四維上下無處避，是否仍不捨閒談？
脆弱水泡般身軀，種種惡緣風吹動，
剎那安住無把握，邪念豈有空閒生？
今日不死難確定，死後不知去何處，
無義瑣事仍造作，豈非自欺欺人歟？
富人空手裸體去，高貴瞬間不能留，
眷屬群中孑然離，除去佛法何有益？

往昔貪求今生樂，虛度此生散亂過，
若仍不斷懈怠行，死時悔恨何太遲！
他眾無能作損害，心清憶念竅訣時，
未曾精進滅貪嗔，中陰迷亂無奈何。
降敵護親皆無有，高官賤僕亦闕如，
不調自心於靜處，瑪呢瓦你欲何為？
故斷利養貪散心，恆依正知與正念，
依憑悲智雙運道，淨除二取之習氣。」

此自我教言尚有下述內容：
「老幼青壯無次第，不欲死時死忽至，
診治誦經皆徒勞，思此當斷今生貪。
富人空手裸體去，高貴瞬間不能留，
眷屬群中孑然離，思此當斷今生貪。」

他經常都會教導眾人說：「觀無常實乃甚深殊勝法門，若能生起無常觀，則可成為初入佛門之因；無常觀亦是求解脫者中間修行之鞭策；同時，它也是最終獲取光明法身之正因。因此說，觀修無常確為非常重要之修持內容。」因大菩薩自己已在內心深處確立起堅固無常觀的緣故，所以他將貪欲等執著全部放下，也捨棄了一切對未來之籌謀策劃，至於今生的那些凡情瑣事更是棄如敝屣。正如噶當大德在古籍中所言：「獨行了自事，

無著乃行境③。」對這句話，尊者確實可謂做到了身體力行。他已無絲毫貪著今世的念頭，一直堅持行持圓滿甚深正道。對那些有緣弟子他常傳以正法，並反覆強調說修行中的最大違緣即是不能看破今世；真修行人應走如來歡喜之道，應思維觀修人身難得、壽命無常，並全力以赴力爭達到不貪戀今生的境地。對此，他還有如下教誡：

「頂禮上師三寶尊！
增上功德妙光芒，遣除過患之黑暗，
禮敬諸佛菩薩已，宣說如理修行法。
入於解脫正道者，若仍希求世間法，
較此更無大違緣，故應力斷希求心。
無論聞思修何法，若雜世間法念頭，
不淨毒物混饈中，盡皆敗壞無剩餘。
若於師友起爭論，不顧痛苦發惡語，
廉恥喪盡積財富，希求今世所導致。
為侵他人之財產，身心精於勤算計，
毀壞自他今來世，希求今世所導致。
手中雖持經論燈，然為親眷頻爭鬥，
直如邁向險深淵，希求今世所導致。

③意為獨自一人義無反顧地踏上修行之道，家人家事全部棄置一邊；遇事對境不起任何執著，坦然安住方為修行人本色。

雖對親屬大布施，然以私心顧眷屬，
如此不得廣大果，希求今世所導致。
雖嚴護戒如眼目，為名利縛不得脫，
輪迴監獄鐐銬繫，希求今世所導致。
雖曾長期修禪定，然以貪嗔毀他眾，
寂止反成不寂行，希求今世所導致。
病盜怨敵人說為，修行違緣實不然，
心性調柔為順緣，希求今世真障礙。
今欲如理修行者，應知希求今世念，
實為障道大違緣，一切時斷極為要。
即生利益難成辦，即便實現難享受，
唯有死亡自親領，到時眷財有何用。
棄之深感極痛苦，思後斷除今生慢，
必死不知何時死，唯一佛法有利益。
轉生不知生何處，佛法利益遍生處，
秋積春日未必享，不積人又笑其愚。
死時唯佛法有利，現不修習極愚癡，
求名利心盡斷除，恆時無亂修正法。」

大菩薩就這樣圓滿了三士道的修持，他自己以身作則、言行一致地踐履了上述教言中所闡述的人身難得、壽命無常等道理，至於修成皈依的具體情況，則可從下面這則公案中一見端倪。

尊者在前往拉薩的途中，某日正沿著從貢唐到拉薩

的一條河邊行進，當時有七八個人騎著馬正準備過河。當他們騎行到河中央時，突然全部沉入水底並迅即被河水淹沒。大菩薩見狀立即焦急萬分地呼叫道：「哎呀呀！哎呀呀！」隨即便雙手合十、緊閉雙眼祈禱道：「度母呀！度母！聖者度母！」

隨著尊者的虔誠呼救，不大工夫，除一人一馬外，其餘人眾與其坐騎不相分離、全都迅速升至岸上，而那人則被水流席捲而去。恰在此刻，尊者背後忽然冒出一個身著陳舊白色氆氌、身形長大之人，他腰間還繫著一條毛蘭草繩做的腰帶。那人踴躍說道：「我去！我去！」言罷即毫無顧慮地躍入激流中。他拽著落水者的手，終將其毫髮無損地拖拉上岸。一到岸上，白衣人迅疾消失，在場眾人個個深覺稀有。無著菩薩疑惑地說：「這到底是怎麼一回事呢？」身邊有人答話道：「會不會是祈禱度母感召的？他可能是度母的化身吧！」菩薩聞言不覺感慨有加：「也許是吧，真是稀有難得啊！由此看來，一般情況下，只要自己能一心一意祈禱，三寶肯定不會欺惑我們，一定會給予如是的加持。」

有一年尊者看到侍者在種地，一見之下他立刻教誨侍者說：「這樣耕種會殺害很多眾生，即便是種出來一大堆葉子，對我們又有什麼用呢？」最終，他並未開許開荒耕種。有一年夏天，他又對侍者說：「不要撿幽墨柴，這種柴火裡依附有很多眾生。我們能不死就足夠

了，生活所需倒是需要準備準備，但不一定要撿幽墨柴呀！」夏季看到油燈沒有燈罩，他就會說：「飛蛾撲過來會把牠們燒死的。」於是他只讓身邊人白天供燈，夏天供燈則一律在清晨進行，對此他解釋說：「如供燈太晚的話，因看不清路面，眾人腳下會踩踏死很多眾生。」

總之，他對業因果的道理深信不疑，這方面的明證即是：縱遇命難，他也不會傷害哪怕是極微小的眾生，而對那些相信業因果之人則經常讚歎。尊者已圓滿修成大士道，可完全徹底地行自他交換法門，對任一眾生都能無偏饒益。

某些施主要上戰場時，他們拿著很多做食子的供品來到尊者面前請求他能祈禱三寶護法對自己進行護佑，而尊者在為他們念誦儀軌時卻說：「雙方都應平息爭鬥，我們應如是祈禱，使人們的惡心、粗暴心理漸次消除，不應祈禱一方勝利、一方失敗，希望大家也都能這樣做。」他又說：「雖說施主希望自己能夠獲勝，但爭執平息才能對雙方帶來真實利益。這樣祈禱就已足夠了，我們也算沒有欺瞞施主。」

每當聽到某某眾生幸福、快樂的消息，他都會由衷地隨喜道：「真是太好了！」口中如是說，臉上亦是一副歡喜無盡的表情。他曾說過：「因我苦楚狂風吹，他人臉上掛黑雲，淚雨滂沱歎雷急，此等行持怎能為。以

我快樂目光觸，令其笑顏蓮苑啟，白牙花蕊盡顯露，如是行為豈能捨。」一聽聞他人的喜事，他就會無比的高興。

在尊者的感召下，其住處附近的猛獸也不會互相損害，牠們都能以慈心相待。別人送給他的一條獵狗，有隻岩羊每每都想與其共相玩耍，這個時候，獵狗從不會傷害牠。碰到乞丐正準備上前撲咬時，只要對方念誦觀音心咒，牠就決定不會再咬其人。還有隻貓也特別溫順善良，每當牠看到天窗中有小鳥雀時，一絲毫的惡心也不會生起，反倒顯得特別歡喜。害怕小鳥飛走，牠就藏在牠們看不到的地方安靜入睡。不僅與鳥和諧共處，牠連老鼠也不加傷害。有隻狼也不傷害任何眾生，而且還不吃肉。另有隻天鵝在尊者轉繞（佛塔）時，也跟著一起轉繞，尊者停下來，牠也停步不前，無論尊者幹什麼，牠都會模仿效行，大菩薩也特別喜歡這隻天鵝。後當地出現戰亂，尊者不得不離開悟啟前往渥東，臨行前他交代侍者：「不拿其他物品都沒什麼問題，但這隻天鵝千萬別忘了帶走。」大堪布香秋澤睦聞聽之後不禁讚歎說：「這些旁生的稀有行為表明，只要修成菩提心，什麼都可以調柔自在。」

當地爆發戰爭後，尊者對悟啟地方的百姓開示說：「不要貪戀財物，自己逃命要緊，我可以當那些跑不動的老年人的僕役，護理、照顧他們。」後來，能跑的人

全都四散逃亡，剩下的老弱之輩則集中於尊者座下。當大隊士兵怒氣沖沖地來到尊者面前時，一睹無著菩薩慈顏，他們那粗暴、憤怒的言行舉止立刻自然消盡，故而也就未傷害那些齊集在尊者身邊的老人。不僅如此，他們尚祈求能得到尊者的加持，有些當時就對上師生起了信心，且淚流不止，還有人則痛自懺悔以前所造的殺人罪業。

尊者曾自忖過：我身邊的弟子都依賴於我，我應以慈愛心保護、關照他們，他們互相之間也應和睦共處、慈悲相待、不起爭鬥。仰賴尊者教誨，每當眾弟子在上師身邊會集時，大家都能做到歡喜和合、互相讚歎，現場只聽得一片悅耳之語。其實，他對所有眾生都如母待獨子一般慈愛關懷，其大慈大悲之心時刻溢於言表。對那些正在遭受苦難或造作痛苦之因的眾生，他尤為關切、悲憫。

大概在尊者十六歲時，有一次，以前曾在財產方面給過尊者利益的某位格西對他說：「明天有一件非常重要的事情，你替我處理一下吧。」遵照格西的委派，他便從渥東趕赴薩迦寺。途中，在一寬闊的草原上，他看到了四五隻被狗媽媽遺棄的小狗。此情此景令他悲心頓起，一時間不覺淚流滿面。此時他想：若把小狗送回渥東，那就沒時間成辦格西委託的事情了；若只管辦事，把小狗扔在這裡，現在是冬天，牠們一定會凍死的，況

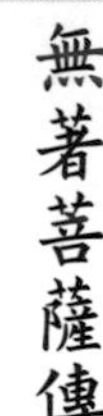

且烏鴉、猛獸也會把牠們殺害。思前想後，他最終決定還是先把小狗送回，晚上再接著辦事。於是他帶著小狗就往回走，路上還思量到：此事最好不要讓格西知道。沒想到在一個路口迎面就碰到了格西，格西面帶不悅地責怪說：「你耽誤了我最重要的事！」聽到格西的譴責，他顯得非常不好意思，安頓好小狗，立刻就出發再次趕往薩迦。黎明時分，他終抵目的地，並將有關事宜辦理妥當。吃了一點兒東西，便又馬上往回趕，直到晚上才趕回渥東。格西見狀深有感觸地對他道歉說：「你真了不起！我昨天罵你請你不要生氣。」

大概在尊者二十歲時，艾悟寺院的僧人準備遷移他處，當時寺廟大門口有一跛足乞丐一直哭泣不止。尊者聽不下去就上前詢問道：「你為什麼哭呢？」那人答以：「僧人們都走了，往後我向誰要飯呀？」尊者聞言立即安慰他說：「不要著急，我可以把你帶到新地方。」說完就回轉身收拾了一根繩子，然後又對那乞丐說：「你拿著行李，我背你。」乞丐面露難色：「可我拿不動啊！」聽到這兒，他便將乞丐的衣物、墊子先背過去，然後又返回來再將乞丐背到那裡。

不用說真正見到眾生受苦，就連聽到別人說某某某如何如何苦，他都會難受萬分地感歎說：「我的老母親實在是太可憐了。」就這麼邊生悲心，邊哭泣不已，以至最終往往泣不成聲。聽到人們議論說：曾有人言朗日塘巴尊者是黑臉。尊者聽說後回應道：「想到如母有情的痛苦，我還怎麼可能面露笑顏呢！」無著菩薩就對此公案評價說：「朗日塘巴的話千真萬確、真實不虛。」每想及苦不堪言的眾生，他都會淚流滿面，並說偈言：

「捨棄苦逼諸眾生，自求寂滅安樂道，
如棄火海中父母，清涼水池自沐浴。
眾生曾捨己快樂，為救我等受煎熬，
量逾大地海微塵，我何能棄彼等眾。
饒益我之諸眾生，難忍苦痛緊相逼，
見聞憶念若漠然，我心是否鐵打成？
為我除苦之母親，無間地獄火燒身，
對之若不起悲心，空長人身實畜生。」

當時，西藏發生了一些戰亂，就連悟啟前的草原上也搭蓋起軍營。他看到後就悲哀地說道：「真是太可憐了，我的這些如母有情的心全都迷亂了，他們正造作往後備受痛苦的因，真是可憐可悲啊！」說到這裡，他已在床上輾轉反側、痛苦得難以自制，甚至會因那些造惡業之眾生而哭得昏厥過去。他還說過：「三惡趣中眾生多，人間受苦亦可憫，若能善加思維之，行苦因者極可憐。」在與人接觸、交談的過程中，若有人提到名聞利養、財富圓滿、位高權重、造惡不斷等話題，他就會顯得非常傷心、難過。為免旁人聽到後會生邪見，他盡量克制不去議論這些人事；若真實遇到這些可憐的眾生，他對他們的悲憫之心及傷心之情就更不用說了。他曾教導眾人道：「我們這些修行人中，見到造作苦因的眾生而能生起大悲心的其實很少，這說明自己即生當中也一直在行持非法行，諸如希求名利地位等，且不把此等行為觀為過失，故才能將此等惡意識藏於心底。見到此類眾生若能生起大悲心，就說明我們自己已將造惡看成非法。如果不對此詳加審視，自己會變成什麼都很難說。」

每次召開法會時，見到苦難重重的眾生，大菩薩自己就會忍不住放聲痛哭，別人受了感染，也隨之啜泣、哀哭，以至整個法會到處都是哭聲一片。有一次，一位法相師曾對此評價道：「大堪布布敦和班欽上師在講經說法時，眾人一片歡聲笑語，氣氛非常熱烈、歡快、鼓舞人心；而他們（指無著菩薩處）在開法會時，眾人個個都很悲痛，看起來就像死了至愛親朋一般，大家全都哭聲陣陣、悲情難抑。」

大菩薩在閉關期間，曾以神通了知大堪布索南扎巴即將圓寂，於是他便突然出關前往堪布處進行探問。中途，遇到兩人牽著一隻山羊在行進，他便問他們：「你們牽著牠幹什麼去？」二人回答說：「準備把牠交給屠夫。」尊者聞言立刻生起悲心，他哭著拉住山羊，並將半兩金子交與二人：「這個給屠夫吧，山羊必須賣給我。」他就這樣將羊買下並放了生。等走到相達一塊大

岩石下時，他又說：「我們在此休息一會兒吧，你們準備燒茶。」隨行侍者為難地說：「可這裡沒有水啊！」尊者頗顯自負地回答：「水由我負責，你們只管撿柴火、生火就是了。」等他們回來後，尊者將手指插入沙石中，且道：「水就在這裡。」結果，從其手指入地處，剛才還滴水皆無的地方，立刻就汩汩冒出清清水流。侍者心下暗想：這該不會是幻術吧？等燒完茶，那股水流還在向外湧出。後來，當他們探訪完畢再回此處時，大家發現那裡根本就沒有任何水的痕跡。等見到堪布仁波切時，大堪布對他們的到來顯得異常歡喜，並殷勤招待。無著菩薩則對堪布說：「行菩提心儀軌，我以前曾在任耶瓦上師那裡得到過，現在想在你面前再得到一次。如果你的身體狀況允許，請慈悲考慮一下。」儘管堪布的身體非常差，但他還是答應了，並對無著尊者一行人說道：「你們呈上供品吧，我可以給你們傳授。」於是就將行菩提心的正行儀軌傳給他們。後在祈禱時，整個大地都震動不已，天上也降下了天人花雨，地上則遍滿妙香，樂器所出音聲似雷聲般隆隆傳來，空中雲彩也像彩虹一樣絢爛無比。儀軌圓滿後，大堪布欣慰地說：「現在，我已將此法交付與你，我這個老僧人即便今天死去也不足惜！」如是說罷，仁波切即認其為法子。不久，大堪布即告圓寂，圓寂前，他老人家還念誦了一遍幻化八喻的偈頌，然後才安詳示寂。堪布的弟子們異口同聲地讚歎道：「無著菩薩一定是以神通了知這一切的，否則也不可能恰好在堪布圓寂之前趕到。」

接受了這一傳承後，他每天都要受持願、行菩提心簡略儀軌三次，他並且說：「這些眾生曾無數次捨棄自己的快樂，為我們忍辱負重、含辛茹苦，現在，若大家把他們統統捨棄，那聽聞大乘佛法還有何用？所以，為度化無邊無際的眾生，我們都應發起無上殊勝的菩提心，並斷除自利之心行，以直接間接的方式利益一切有情，這才可謂是殊勝的士夫。」在前後藏地區，他為大格西以及高僧大德們，還有成千上萬的信眾廣傳發菩提心儀軌，使他們全都成為了發菩提心者。其後，在以大堪布香秋澤睦為主的眾多高僧大德的集會中，他又為眾人傳授行菩提心儀軌，並諄諄教誡說：「在堪布仁波切索南扎巴面前，我曾求此儀軌，他老人家慈悲傳與了我，並歡喜地說：『今將此法賜予你。』本來，我並沒有傳授此法的資格，但老人家讓我務必廣弘此儀軌，故不管怎樣，這次我還是向諸位傳授了這個儀軌。阿底峽師徒與三同門等大德住世之時，此法已極為保密；後來，能傳授此法的人更是少之又少；若論及前後藏地區，則幾乎沒有可以傳授此法門之人。跟隨我的人中，以前相續中曾生起過菩提心的人很多，這次又對你們做了圓滿傳講，希望諸位高僧大德中有能力者日後亦能廣向眾人教授此發心法門。」

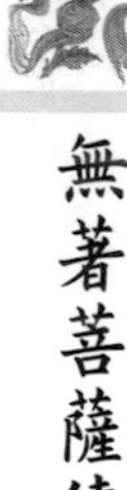

至於尊者修自他相換的情況，則可具體見於下文。

有一名叫華耶的上師，當其修行時，適逢所居地出現一種名為畜癩病④的傳染病。無著菩薩知道後就對他說：「望你能發大心，繼續收養這些小蝨子。若不堪其擾，我可以幫你。」過了一段時間，華耶上師身上的蝨子一點兒也未見減少，隨後他便前往秋中並在那裡住了幾天，結果蝨子跑掉了很多。他想：這會不會是無著菩薩修自他相換的結果呢？於是便特意前去探望尊者，一見面就發現尊者身上的蝨子特別特別多。他很慚愧地對菩薩說：「我給你添麻煩了。」尊者卻回答道：「這些蝨子不是你身上的，牠們本來就出自我的身體。」幾天過後，這些蝨子便全都銷聲匿跡了。

尊者經常說：「別人的痛苦如果自己願意代為領受的話，只要以猛烈的大悲心祈禱，就一定可以做到自他相換，這是我現量感受到的。」一次，霍兒地方的大長官迎請他到薩迦，途中進食時，有一條老狗也蹲在附近搖尾乞憐。霍兒的瑪華見狀就用石塊擊打牠，結果打得牠倒地哀號。大菩薩也同時發出「哎喲喲」的痛苦呻吟聲，就像那塊石頭打在自己身上一樣，手中的瓷碗也差點兒掉在地上，眼淚也忍不住流淌下來。到了薩迦後，他為很多善知識及信眾廣傳甚深廣大妙法，饒益了無量有情。

④畜癩病：症狀為渾身發癢、體生小蝨子。

曾有一內輸迎請尊者，到達彼處後，剛好遇到那裡有三個人因犯法而正要被處以死刑。尊者立刻對他們生起悲心，於是便要求內翰最好不要處死他們。因為尊者的請求，那三個人最終得以活命。還有一打卦者，為了創造卜筮的緣起，就將一大官員的肖像放置在坐墊下，同時還將寶劍、磨具也一併放在坐墊下。此事後被官員發覺，他馬上就著手準備追查此事。無著菩薩知道後就要求他不要再對此事窮追不捨，幸賴菩薩從中調和，這個人最終才免於被判刑。

從仁琫返回時，夏魯[5]地方的人們又前來迎請尊者，他便在眾多的善知識以及信眾前廣行法布施。後來，布敦仁波切示現生病，並顯現接近圓寂之相。雖未與其碰面，但尊者依然對仁波切的身語意進行了加持，祈禱他能長久住世，並為他能長住世間創造了緣起，最後又觀修了自他相換法。修法當晚，布敦仁波切的病情即有所好轉。此事後逐漸為眾人所知，人們紛紛議論道：「是無著菩薩加持布敦仁波切的，結果仁波切的身體果然好起來了。」布敦仁波切的侍者剛好也做了一個夢，他將夢境描述與上師：「昨天，我夢見無著菩薩的身體變成水晶般透明，他頭戴黃金冠冕正行灌頂。」布敦大師高興地說：「你的夢非常吉祥，我的身體也是從昨天開始

[5]夏魯：日喀則縣地名，是十三世紀八思巴建立的十三萬戶之一。元置沙露絲田地里管民萬戶，明代因之。

恢復的。」大師說此話的時候，神情顯得非常愉悅。

另有一次，索南堅贊上師為了聽法將尊者迎請到薩迦，他即在那裡廣轉法輪。返回的路上，途經匝朗時碰到了一群強盜，他們雖沒對無著上師作任何損害，但其侍者卻全都被捆綁起來。一個被捆的侍者旁邊恰好放著強盜的一把刀，侍者當時暗想要奪刀而逃。菩薩以他心通了知後，就暗示他不要胡思亂想，也不要輕舉妄動。侍者最終聽從了上師的勸誡，沒有強行跑掉。強盜後將眾人行李及財物全拉到仁欽崗，尊者此時便對盜匪們開導說：「在我心裡，已將財富等身外之物全部捨棄，因此我根本沒有產生你們在搶我的東西這類念頭。如果尚需要我的衣服，你們完全可將之拿走。」聽了此番表白，匪眾個個深受感動，他們隨即釋放了所有被捆人眾，並在尊者腳下頂禮懺悔，且以讚歎的口吻「埋怨」說：「碰到你這樣的大德，只能怪我們運氣不好。」因沒搞到財物，強盜們不免有些傷心、失落，尊者便讓他們跟著自己一句一句誦讀了一遍迴向文。

他曾說過：「有兩件事至今令我耿耿於懷、難以忘卻：第一，以前我曾看到過士兵的身影出現在藏地雪域；第二，未能與一位大官員結上法緣。當時，有一人被關在監獄裡，雖說我勸阻過官員不要殺掉此人，但他不聽，還是把那人處死了。如今，雖說已事過境遷，但這兩件事卻深刻於腦海，並成為勸勉我不懈修行的原因之一。截至如今，不論我做何善事，我都會將功德時常迴向給他們，尤其是那些可憐的士兵，因他們侵害了悟啟地方無依無靠的百姓。不過，我也不知道這種迴向能使他們得到什麼利益。」

有一次，門口來了一位得了嚴重畜癩病的乞丐，他的身軀早已失去了光澤，其坐墊等物遍滿了小蝨子，大小便亦完全失禁。眾人見到後不禁發嘔、噁心，紛紛要求他不要再在此地耽擱久留。尊者耳聞目睹之後，大悲心頓時油然而生，他那充滿悲憫的眼淚再次簌簌落下。晚上，他即把乞丐本人領進屋，同時，還把他那些沾滿了蝨子的坐墊、衣服等物拿進屋裡，又賜予了他一兩件乾淨衣服及食物。接著，他開始用自身身體給小蝨子們作布施——在蝨子窩裡一住就是兩三天。上師、道友後發現了尊者的這種行為，當他們前往探視時，發現菩薩正坐在乞丐的坐墊上，並圍著乞丐的衣服，渾身上下到處爬滿蝨子，整個身軀則遍布痘瘡。眾人見後不覺驚訝萬分，他們哀懇道：「現在還沒到上師布施身體的時候啊！這樣做是不是有些太過分了？」大家就這樣祈禱尊者停止此種行為。但他卻念誦了《入菩薩行論》中的一首偈頌作為回答：「吾既將此身，隨順施有情，一任彼歡喜，恆常打罵殺！縱人戲我身，侵侮並譏諷，吾身既已施，云何復珍惜？」念誦完畢，尊者並未聽從他們的苦勸，依然在行自他相換。眾人後來到蔣陽頓有上師前

求援：「我們雖請求尊者不要這樣，但他不聽，還在以身布施蝨子。無論如何，這次上師您務必前往勸阻！」蔣陽頓有上師遵循大家的意見最終來到尊者面前，並祈請道：「請勿再如此行事，這樣做也未免有些太過分了。你自己會變成什麼樣子呢？也許會死吧。」無著菩薩聞言即以《本師傳》中的一首偈頌作答：「僅依此肉身，亦能饒益他，我發如此願，當具廣大果。」接著又說了如下教言：「那種對他眾不會帶來利益的無貪之快樂，應觀若地獄之火般迅疾滅除；如果對他人有所助益，那麼即便是無間地獄之火也應看作花園一般坦然承受且修持。」言罷，依然未聽從蔣陽頓有上師的勸告，還是堅持如是作為。不久，所有蝨子都自然消散無遺。正當小蝨子們活動頻頻、上下嚙齧之時，尊者在刺癢難忍之際，有時就會用一塊布裹住身體。即便這樣，他還是堅持說：「他眾若以嗔慢心，於我身作大傷害，損惱以致瀕死時，願能憶念所發願。」尊者即按此誓言身體力行。

又尊者在渥東時，適逢一乞丐之子也患了這種畜癩病，身上蝨子多如牛毛，尊者見狀再次將其身上的蝨子全部安置在自己身上。結果一日之內，這些小旁生便全都死去了。尊者的一位名叫念博華日的心子對此評述道：「依靠上師的身體，這些蝨子一定能得到解脫。」除此之外，在渥東、悟啟等地，大菩薩曾多次將眾乞丐身上的蝨子轉移到自己身上，當地人一直有這樣一種說法，即這些旁生最後全都以死亡的方式獲得了解脫。

無獨有偶，潘朗塘地方的一位法師也在以同樣的方式救度眾生，這位法師是一位真正的大菩薩、大修行人，他將別人身上的蝨子一一接受過來，然後就開始以身體對這些眾生作真實布施，以至後來示現圓寂。其身邊之人立即將其衣服拿到無著菩薩處，並請侍者替他們把這些衣物轉呈給菩薩。侍者即將情況向上師作了匯報，等他出來時，那些人焦急地問：「上師怎麼說？」侍者轉告他們：「上師說：『知道了，

我很隨喜。釋迦牟尼佛因地為烏龜時，曾將身體布施給八萬給大嘎小蟲，世尊之公案與此法師之事蹟完全相同。看來，法師的心並未生起過後悔之意，這真乃稀有罕見。我們都是修心人，不應該捨棄這些蝨子，牠們太可憐了，把那些衣服都拿進來吧。』」侍者當時曾向上師建議說：「您老人家年歲已高，這些蝨子沾上身會十分危險。」但尊者不聽他的勸告，還是堅持要把法師的衣物統統拿進屋。

大菩薩一直不願訴說任何眾生的所謂過失，對佛門中人更是常觀清淨心，從不宣講他們一絲一毫的過錯。如聽到別人指指點點、議論紛紛，他馬上就會制止道：「看到別人的過失只能證明我們自己的心不清淨而已，別眾到底如何，我們誰也無法確定。若大家到處散播別

人過失的話，別人也會廣為宣傳我們的過失，這樣彼此之間就會形成爭鬥，出現這種不好的結局絕對是必然的緣起規律使然。」

大譯師邦.洛近登巴曾引用薩迦班智達的一首偈頌對無著菩薩一生的行跡作了一個總結：「最初精通諸學處，中於智群中宣說，隨後勤修所知義，此乃諸佛勝妙道。」這首偈頌的確是大菩薩一生作為的傳神寫照。邦譯師尚評論道：「我們這些修行人，外表看來雖人數眾多，但能擁有像無著菩薩那樣穩固可靠之修證境界的人卻不知幾何。別人的情況我不大清楚，但無著菩薩是真正得到穩固境界的聖者，他是名副其實的大修行人，的確堪稱為大士夫。有個別人可以達到我的修行水準，對他們而言，這已經十分困難了；不過，假如要讓我達到堪與尊者相續相比肩的境界，恐怕還得積累很多劫的福慧資糧。表面上看，我是他的上師，他為我的弟子，但我對他其實比對任何一位上師都更有恭敬心。我這個老人在臨死之時，如果他能來到我的枕邊，那我就太高興了。不過我經常都在東奔西跑，而他則恆居一地，故到時能否如願以償還未可知。」譯師又在一封帶有詩學體裁的信函中讚歎道:「汝有如我師一百，吾有似汝弟子一。」

全知榮博大師也對大菩薩讚歎有加：「我有一個超勝父親的兒子，像他這樣的心子，別人如果有幸擁

有，一定會引來眾人的羨慕。這樣的大德，確實舉世罕有。」布敦法王亦盛讚說：「精通一切三藏義，證悟甚深密續部，成就二種菩提心。」當尊者前往夏魯時，布敦仁波切對夏魯的僧人們說：「如今，在雪域廣袤的大地之上，通達教理且真修實煉、真正證悟者，唯無著菩薩一人而已。至於我本人，只能算是粗通佛法，因全知帕巴渥（聖光）要求我務必弘法利生、講經說法，並廣造顯密經續之注疏，遵照他的囑託，我才開始在眾人中講說佛法，但我根本就不曾擁有過無著菩薩那樣的修證境界。只要能與像他那樣的聖者結下聽法之緣，就一定可以斬斷輪迴之根。因此，所有閉關者都應立即出關、專志聽法，一切費用均由拉文匡佐支付⑥。」當時，尊者在夏魯前後共住了約一個月，對不同根基的眾生廣宣佛法，利益了無量有情。

每當有人在無著菩薩面前詆毀、誹謗自宗及相關傳承時，他總要借此教導弟子們說：「別人若對我們的傳承及上師或自己進行誹謗，我們大家應該對其所說深表贊同。當我們說他說的都沒錯時，對方也就無話可說了。這樣一來，大家也就不會再以嗔恨心焚毀自他相續，我們也可藉機成為忍辱者。」他邊說邊發誓言道：「眾中若有怒目者，難忍惡語頻相向，羞愧難當頭低

⑥原西藏地方政府專管傳召大會開支和收入的機構，此處似指仁波切的個人財務管理機關。

垂，願能憶念所發願。」一見到那些對佛法及眾生有害的人，有人就忍不住嗔心頓起，且憤憤不平地說：「他們這樣做也太不應理了。」尊者聞言總會勸誡他們說：「這些人其實非常可憐，對他們一定要格外慈悲。」他並且說道：「損害我與我方者，損害佛法及眾生，見聞憶此野蠻眾，尤應發起慈悲心。名利讚譽若有利，即應饒益不吝惜，不能即以猛悲心，盡將安樂迴向彼。」尊者有時又會說：「每當有人當面對我們說粗話或肆意詆毀時，此時如果我們不開腔答話，對方也就不會生起嗔恨心，我們自己當然也就成了無有任何過失的安忍行者。別人加害自己時，若以牙還牙，則雙方都變成了有過失之人。」

無論從尊者言行舉止的哪一方面考察，整個大地上都沒有可與之媲美者。他的美名隨風傳遍四方，就連漢地的許多大皇上都對他恭敬有加，比如黃貼澤⑦。另外，印度、尼泊爾、亞匝、阿里等鄰近國家和地區執掌政權的顯要人物也紛紛以信函等方式對尊者迭加讚歎「釋迦佛之補處、大教主渥東無著菩薩……」云云。他們請大菩薩惠賜教言，尊者便通過信函往來對之加以開示，眾求教者個個皆以恭敬心頂戴奉行。他的諸大弟子中具有名望者為：蔣陽頓有堅贊、法王索南堅贊、德些.索南羅珠兄弟、達文格些兒.更嘎仁欽堅贊、達文格些兒.更嘎

⑦黃貼澤：按尊者弘法利生的年代推算，似指漢地元順帝妥懽貼睦爾。

朗碧堅贊等薩迦派之祖師傳人，以及遍知大堪布香秋澤睦、智者貢秋堅贊、大成就者瓊波瓦，還有前藏帕摩竹⑧、達隆⑨、采巴⑩、嘉麻瓦⑪等地的高僧大德及諸大仁波切等。總之，

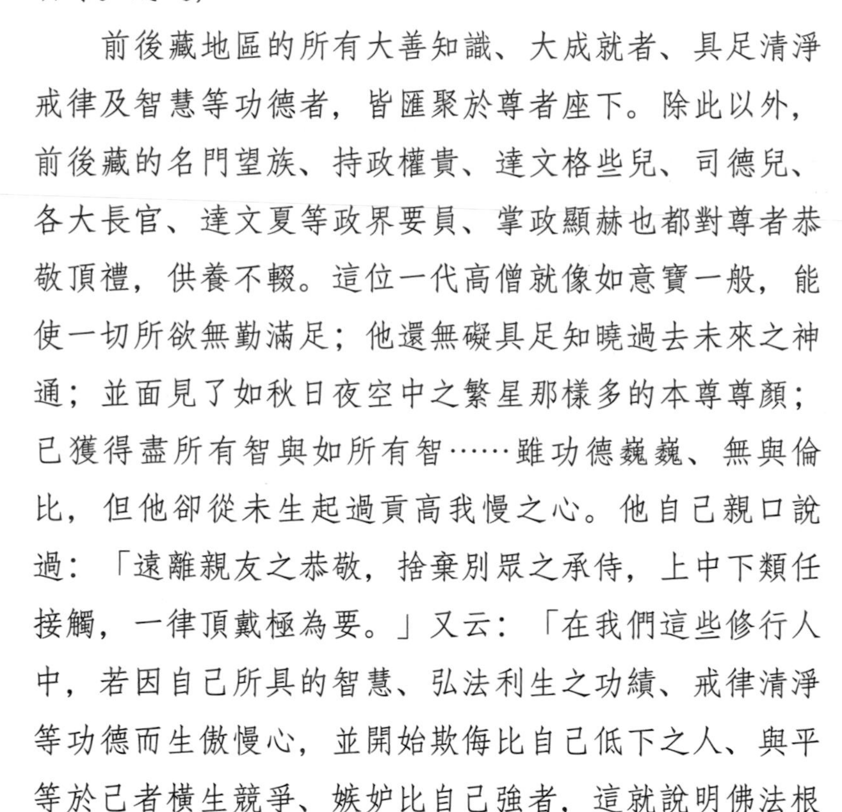

前後藏地區的所有大善知識、大成就者、具足清淨戒律及智慧等功德者，皆匯聚於尊者座下。除此以外，前後藏的名門望族、持政權貴、達文格些兒、司德兒、各大長官、達文夏等政界要員、掌政顯赫也都對尊者恭敬頂禮，供養不輟。這位一代高僧就像如意寶一般，能使一切所欲無勤滿足；他還無礙具足知曉過去未來之神通；並面見了如秋日夜空中之繁星那樣多的本尊尊顏；已獲得盡所有智與如所有智……雖功德巍巍、無與倫比，但他卻從未生起過貢高我慢之心。他自己親口說過：「遠離親友之恭敬，捨棄別眾之承侍，上中下類任接觸，一律頂戴極為要。」又云：「在我們這些修行人中，若因自己所具的智慧、弘法利生之功績、戒律清淨等功德而生傲慢心，並開始欺侮比自己低下之人、與平等於己者橫生競爭、嫉妒比自己強者，這就說明佛法根

⑧帕摩竹：西藏乃東縣境一地名，十三世紀八思巴所建十三萬戶之一，西元1354年大司徒絳曲堅贊所立帕竹第司政權，西元1357年，明洪武八年所置帕摩竹巴萬戶府，均在此地。

⑨達隆：地名，在今西藏浪卡子縣中部。

⑩采巴：現今西藏拉薩東郊地區名，元置搽里八田地里管民萬戶，明代因之。

⑪嘉麻瓦：十三世紀，八思巴奉命在西藏地區建立的十三萬戶之一，元置加麻瓦萬戶，明代因之。地在今墨竹工卡縣境，嘉麻赤康為萬戶府遺址。

本未融入我們的心相續。這就如良藥反變成鴆毒一般；又似魔鬼在東方，我們卻向西方扔食子。」

儘管人們都對他生歡喜心，並勤於供養，但他對世間妙欲卻一點兒也不貪執，不論眾人以何食物供奉，他只管直接享用，從不妄加評論這個好吃、那個不好吃，只要能下肚即可，故而眾人都覺得侍奉他非常容易。他自己也說：「海中大魚被鉤牽，自己貪欲引至此，若未貪心求餌食，鐵鉤何能穿上顎。依憑順緣入輪迴，貪執妙欲所導致，斷除妙欲之貪心，順境亦為道助緣，無執妙欲極為要。」他又說：「我們這些修行人從最初開始學習時，即未生起過積累財產的念頭，故現今生活得非常幸福、滿足。」

無著菩薩在行布施波羅蜜時，將身體、受用全盤施捨，毫無保留地盡皆布施給眾生。在羅果日地方，有一羸弱、長期患病、無衣無食之人，尊者碰到後就將自己化緣所得的一頭騾子可馱動的糌粑全部布施給他，隨後並且對別人說道：「我給他糌粑時，他對我說：『現在，死亡之魔已消散滅盡了。』他邊說邊哭，樣子十分可憐。」薩迦地方有一乞丐瀕臨死亡，尊者擔心在他未死之前可能先被餓狗吃掉，於是便給了一位捨世者一些犒賞，煩他保護那位乞丐一個晚上，結果，那乞丐當晚安然死去。尊者後來對人講：「這兩次布施儘管所施財物很少，但我內心卻十分滿足。」

某次在講經說法時，適逢有個新來的人向尊者化緣，大菩薩便把他叫進屋，指著屋子裡的東西對那人說：「你自己需要什麼可隨意拿走。」那人最終拿走了一緒邊褥子⑫。又有一次，有人前來索要東西，尊者還是讓那人自己進屋挑選，最後，他把菩薩一個用餐的小盤子拿走了，除此之外，菩薩還把自己的衣服也一併送與他。另外，像遊學辯經者等人前來時，如果沒有什麼東西相送，他就會把窗簾扯下來送給他們。甚至有一次當尊者沒有東西可送與一化緣者時，他竟將傳法時所用的緒邊褥子給了那人。他的上師發現後，就用一斗糧食又將那塊褥子換了回來，並對尊者說：「褥子只有一個，怎能把這個也布施給他人！」到澤東時，碰到一名為寧瑪華的僧人，不幸大氅被盜賊偷去了，他正為此事傷心難過。剛好菩薩有兩個大氅，立刻毫不猶豫地將其中一個送給了他。等索南扎巴大堪布來到渥東早晚講經時，他也前去聽聞，結果因只有一個大氅而感到寒冷異常。本想向上師借，又害怕遭上師罵，故只得打消了這一念頭。

在尊者求學期間，儘管糌粑等口糧並不多，但只要一來乞丐，他便會從小盤子裡一點一點舀出糌粑給他們。別人勸他道：「再這樣布施下去，你自己就沒什麼可糊口的了。」他聽後只是淡淡地回答說：「沒有就沒

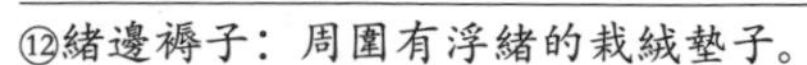

⑫緒邊褥子：周圍有浮緒的栽絨墊子。

有吧，以後再想別的辦法。」他即如是寧肯自己受苦受窮，也不捨棄對乞丐及貧窮者的布施之心。在悟啟時，有次侍者不在身邊，一下來了三十多個人化緣，他便把身著的半月形披風以及糌粑全給了他們。後又來了一化緣者，他先把氆氌送給他，接著馬上自責道：「我明明還有更好的東西，為什麼不布施呢？」於是就又把大氅交給了那人。過了一年，那人再次前來索要，尊者便以氆氌衣服相贈。一次，侍者不在家，乞丐又來到家中乞討，這次確實沒什麼東西可送的了，他便將一個山羊皮做的火皮筒施與了他。

前文已講過，無著菩薩在二十多年的時間裡一直嚴格閉關、足不出戶，等他出關後，便開始為悟啟地方的僧俗信眾傳講發菩提心及修行法門，還有《本師傳》、《菩薩地論》等法要，當時，繽紛花雨似白雪一般從天而降。一次，在傳講《入菩薩行論》時，天人花雨也如前次一般紛然飄落。後來，前藏地區的德色地等官員亦紛紛前來迎請尊者廣施法雨。

在尊者六十七歲那年的正月十六日，他又對華登、曲米⑬、夏魯等地的僧人及信眾廣行法布施。接著，又與大堪布布敦仁波切一道前往仁琫地區，途中，因侍者餵給一隻母犏牛的食物太多，以致牠最終病得奄奄一

⑬曲米：西藏南木林縣地名，為十三世紀八思巴所建立的十三萬戶之一，元代置出密萬戶，明代因之。

息。布敦大堪布以念誦忿怒本尊咒語等方式為牠廣作加持，但收效甚微，最後，那隻母犏牛還是慢慢咽了氣。菩薩見狀，不由悲從心起，他一邊捧著母牛的頭，一邊哽咽說道：「我的老母親實在是太可憐了。」布敦仁波切在一旁勸阻說：「上師，我們還是繼續趕路吧！」尊者悲痛地搖搖頭：「你們先走吧，我暫時還不想離開這裡。」他邊說便悲哭不已。布敦仁波切不禁感慨萬分地說：「這頭母犏牛的福報真大啊，作為旁生，能積累如此大的福報資糧，恐怕再也找不出第二個來了。」

色德·香秋堅贊後將尊者迎請到西竹殿堂，途經仁琫時，他突然在無人告知的情況下指著遠處說道：「紫紅色的度母天然身像應該是在那座山的前面吧！」平常，隨從人員從未向尊者指指點點那些看不見的地方。後在色德及其眷屬的陪同下，尊者開始雲遊四方，有次在離桑耶寺尚有兩天路程的一處地方，他指著遠處虛空中的一朵白雲問道：「白雲所在的地方都有什麼？」嚮導回答說：「白雲的下面就是桑耶寺。」菩薩感慨道：「是啊，那就是桑耶寺，真是太令人深感稀有了。」旁邊一名為雲丹渥的阿闍黎不由問道：「到底有什麼呢？」尊者回答他：「有原因啊！（此句句意不明）」色德在將尊者迎請到乃東⑭以後，一直對其恭敬承侍，廣行供養，視其

⑭乃東：縣名，在西藏南部雅魯藏布江和雅拉香波曲也即雅隆河的匯流處，清代稱奈布東城。

為如意寶般，並不斷祈請尊者傳法。大菩薩便對乃東以及昌珠寺⑮、澤當寺⑯等地及寺廟的僧俗民眾廣施法雨。此時，罕見難睹的天人花雨再次降下，眾人見後自然皆生大信心，尊者也同時利益了無量無邊之有情，一些即將遭殺的人也趁此機會得到了解脫。五個月過後，他又來到拉薩，並為覺沃佛像貼金，且大量供燈，為佛法能長住世間及廣泛利益眾生而廣作祈禱。拉薩附近以及各地披著袈裟的大智者紛紛聚集到尊者身邊，就如夜空中繁星拱月一般，同時，許多在家人也匯攏在他周圍。大菩薩對他們同樣傳授了發菩提心等法門，現場也出現了花雨紛墜的景觀，所有在場人眾個個皆生起無比的信心，尊者又一次將無量眾生安置於解脫成熟道上。在貢唐、桑德、蘇果、聶塘⑰等地講經說法時，天人花雨也接連落下。當時凡親眼目睹者都對大菩薩生起不退淨信，他亦將他們全部安置於利樂之道上，這些都是有目共睹的事實。慈敦仁耶有次在尊者面前曾問起過：「您在桑浦以及其他地方講經說法時，天空中所降下的花雨沒有在拉薩講經說法時降下的花雨精彩、絢麗，這是為什麼？」尊者回答說：「看來此為聖地之加持力所致。」

⑮昌珠寺：七世紀初，法王松贊干布為鎮伏堪輿家所說羅剎女左肩所倡建的寺廟，在今山南乃東縣境，為西藏最早寺廟之一。相傳文成公主曾居此寺，寺內有公主爐灶、六柱六門及公主珍珠卷軸像等文物。

⑯澤當寺：西元1351年，噶舉派大司徒絳曲堅贊所倡建的寺廟。

⑰聶塘：拉薩西郊曲水縣境內一地名，印度佛學家阿底峽尊者曾在此講學，並居住九年，後又於此地圓寂。該處有仲敦巴所建之度母寺。

當色德又將尊者迎請到雅隆地方時，一名為當些望西之人將自己的房屋、財產悉數供養給尊者；桑丹寺的色德則繼續承侍無著菩薩，大菩薩又在澤塘等地的善知識及信眾中廣轉法輪。他曾對色德說過：「我不需要財物方面的任何供養，不要向僧人們索要錢財等物及徵派烏拉⑱，這樣做對佛法只有害處，故萬不可再如此行事了。」其後，當他在桑耶等地廣轉法輪時，每每在傳法之際，天上都會普降花雨，眾人亦因生起信心而獲得實際利益。色德在陪同上師從前藏地區回來時，曾將上師得到的廣大信財全部供養給以薩迦寺為主的眾多寺廟裡的僧人，並經常幫助那些聞思修行之人，對貧窮可憐者更是尤為關照，結果大眾都因財、法兩方面的布施而心滿意足。

後來，擦巴地方的人又來迎請尊者，由思杜.格朗桑波父子作施主，尊者又在善知識、出家眾及在家眾中廣轉法輪。當時正值大瘟疫流行時期，由於大菩薩的威德感召，瘟疫很快就平息下去了。不僅如此，就連關在監獄中的犯人也獲得了赦免。總之，凡遇到希求佛法之僧眾或在家人，尊者一律會用法施令其個個滿意。

再次抵達拉薩時，菩薩在覺沃佛像前供燈並貼金，且為利益有情及廣弘聖教而至誠祈禱。此時，思杜.格朗桑波等人再三懇請尊者能長住拉薩，但他並未答應。返

⑱烏拉：徭役、差徭、力役之徵。

回後藏的旅途中，在達倉地方，他又為以瓊波上師為主的僧人及在家眾傳講佛法。一路上，只要碰到講經院、修行院或在家人，他都要作廣大的法布施。總而言之，他對前後藏的民眾以財、法及無畏大作布施，使其心願皆得以滿足。

在某一兔年的十月一日，他才又回到悟啟地方。

大菩薩自從受了別解脫戒後，即於二百五十三條戒律秋毫無犯；發下願行菩提心之後，就斷除了一切自私自利之分別念，三門唯一只行利他之舉；趨入金剛乘後，即將一切不清淨之分別念盡皆滅除，通達將所有器情世界觀為清淨壇城之法。他的身體經常散發出清淨戒律之芳香，所居屋舍也常飄蕩出股股撲鼻香氣，他將自己吃剩下的飯以及帽子等物贈送給別人，結果這些東西上的香氣竟繚繞了近一個月也不消散。

五十七歲之前，他從不享用肉食。後來，在為望扎迦、衮秋堅贊上師傳授眾多教言時，他的身體稍顯欠佳。兩位上師再三請求他務必食肉，他自己通過觀察也覺得這樣做會對眾生有利，在這種情況下，他才開始稍稍享用一點兒肉食。

閉關期間，他的修行安排如下：

早起洗漱過後，邊念七支供邊磕一百個頭，接下來受持一個簡略的發心儀軌並作食子念誦儀式，早飯後開始修不動佛等本尊，然後又受持一個簡略的發心儀軌，接著轉繞佛塔一百圈。每天，他都要念誦兩萬觀音心咒，修誦佛母、度母三十遍，藥師咒二十一遍，尊勝佛母咒一遍。晚上，先按續部所言修勝樂金剛本尊，後接念一千遍勝樂金剛心咒。臨睡前，先念七支供，後受持一個簡略的願行發心儀軌。閉關期間，他就這樣不間斷地修行，至於其他時間的修行內容則並不確定。

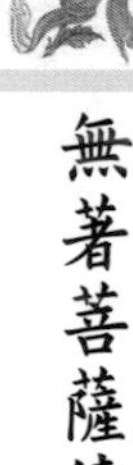

大菩薩將顯密所有法門都修行圓滿，在給別人傳講佛法期間，於夢中他經常隨心所欲地雲遊各大清淨刹土，並在應化於這些刹土中的無量諸佛菩薩面前廣聞佛法聖教。法王索南堅贊在修建渥東艾悟經堂及建成開光時，曾迎請過無著菩薩，當時，大菩薩與布敦仁波切曾就各自的夢境內容作過一番交流，菩薩言：「在夢中，依此夢中身體我到過兜率天，並在彌勒菩薩面前圓滿聽受了《慈氏五論》。」布敦仁波切則說：「每當我講經說法時，如果白天沒來得及流覽法本，則可於夜晚的夢境中將其完整看完。」無著菩薩在傳講佛法時，若碰到忘失一些教證的情況，他馬上就會雙目直視虛空，這樣做了以後，他立刻就能回憶起剛才想不起來的所有內容。他的心子在對旁人解釋此種現象時總會說：「這些遺忘的內容都是由本尊告訴上師的。」

雖說尊者的修證已達超凡入聖之境，但他時刻都不忘觀察自己的迷亂心行。他曾自我教誡道：「你這個人不具備絲毫智慧、修證境界與賢善人格等功德，你自以

為了不起，實則自己的過失已如山王般大，只不過唯獨你本人視而不見罷了，但你卻對別人哪怕微塵般的所謂過失也明察秋毫。表面上整天把利益他人掛在嘴邊，內心卻充滿自私自利之意。外表裝作一個修行人，實際上每天只知修行生活瑣事而已。過去因不觀察自己的行為，自欺已久，故現今不但備受痛苦，而且連從輪迴惡趣中解脫的把握也絲毫不具，這都是自己毀壞自己前程的結果。如今，若真想獲取永久安樂，那就必須安住在寂靜地，把身心全都交給上師三寶，並遠離世間八法，且不與那些熱衷於世間八法者同流合污。還應徹底斷除自私自利心，並披上無畏利他之鎧甲，斷掉我慢與憎恨心，永遠將自己看得十分低下、卑微。尚應時常思維諸高僧大德之事蹟，並要具備修苦行的毅力與勇氣……」他還說過：「以惑談他菩薩過，則將毀壞自功德，故於大乘諸士夫，不說過失佛子行。」不僅如是說，他亦如是身體力行。平日裡，除了言談與佛法有關及可以利他的話語外，無意義之閒談他一概不說，更不用說指摘別人的過失了。有時，一些人會在尊者面前說：我們的上師如何如何好，你們的上師如何如何糟糕；或某某法是多麼多麼得高深，某某法又是多麼多麼得淺顯；又或者此為正見、彼為邪見等等等等。聽到這些說法，尊者雖不會當面表態，但在講經說法時他往往會旁敲側擊道：「說一些無關之語其實毫無實義可言，更何況此種行為

還會使不善業增上。特別是詆毀他人，在損害自己利益的基礎上又沾染上很多別的過患，且使我們的貪嗔之心愈加熾燃，的確可謂損人不利己。如果對佛法以及他眾以偏袒心妄加毀謗，這更是非常可怕的一種行為。」他還時常吟詠道：「言多徒增不善業，即便惡業不增長，亦為無義虛度日。自他有利話語外，斷除妄言極為要，此為精進之助緣。」

尊者於晚年時，每年都會閉關九個月、出關三個月，出關期間即開始為各地趕來的如繁星一般眾多的善知識、出家眾及看破今世的捨世者們，還有諸多地位顯赫的在家人等如海般的眷屬傳講佛法，廣行法布施。此時，眾人供養的母岩羊、獵狗以及放生羊等旁生亦恭恭敬敬地匯聚於尊者座下聽法。有一次，納唐寺⑲來的一位修行人未按上師教言行事，他在將散亂的心剛從外界收回來時就開始修風，以致最後神志不清、發了瘋。某次正當尊者講經說法時，他赤身裸體就向尊者衝來。很多人想抓住他，他竟用石塊擊打眾人，阻止他們上前。就在此時，那隻母岩羊從聽法的行列中衝了出來，牠徑直來到那人背後，緊接著就前腿直立直向他撞去。那人拽住岩羊的角想把牠推開，岩羊依舊奮力猛撞那人，他們就這樣僵持不下，你推我搡、你進我退。出乎意料的是，最後，發瘋者的心識在這一爭鬥的過程中竟然恢復

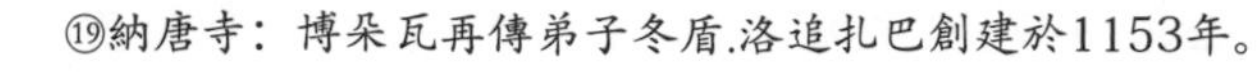

⑲納唐寺：博朵瓦再傳弟子冬盾.洛追扎巴創建於1153年。

正常了。無著菩薩見狀即說道：「看來他不會再拿石塊打人了。給他穿上衣服，然後帶到我那裡吧！」尊者身邊一人聞言就向那人走去，此刻，

他的意識已恢復清醒，正滿懷愧疚之意坐在地上。被帶到上師身邊後，菩薩給他念誦了度母偈頌以作加持，並對他說：「今天是那隻母岩羊給你作了遣魔儀式，牠做的太好了。」那人聽罷不覺痛哭起來，菩薩便因勢利導說：「要哭就邊念度母邊大聲地哭吧！」實際說來，確實是那隻岩羊做了本該度母做的事業。這件稀有罕見的事發生時，所有在場民眾全都現量目睹。由此看來，如果上師具有加持力及慈悲心的話，旁生也會對人作遣魔儀式。

瓊波上師的三個弟子曾在尊者前求一甚深教言，尊者當時就對他們說：「從今往後，你們一定要看破今世，並對一切眾生修慈悲心，且誠懇祈禱上師，還應心不散亂地安住於無戲論之境界中。」在財多權重者與身分雖弱小然真修實證者之間，大菩薩更看重、喜歡後者，對那些修心之人更是尤為愛惜，他經常說：「這些修心人雖未能長期精勤修行，但當他們到我這裡初求修心法門時，在暫時的修法過程中，他們的心還是比較專注的。以此為因，大多數人都曾生起過可喜的覺受、驗相。對上師而言，若能在攝受弟子時傳給他們一些修心法門，這就是最大的利益眾生之事業了。」平時，尊者

屋子裡若有各地前來拜見的信眾以及一些恭敬承侍者時，此時，如果有人通報說：「聽聞修心法門的人來了。」尊者馬上就會對那些客人們說：「出關期間，最重要的事就是傳法，你們暫且出去，請那些修心者們即刻進來。」他就這樣為修心者們不斷傳法。碰到屋裡客人很多的情況，他就會說：「你們就待在這裡吧，我到外面去給他們傳法，請把我的墊子拿出來。」然後他就會來到戶外給這些人傳法。若以之對照當今時代的諸位上師，我們不得不說能這樣做的人實在是太少了。每每傳完修心法門後，他總要講一個達波仁波切離開米拉日巴尊者時尊者向他傳授甚深法門的故事，接著就會如是說道：「這次我給你們傳了修心法，大家都應該精進行持，所謂大修行人也就是指那些能在一個坐墊上安住不動的人。陽貢巴尊者圓寂前曾說過：『你們這些男女大修行人諦聽，修行九年為上等人，修行三年為中等人，最下等人也應修行三個月。若不如此修行，則已違背了我與你們之間的誓言。』這就是他的臨終遺囑。同樣，我們若能日日精進行持則再好不過，退一萬步說，也應早晚稍稍觀想一下，否則就算違背了我的教言。」

大菩薩弘法利生的事業非常廣大，其弟子遍滿十方，印度、漢地、尼泊爾、華兒、新疆、蒙古、嘎、安多上下、衛藏地區、陽澤、阿里等地，不同民族的弟子齊集在尊者座下，他使無量無邊之眾生都得到了成熟、

解脫。他的事業、傳記實為不可思議，亦無法以言語表述。若從其慈悲及菩提心來看，似乎很多生世前他就已修習過菩提心；若從其所具有的等持及神通來看，似乎很多生世前他就已修習過等持似的；另外，從其夢境自在來看，尊者也好像很多生世以前就修過幻身以及夢境修法；若以其面見本尊之情況衡量，則尊者亦好似很多生世以前就唯一在修持生起次第一樣；若從他一生都在以講經說法培養弟子來看，則好像他一生唯一只從事講經說法一般；從他嚴格閉關的年頭來看，他又好像一輩子都在寂靜地安住苦修；從他磕頭、轉繞的次數來看，他的一生仿佛都用在了磕頭、轉繞上面；再從念誦觀音、度母心咒等密咒數量來看，他一生的全部精力又好像都用來精進持咒了；從為沙彌、比丘傳講別解脫戒的情況來看，他這一生似乎又都在作軌範師；從他為弟子傳菩薩戒的數量來看，就仿佛他一生都在傳菩薩戒；再從生起輕自重他之心及發下損自利他、以德報怨之誓言的弟子數目來看，他的一生又像全都用在了世俗菩提心的修持上；從具有寂止、勝觀之力的弟子數量來看，他又似乎將一生的時光都用來修習勝義菩提心了。

無著菩薩自己說過：「在做善法時，我們必須將功德迴向菩提，否則的話，若出現對嚴厲的對境生嗔等足以毀滅善根的因緣時，我們一定會滅盡自己的善法。若能將功德迴向菩提，則此善根永遠也不會退失。迴向時

還應注意，不能像小乘那樣只為自己獲得利樂、脫離三界之苦而迴向，應迴向給一切眾生皆能獲得無上佛果，這一點非常重要。迴向時還應觀想，諸佛菩薩在為我們作證，同時，還應於不緣能迴向者、所迴向之善根、迴向之對境這種三輪體空的心態中迴向，邊迴向邊體悟萬法皆空的實質。若未通達此點，作為處於凡夫勝解行地的我們，還可依文殊菩薩、普賢菩薩的迴向方式內容而迴向，也即他們如何迴向我們亦如是迴向，如此迴向亦完全可行。」

有一次，一位名叫迦桑的格西通過大菩薩的侍者敦巴向尊者祈請道：「在上師明年出關的三個月期間，請務必到我的家鄉來廣弘佛法。到時，一切費用均由我來支付，你們只要安排好並吩咐下來就可以了。請一定向上師轉達我們的誠意！」無著菩薩對此回答說：「他的發心的確非常廣大，不過，明年的此時此刻，我可能會在一個比他迎請的地方更遠的地方。本來我就已是年邁之人了，每年利用出關的三個月傳講經論，對我而言，已經有些力不從心了，因此種行為已開始變得有點兒散亂。在這種情況下，肯定不可能再到他迎請的地方去傳法。你告訴他，如果有這筆預算開支，儘管不可能請到我，但依然可將之用於廣行其他功德善舉。至於我要去別的地方的話，先不要告訴他以及其他人，現在就把這話傳出去還為時尚早。」阿闍黎雲丹渥聽說有一位內翰

要來迎請無著菩薩，他便把這個消息報告給了尊者，菩薩聞言即說道：「他不大可能來吧。萬一這種不自量力之人真的來了，就對他說在他之前早就來過另外一個迎請者了。」在當年開始閉關之時，尊者將自己的財物全都分發給了當時在場的所有僧俗信眾，對他們進行了一次大布施。

他對釋迦牟尼佛的教法做出了極大的貢獻，一生都在兢兢業業地為佛法前途、眾生利益、利他事業勞心勞力、操勞不已。自身所斷障礙全體斷除，所得功德無遺圓滿獲得。之後，就像釋迦牟尼佛當年背部示現病痛、耆婆醫師為其診療一樣，土雞年的二月份，他也示現生病。身邊人紛紛勸請尊者延醫問藥，他則拒絕道：「我本來就想在沒有任何人發覺的情況下悄然死去。」侍者聽罷心情沉重地勸阻說：「若真發生這樣的事情，後來者們肯定會責怪我們未擔負起為上師看病診治的責任，他們一定會對我們怨言重重的。」「你們說的也有一定道理，既然這樣，我就接受治療吧。」大菩薩最終還是慈悲答應了眾人的哀懇，他同意讓醫生給自己把脈。就在此時，那位風傳要來迎請尊者的內翰真的到了，大菩薩藉機說道：「現在肯定去不了了，你看我都病成這個樣子了。」當時，尊者正為南卡桑給阿闍黎傳講《般若八千頌》，當讀到描寫法勝菩薩與常啼菩薩的那一品中關於常啼菩薩所獲等持之情況的語句時，無著菩薩插話說：「從等持的本體以及體相來看，我的等持與此經中描述的等持大致相同。此經中云：『何為入定或出定，行菩提心又為何，獲得無上正等覺，此等一切均不現。善男子，此為智慧波羅蜜。』這些句子描述的也正是我的境界。」尊者恆常都會入此等持中。有一次，他身邊聚集了五個人高聲念誦藥師佛儀軌，等他們念完後又過了很長時間，尊者依然沒有任何反應。五人便對上師說：「該我們念的已念誦圓滿，該上師您做的事您做了沒有？」尊者這才回過神說道：「你們準備念誦的情況，現在我可以回想起來，隨後我便進入了一等持中，結果你們結束了我也沒發覺。」在說這番話的時候，整個大地都在震動。

黎明時分，在他住屋附近又出現了彩光遍照等諸多稀有瑞相，眾人一見不免有些惴惴不安，害怕是什麼異兆，於是大家便立即做了祈禱、布施等佛事。尊者的大弟子大堪布香秋澤睦、法王寧瑪桑給特別供養了大菩薩坐墊以及鮮花，並祈禱他老人家為佛法及眾生之利益一定要長久住世。仰賴他們祈禱的威力，在隨後的三四個月中，尊者的病情日趨好轉，以至完全康復。當時，大菩薩對二位尊者說：「我與其他病人不一樣，我沒有感受所謂病痛的折磨，反而借此增長了善法，心也變得更加澄靜。」

為利益後代眾生，大菩薩一生都勤於著書立說，他

留下的主要著作有：《修心七要修法》、《佛子行》、《發心儀軌》、《入行論釋.善說海》、《〈經觀莊嚴論〉釋》、《〈寶性論〉注疏》、《八關齋戒儀軌》、《緣起修法》、《修心傳承上師祈禱文》、《修心上師瑜伽法》、《上師及諸佛菩薩讚頌集》、《教言匯集》等，共計一百一十五種。

當年七月份時，他的病情又開始反覆。本來已獲得金剛身者應無病無恙，但正如《寶性論》所云：「如實見真諦，雖已離生等，大悲心尊主，示現生老死。」如其所言，大菩薩也示現法體有恙。身邊人再次忙著要給尊者求醫問藥，但他卻婉拒道：「我的生命原本就快要走到盡頭了，現在又病得非常嚴重，看來再這麼治療下去確實沒什麼利益可言，能保持無破無立、自然放鬆之狀態就已足夠。在自己不修行的前提條件下還要給別人傳講佛法，這種作為實在了無實義。記得我們初到薩迦時，聽說茲日地方有一位證悟者，當時正病倒在薩迦寺。見面後他問我：『如何修持將疾病等轉為道用之法？』我便賜給他如下教言：『自他幻化肉蘊身，有病即病亦安樂，消盡宿世之罪業。種種修行善法事，皆為淨除二障故。無病即無亦安樂，身心安泰增善行，欲令人身獲利益，應使三門勤行善。無財無勢即安樂，遠離守護無事閑，所有爭奪吵鬧行，皆由執財因中生。有財有勢亦安樂，福澤積善增上行，一切暫時究竟樂，均為福德之果報。死亡即死亦安樂，惡緣無法作障礙，此連下世緣極善，定入無誤解脫道。在世長壽即安樂，修行經驗莊稼生，濕潤暖熱此竅訣，長期依止則成熟。無論怎樣皆安樂！』對照此教言，不論出現什麼情況，我都應該修持觀心竅訣，除此再不尋求其他之方法對策。其實，生病是顯示無欺因果的最好途徑，也是遣除二障的殊勝方法，同時亦為勸人行善的有力鞭策，既如此，我當然不會再去尋覓袪除疾病的良策。況且各地也一直都在廣做佛事，這才令我活到現在。」周圍人接著勸請他道：「很多人都渴盼能一睹您的尊顏、聆聽您的教誨，有無量的所化眾生都倚賴您的救度，請上師慈悲加持加持自己的身體以長久住世吧！」大菩薩仍不改初衷：「要是鍋裡沒有的話，瓢裡又怎可能盛滿？在世之時自我估計利益眾生做的還算可以，照此看來，相信死時利益眾生的事業也不會衰退到哪裡。」身邊人仍苦苦相勸：「您圓寂之後肯定還會有廣大的弘法利生之事業，但我們這些可憐的失去怙主、無依無靠的所化眾生又該怎麼辦？念及我們這些人，您也應該長久住世。」無著菩薩回答說：「要是本人毫無能力的話，就算住在一起又有何用？如果能增上力量、境界，那麼即便很快離開人世，也可以度化無量眾生。你們都是我心裡的依靠，我怎忍心捨棄大家？不過一旦我圓寂之後，萬勿徒勞哀傷，只要長期至誠祈禱，那就與我在你們身邊沒什麼兩

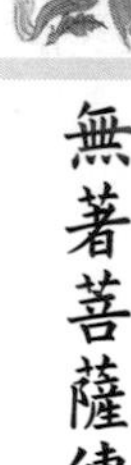

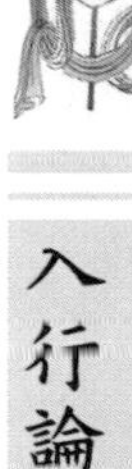

樣了。」

此時，大堪布香秋澤睦也前來祈請上師務必長久住世，但上師並未接受這一請求，他反倒要求堪布本人應不捨世間。堪布以前曾供養過大菩薩一個墊子，這時，菩薩便在那張坐墊上再放上一塊墊子，然後便請堪布坐於其上，為他日後能承續法脈創造了一個良好的緣起。雖說大菩薩本人當時並未說明此事，但尊者讓他坐到坐墊上這一安排本身即已表明：無著尊者已授意堪布接續自己的法脈。

當其時，身邊人詢問菩薩道：「能否讓周圍的人再見您一面？」尊者斷然拒絕說：「此時見我對自他都有害，根本無此必要。」故而他最終並未開許這一請求，他當時只是不斷在修持有相生起次第與圓滿次第。大家為了防止意外發生，便不斷給他念誦《寶積經》，以阻止尊者在下午時分睡過去。於吟誦的間歇，尊者時時示現淚流滿面的狀態。弟子們勸慰道：「您可否稍稍放鬆一下有相次第的修法？尤其是對眾生的悲心能否暫時內收一點兒？我們擔心萬一有什麼不測發生，到時該如何是好。」尊者聞言則寬慰眾人道：「我的有相修法是不會損害無相境界的，因方便慈悲雙運的緣故。現在還稍有勤作，故仍需繼續修持。我並沒有特意對眾生觀修慈悲心，只不過一想到有情所受的痛苦，悲心自然而然就生起來了。若再如此繼續放任下去，你們的心就開始不安，所以我盡量用正知正念控制住自己。臨死的時候，修破瓦都不如這種觀修法殊勝，能死在這種境界上是最好的，但……」

此刻，眾人通過一挑水者向一位生圓次第之修法已取得穩固境界、幻身及夢境修法亦已獲得自在的大成就者、大菩薩之弟子、從小就在悟啟地方嚴格閉關的多尋上師捎去口信：「尊者病況危急，祈禱能否奏效？望於夢中善加觀察，並書信告知。」多尋上師後來回通道：「通過占察得知，這次無論你們怎樣祈禱，都不會有太大意義。在尊者面前已集聚起無量無邊的本尊、不可思議之勇士與空行母，天人、天女亦執持各種供品前來迎請。加上無著法王本人也想前往其他剎土，他的心已開始轉移，等等等等，原因很多。我若詳說，恐怕你們無法接受，其中有一個原因，不告訴你們，想來你們也會明白的。」他即如是作了答覆。

侍者見信就對尊者說道：「既然您已決意離開人世，那就請賜給我們關於日後如何安身立命的遺囑吧！」無著菩薩感言道：「現在確已到了該留下遺囑的時刻了，雖說一方面我病得很嚴重，另一方面體力也已消散殆盡，但我還是想造一些詩句偈頌，說一點兒話。其實，即便健在人世之時，對世與出世法我都沒有什麼非常固定的偏好，大體順其自然而已；現在依然如此；正死之時、死了以後，又怎可能再保留某種特殊的嗜好

呢？想聽遺囑的話，在我無病無痛之時，依憑自身智慧已毫無隱藏地寫下了大量論著，特別是關於教言方面的大小偈頌更是為數不少，這些都可算作所謂的遺囑吧。除此之外，再說三言兩語無關痛癢的閒話又有何意？說到這裡，我又想起了當初（貼在閉關房外）的那幾句話：『就算我們真的見了面，我也沒有其他話可說，即便我死了，除了上述話語也不可能再有別的遺囑。』現在還是把這幾句話留給你們。」大家又一再請求尊者務必慈悲開示，於是他又接著說道：「你們應將自心一直交付給三寶，修行當中不要混雜任何世間法，要為眾生利樂而如理如法地修行。能這樣做的人才堪稱為續佛慧命之人，我們理當不辱此命，故望大家都能切實守持好法脈傳承。尤其是達桑上師，你自己希望自己能努力行善，因你已擁有了捨世者這一名稱。既如此，那就最好不要積蓄財產了，我死後若能一斗糧食都用不上，這才會令我真正感到欣慰。若你能撫養那些可憐的眾生，實在是再好不過，特別是眼下正依賴我們的這些人。可惜我沒有能力繼續幫助他們了，望你能把照顧他們的任務勉力繼承下去，對受苦受難的可憐眾生多生發一些慈悲心吧！這就是我要送給你們的臨別贈言。」停頓了一會兒，尊者又說道：「持夢之修法我已非常嫻熟，無需勤作即可照見無量剎土，並於無量如來前聽聞法要，這對我來說根本就不算一件難事。有一段時間，這種境界遠離了我，想不到這次生病又讓我恢復了此種境界，這種境界不滅之現象實在是太稀有了！它之所以會中道消失，可能是世人所謂的大福報這些散亂之因所導致的吧。一般而言，修行人最好不要擁有過分的福報，這是最好不過的修行外緣；而通過遠離勤作得到的財產，則不妨享用。」最後他又殷切叮嚀道：「總之，富裕時應將富裕轉為道用，身陷衰敗時則應將衰敗轉為道用，對修行人而言，這是極為重要的一條原則。」

十月初八的黎明時分，尊者對華耶上師說：「請把我扶起來，在我後背墊塊東西。」華耶這樣做了以後，尊者開始雙手合掌，並長時間流淚滿面。其間，他還說了很多話，可惜大多含混不清。天大亮的時候，周圍人問他何故如此，他回答說：「正睡的時候，至尊佛母忽然駕臨，想到在佛母面前睡覺太不恭敬，我便想立起身子作些祈禱，所以就這樣做了。」身邊人又問：「至尊佛母是瑜伽母，還是度母？」他雙目直視虛空然後回答說：「度母！度母！」就這樣連說了兩遍。旁人接著問：「度母說話了嗎？」他歎了口氣：「嗨，沒有。」緊接著，他又說道：「看到眾生所受的痛苦，簡直讓我無法忍受。在度母面前，儘管沒做任何承侍，我還是說了一大堆怨言。」

就在此日，量多思杜地方的一位處女通過所謂的降神儀式⑳突然擁有了預言能力，她先說了一些有關戰亂

的事情，然後就預言說：「這些事情並不重要，重要的是，現在在西方，無著上師於十月初八將前往璁葉莊嚴剎土（度母剎土）。」

與此同時，尊者對身邊人說道：「現在我的脈搏雖已停止跳動，但還沒到死的時候。」他邊說邊伸出手來，其脈搏確已停止了。旁邊一護理者見狀不由請示道：「本來我對上師是懷有極大恭敬心的，這次是不是因為沒有將上師視為佛的緣故，或者上師本人說了這句話的原因，以致脈搏停止跳動了？如果違緣突然降臨、上師示現圓寂的話，別人應該為上師做一些導引吧，這樣的話是否需要提前做一些準備？」尊者神情泰然地答覆說：「哈哈！你怎麼能說違緣降臨人才會死呢？！死並不是一件不愉快的事，面對必然到來的死亡，我早就準備好了。身為年邁之人，該做的事情已全部完成，活到七十五歲，壽命還算短嗎？此次出關以後，眾人聚集、講經說法這類事全都圓滿了，現在的時機是最好不過的。我心裡未留下一件因為沒有完成而感到遺憾的事情，現在看來，利益眾生的事業只會愈加廣大，絕不可能衰退。我一生都未曾遠離過願、行菩提心，而這次生病又使我的持夢境界得以恢復。不知為何，昨天開始的頭痛一直延續到現在，渾身一點兒力氣也沒有。不過若

⑳降神儀式：依憑特殊的祈禱，佛菩薩、護法、神靈等可以降臨到某人身上，並借助此人宣說種種預言，這就是降神，它擁有一整套完整、精彩的儀式。

能在兩種菩提心都特別增上的情況下死去，這簡直太難得了，更何況我是在無有勤作的前提下獲得這種境界的，這都是三寶的恩德所致。在此種狀態下安然死去也就是通俗所謂的往生，因此導引什麼的也就不需要了，真做導引的話，還不知會不會帶來可喜的結果呢。無論如何，請不要違越我所說的，應不散亂地隨念佛陀等教言。」侍者緊追不捨地又問道：「上師既已無心住世，那麼您到底想前往哪一個剎土？」尊者回答說：「若對眾生有利的話，前往地獄都可以；若無利於眾生，即便清淨剎土我也不願去。」

當天黃昏，尊者吩咐周圍人把曼茶羅和五供拿來，他自己並用手作拈撒甘露狀，且作了廣大供養。然後就雙手合十，低下了頭，接著又邊做手印邊行五供，還要求身邊人也應作五供，在這一過程中，他始終流淚不止。第二天清晨，旁人詢問原因，他回答道：「當時因本尊降臨，所以我才要求你們趕快供養，至於其他原因，現在我還不能說。」因此他並未說出個中詳情。

輪到阿闍黎雲丹渥護理尊者時，有天晚上他揮動雙手對阿闍黎說：「所有不清淨的顯現已滅盡無餘，清淨剎土正以極為莊嚴、悅意、透明、無礙的方式現在目前，它就如虛空一般廣大無邊。」接著他又說道：「有彈性、觸感非常適意的地方就是我正坐著的地方，周圍有無量的眷屬圍繞，整體環境完全是一種無法言喻的了然、明然的光明境界。照此看來，我很快就會走了。」

第二天，華耶阿闍黎問他：「您是否如朗日塘巴尊者一樣，已將一切顯現觀為清淨？」他坦然地回答說：「如今，我的心已完全沉浸在種種明然的境界中，實際上，這些都沒什麼可貪執的，全都如夢如幻。」

圓寂前，他留給世人的最後遺言是：「我不習慣躺著，端坐才令我深感安樂。」其實從他患病以來一直到圓寂之前，平時他大都以毗盧七法式安坐。

十月十九日晚，他開始禁語，連眼都不再眨一下，始終全神貫注地專注於光明法身境界。為了調化那些執持常有觀念的眾生，也為了顯示業力的不可思議，同時亦為了其他剎土廣大的所化事業，在尊者七十五歲的那年，也即藏曆土雞年，十月二十日土曜日，下午夕陽落山之際，這位偉大的上師於求忠地方自己的住屋內示現圓寂。當晚，悟啟地方的上空出現五彩彩虹，光明遍照整個大地，洪亮的聲音及撲鼻的香氣也充盈在天地之間，大地震動，藥師佛佛像則從供桌上跌落於地，後來還降下了鋪天蓋地的天人花雨……

大菩薩一生都在廣利有情，他培養了無數堪為佛教棟梁的弟子，廣弘了大乘修心法門，其最具代表性的大弟子就是著名的大成就者仁達瓦·雲類羅珠㉑。因此說，凡欲修行菩提道次第之人，都應對大菩薩勤作恭敬

㉑仁達瓦·雲類羅珠：宗喀巴大師的根本上師。

祈禱，並首先對大菩薩的傳記以及顯密法要生起穩固定解，且放下對今生的一切貪執，依止深山寂靜處，精進修習圓滿正道，特別應將菩提心當作修行的核心內容，奮力行持如來歡喜之道！

善哉！善哉！善哉！

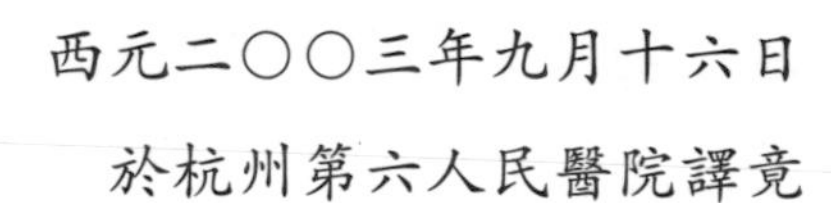

西元二〇〇三年九月十六日
於杭州第六人民醫院譯竟

入菩薩行論

寂天菩薩　造

索達吉堪布　譯

梵語：菩提薩埵渣呀阿巴達繞

漢語：入菩薩行論

敬禮一切佛菩薩！

善逝法身佛子伴，及諸應敬我悉禮。
今當依教略宣說，趣入佛子律儀法。
此論未宣昔所無，詩韻吾亦不善巧，
是故未敢言利他，為修自心撰此論。
循此修習善法故，吾信亦得暫增長，
善緣等我諸學人，若得見此容獲益。

第一品　菩提心利益

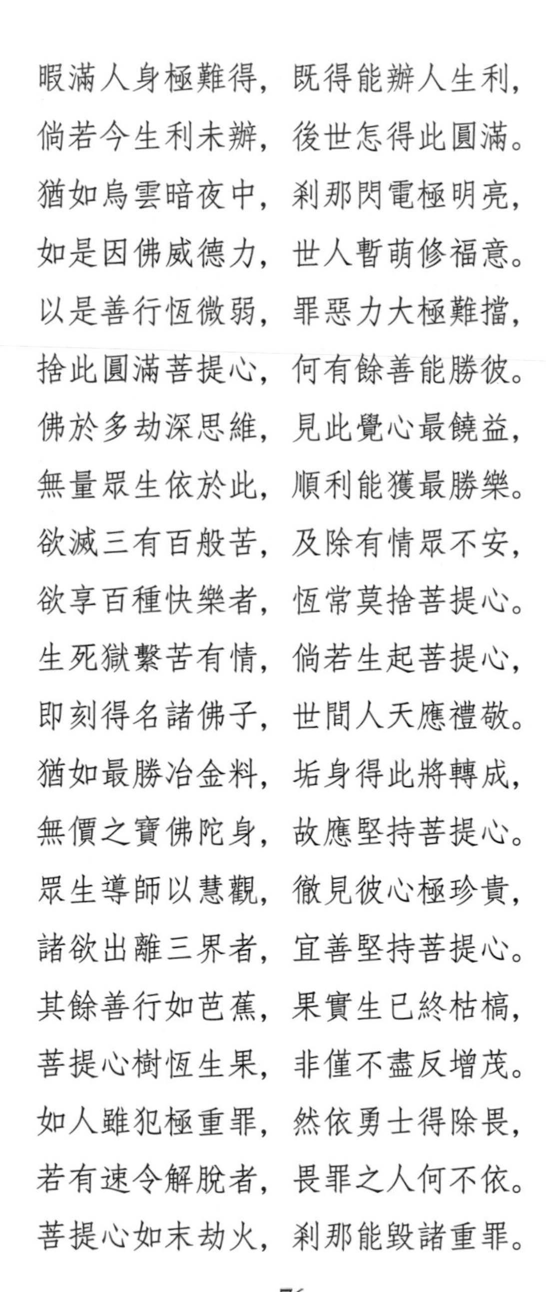

暇滿人身極難得，既得能辦人生利，
倘若今生利未辦，後世怎得此圓滿。
猶如烏雲暗夜中，剎那閃電極明亮，
如是因佛威德力，世人暫萌修福意。
以是善行恆微弱，罪惡力大極難擋，
捨此圓滿菩提心，何有餘善能勝彼。
佛於多劫深思維，見此覺心最饒益，
無量眾生依於此，順利能獲最勝樂。
欲滅三有百般苦，及除有情眾不安，
欲享百種快樂者，恆常莫捨菩提心。
生死獄繫苦有情，倘若生起菩提心，
即刻得名諸佛子，世間人天應禮敬。
猶如最勝冶金料，垢身得此將轉成，
無價之寶佛陀身，故應堅持菩提心。
眾生導師以慧觀，徹見彼心極珍貴，
諸欲出離三界者，宜善堅持菩提心。
其餘善行如芭蕉，果實生已終枯槁，
菩提心樹恆生果，非僅不盡反增茂。
如人雖犯極重罪，然依勇士得除畏，
若有速令解脫者，畏罪之人何不依。
菩提心如末劫火，剎那能毀諸重罪。

智者彌勒諭善財，彼心利益無限量。

略攝菩提心，當知有二種，
願求菩提心，趣行菩提心。
如人盡了知，欲行正行別，
如是智者知：二心次第別。
願心於生死，雖生廣大果，
猶不如行心，相續增福德。
何時為度盡，無邊眾有情，
立志不退轉，受持此行心，
即自彼時起，縱眠或放逸，
福德相續生，量多等虛空。
為信小乘者，妙臂問經中，
如來自宣說，其益極應理。
若僅思療愈，有情諸頭疾，
具此饒益心，獲福無窮盡，
況欲除有情，無量不安樂，
乃至欲成就，有情無量德。
是父抑或母，誰具此心耶？
是仙或欲天，梵天有此耶？
彼等為自利，尚且未夢及，
況為他有情，生此饒益心？
他人為自利，尚且未能發，
珍貴此願心，能生誠希有！

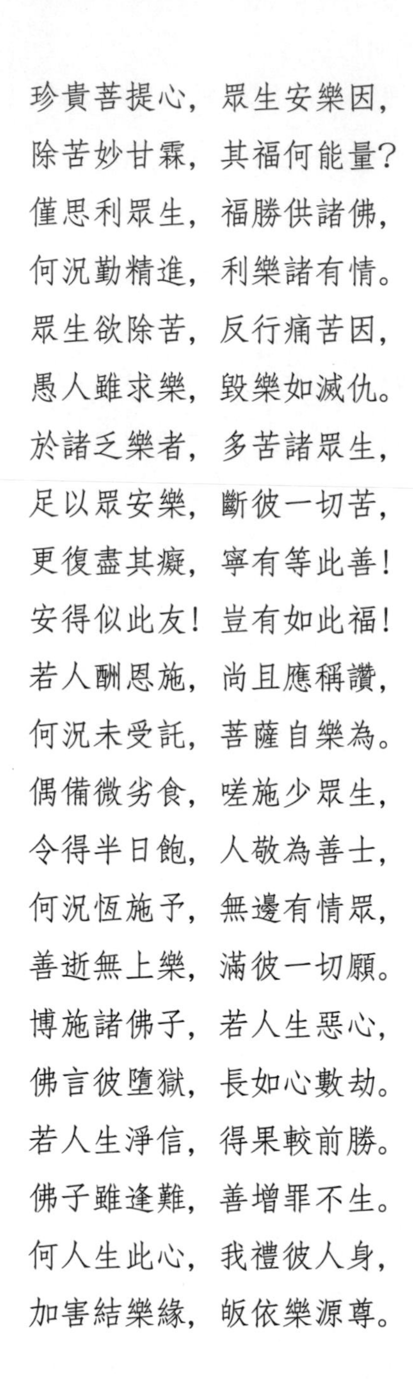

珍貴菩提心，眾生安樂因，
除苦妙甘霖，其福何能量？
僅思利眾生，福勝供諸佛，
何況勤精進，利樂諸有情。
眾生欲除苦，反行痛苦因，
愚人雖求樂，毀樂如滅仇。
於諸乏樂者，多苦諸眾生，
足以眾安樂，斷彼一切苦，
更復盡其癡，寧有等此善！
安得似此友！豈有如此福！
若人酬恩施，尚且應稱讚，
何況未受託，菩薩自樂為。
偶備微劣食，嗟施少眾生，
令得半日飽，人敬為善士，
何況恆施予，無邊有情眾，
善逝無上樂，滿彼一切願。
博施諸佛子，若人生惡心，
佛言彼墮獄，長如心數劫。
若人生淨信，得果較前勝。
佛子雖逢難，善增罪不生。
何人生此心，我禮彼人身，
加害結樂緣，皈依樂源尊。

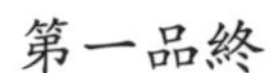

第一品終

第二品　懺悔罪業

為持珍寶心，我今供如來，
無垢妙法寶，佛子功德海。
鮮花與珍果，種種諸良藥，
世間珍寶物，悅意澄淨水。
巍巍珍寶山，靜謐宜人林，
花嚴妙寶樹，珍果垂枝樹。
世間妙芳香，如意妙寶樹，
自生諸莊稼，及餘諸珍飾，
蓮花諸湖泊，悅吟美天鵝。
浩瀚虛空界，一切無主物，
意緣敬奉獻，牟尼諸佛子，
祈請勝福田，悲愍納吾供。
福薄我貧窮，無餘堪供財，
祈求慈怙主，利我受此供。
願以吾身心，恆獻佛佛子，
懇請哀納受，我願為尊僕。
尊既慈攝護，利生無怯顧，
遠罪淨身心，誓斷諸惡業！
馥郁一淨室，晶地亮瑩瑩，
寶柱生悅意，珠蓋頻閃爍。
備諸珍寶瓶，盛滿妙香水，

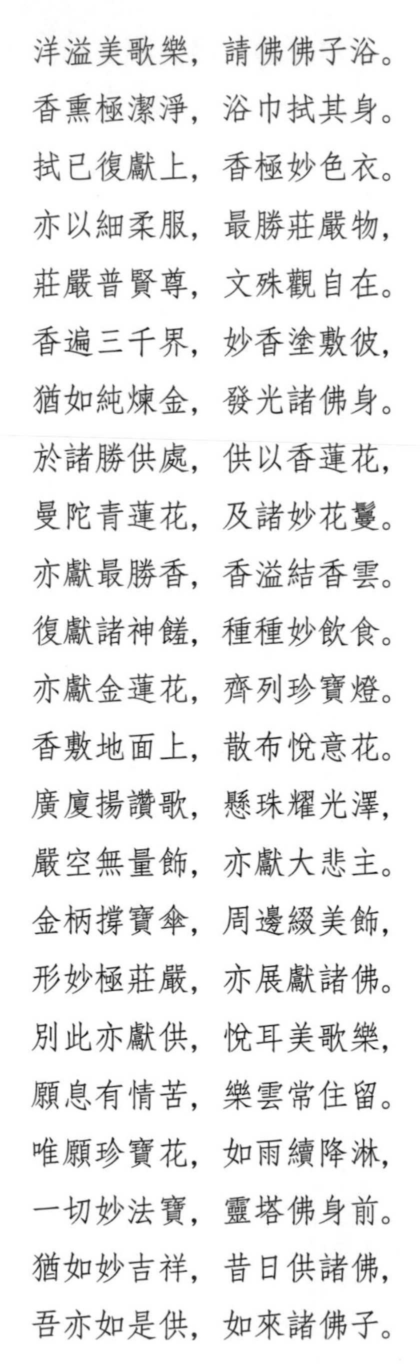

洋溢美歌樂，請佛佛子浴。

香熏極潔淨，浴巾拭其身。

拭已復獻上，香極妙色衣。

亦以細柔服，最勝莊嚴物，

莊嚴普賢尊，文殊觀自在。

香遍三千界，妙香塗敷彼，

猶如純煉金，發光諸佛身。

於諸勝供處，供以香蓮花，

曼陀青蓮花，及諸妙花鬘。

亦獻最勝香，香溢結香雲。

復獻諸神饈，種種妙飲食。

亦獻金蓮花，齊列珍寶燈。

香敷地面上，散布悅意花。

廣廈揚讚歌，懸珠耀光澤，

嚴空無量飾，亦獻大悲主。

金柄撐寶傘，周邊綴美飾，

形妙極莊嚴，亦展獻諸佛。

別此亦獻供，悅耳美歌樂，

願息有情苦，樂雲常住留。

唯願珍寶花，如雨續降淋，

一切妙法寶，靈塔佛身前。

猶如妙吉祥，昔日供諸佛，

吾亦如是供，如來諸佛子。

我以海潮音，讚佛功德海，
願妙讚歌雲，飄臨彼等前。
化身微塵數，匍伏我頂禮，
三世一切佛，正法最勝僧，
敬禮佛靈塔，菩提心根本，
亦禮戒勝者，堪布阿闍黎。
乃至菩提果，皈依諸佛陀，
亦依正法寶，菩薩諸聖眾。
我於十方佛，及具菩提心，
大悲諸聖衆，合掌如是白：
無始輪迴起，此世或他生，
無知犯諸罪，或勸他作惡，
或因癡所牽，隨喜彼所為，
見此罪過已，對佛誠懺悔。
惑催身語意，於三寶父母，
師長或餘人，造作諸傷害。
因昔犯眾過，今成有罪人，
一切難恕罪，佛前悉懺悔。
罪業未淨前，吾身或先亡，
云何脫此罪，故祈速救護！
死神不足信，不待罪淨否，
無論病未病，壽暫不可恃。
因吾不了知，死時捨一切，

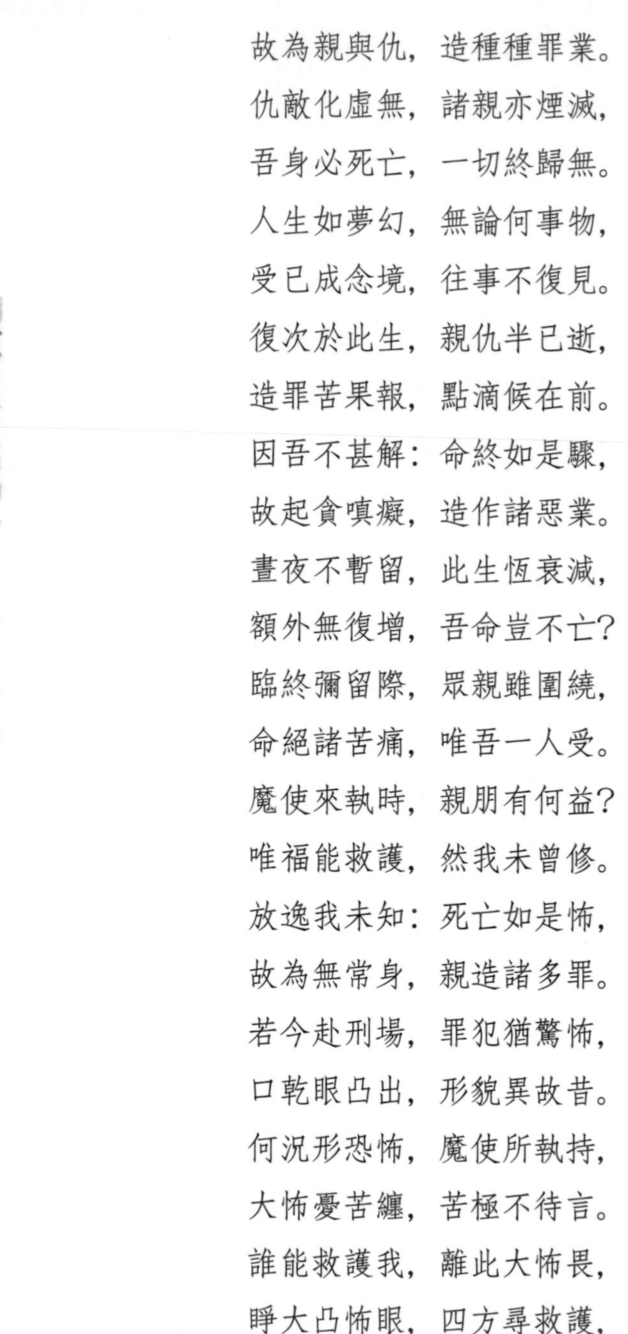

故為親與仇，造種種罪業。
仇敵化虛無，諸親亦煙滅，
吾身必死亡，一切終歸無。
人生如夢幻，無論何事物，
受已成念境，往事不復見。
復次於此生，親仇半已逝，
造罪苦果報，點滴候在前。
因吾不甚解：命終如是驟，
故起貪嗔癡，造作諸惡業。
晝夜不暫留，此生恆衰滅，
額外無復增，吾命豈不亡？
臨終彌留際，眾親雖圍繞，
命絕諸苦痛，唯吾一人受。
魔使來執時，親朋有何益？
唯福能救護，然我未曾修。
放逸我未知：死亡如是怖，
故為無常身，親造諸多罪。
若今赴刑場，罪犯猶驚怖，
口乾眼凸出，形貌異故昔。
何況形恐怖，魔使所執持，
大怖憂苦纏，苦極不待言。
誰能救護我，離此大怖畏，
睜大凸怖眼，四方尋救護，

四方遍尋覓，無依心懊喪，
彼處若無依，惶惶何所從？
佛為眾怙主，慈悲勤護生，
力能除眾懼，故我今皈依。
如是亦皈依，能除輪迴怖，
我佛所悟法，及菩薩聖眾。
因怖驚顫慄，將身奉普賢，
亦復以此身，敬獻文殊尊。
哀號力呼求，不昧大悲行，
慈尊觀世音，救贖罪人我！
復於虛空藏，及地藏王等，
一切大悲尊，由衷祈救護。
皈依金剛手，懷嗔閻魔使，
見彼心畏懼，四方速逃逸。
昔違尊聖教，今生大憂懼。
願以皈命尊，求速除怖畏！
若懼尋常疾，尚需遵醫囑，
何況貪等患，百罪恆纏身。
一嗔若能毀，贍部一切人，
療惑諸藥方，遍尋若不得。
醫王一切智，拔苦諸聖教，
知已若不行，癡極應呵責。
若遇尋常險，猶須慎防護，

況墮千由旬，長劫險難處。
若思今不死，安逸此非理，
吾生終歸盡，死期必降臨。
誰賜我無懼？云何定脫苦？
倘若必死亡，為何今安逸？
除憶昔經歷，今吾復何餘？
然因執著彼，屢違上師教。
此生若須捨，親友亦如是，
獨行無定所，何須結親仇？
不善生諸苦，云何得脫除？
故吾當一心，日夜思除苦。
吾因無明癡，犯諸自性罪，
或佛所制罪，如是眾過罪，
合掌怙主前，以畏罪苦心，
再三禮諸佛，懺除一切罪。
諸佛祈寬恕，往昔所造罪，
此既非善行，爾後誓不為！

第二品終

第三品　受持菩提心

欣樂而隨喜，一切眾有情，
息苦諸善行，得樂諸福報。
隨喜積善行：彼為菩提因。
隨喜眾有情：實脫輪迴苦。
隨喜佛菩提，佛子地諸果。
亦復樂隨喜：能與有情樂，
發心福善海，及諸饒益行。
我於十方佛，合掌誠祈請，
為苦惑迷眾，燃亮正法燈。
知佛欲涅槃，合掌速祈請，
住世無量劫，莫令世間迷。
如是諸觀行，所積一切善，
以彼願消除，有情一切苦。
乃至眾生疾，尚未療愈前，
願為醫與藥，並作看護士。
盼天降食雨，解除飢渴難，
於彼災荒劫，願成充飢食。
為濟貧困者，願成無盡藏，
願諸資生物，悉現彼等前。
為利有情故，不吝盡施捨，
身及諸受用，三世一切善。

捨盡則脫苦，吾心成涅槃，
死時既須捨，何若生盡施。
吾既將此身，隨順施有情，
一任彼歡喜，恆常打罵殺。
縱人戲我身，侵侮並譏諷，
吾身既已施，云何復珍惜？
一切無害業，令身盡順受。
願彼見我者，悉獲眾利益。
若人因見我，生起信憎心，
願彼恆成為，成辦眾利因。
願彼毀我者，及餘害我者，
乃至辱我者，皆具菩提緣。
路人無怙依，願為彼引導，
並作渡者舟，船筏與橋梁。
求島即成島，欲燈化為燈，
覓床變作床，凡需僕從者，
我願成彼僕。
願成如意牛，妙瓶如意寶，
明咒及靈藥，如意諸寶樹。
如空及四大，願我恆成為，
無量眾有情，資生大根本。
迨至盡空際，有情種種界，
殊途悉涅槃，願成資生因。

如昔諸善逝，先發菩提心，

復此循序住，菩薩諸學處。

如是為利生，我發菩提心，

復於諸學處，次第勤修學。

智者如是持，清淨覺心已，

復為增長故，如是讚發心。

今生吾獲福，善得此人身，

復生佛家族，今成如來子。

爾後我當為，宜乎佛族業，

慎莫染污此，無垢尊貴種。

猶如目盲人，廢聚獲至寶，

生此菩提心，如是我何幸！

滅死勝甘露，即此菩提心，

除貧無盡藏，即此菩提心，

療疾最勝藥，亦此菩提心。

彼為泊世途，眾生休憩樹，

復是出苦橋，度眾離惡趣。

彼是除惱熱，東升心明月。

復是璀璨日，能驅無知霾。

是拌正法乳，所出妙醍醐。

於諸漂泊客，欲享福樂者，

此心能足彼，令住最勝樂。

今於怙主前，筵眾為上賓，

宴饗成佛樂，普願皆歡喜。

第三品終

入菩薩行論

第四品　不放逸

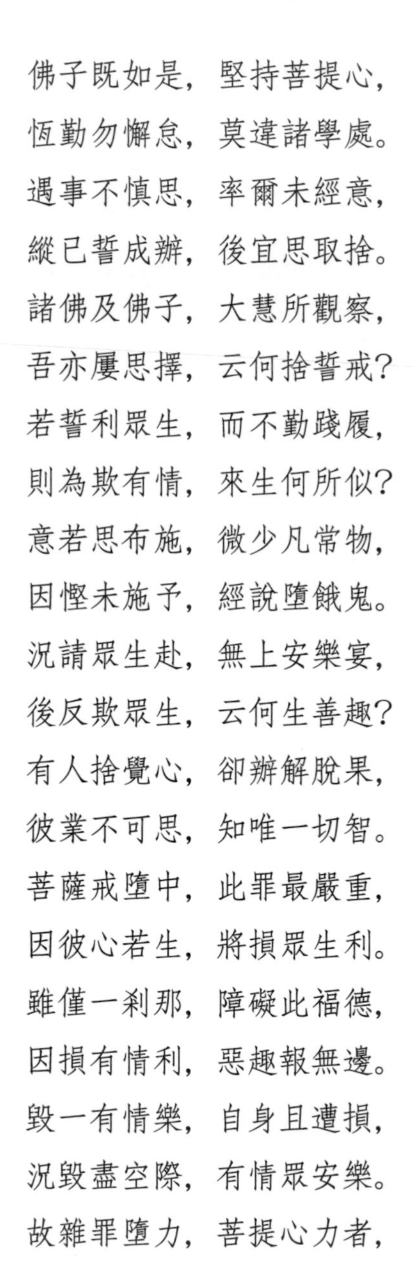

佛子既如是，堅持菩提心，
恆勤勿懈怠，莫違諸學處。
遇事不慎思，率爾未經意，
縱已誓成辦，後宜思取捨。
諸佛及佛子，大慧所觀察，
吾亦屢思擇，云何捨誓戒？
若誓利眾生，而不勤踐履，
則為欺有情，來生何所似？
意若思布施，微少凡常物，
因慳未施予，經說墮餓鬼。
況請眾生赴，無上安樂宴，
後反欺眾生，云何生善趣？
有人捨覺心，卻辦解脫果，
彼業不可思，知唯一切智。
菩薩戒墮中，此罪最嚴重，
因彼心若生，將損眾生利。
雖僅一剎那，障礙此福德，
因損有情利，惡趣報無邊。
毀一有情樂，自身且遭損，
況毀盡空際，有情眾安樂。
故雜罪墮力，菩提心力者，

升沉輪迴故，登地久蹉跎。
故如所立誓，我當恭敬行，
今後若不勉，定當趨下流。
饒益眾有情，無量佛已逝，
然我因昔過，未得佛化育。
若今依舊犯，如是將反覆，
惡趣中領受，病縛剖割苦。
如值佛出世，為人信佛法，
宜修善希有，何日復得此？
縱似今無病，足食無損傷，
然壽剎那欺，身猶須臾質。
憑吾此行素，復難得人身，
若不得人身，徒惡乏善行。
如具行善緣，而我未為善，
惡趣眾苦愚，彼時復何為？
既未行諸善，復集眾惡業，
縱歷一億劫，不聞善趣名。
是故世尊說，人身極難得，
如海中盲龜，頸入軛木孔。
剎那造重罪，歷劫住無間，
何況無始罪，積重失善趣。
然僅受彼報，苦猶不得脫，
因受惡報時，復生餘多罪。

既得此閒暇，若我不修善，
自欺莫勝此，亦無過此愚。
若我已解此，因癡復怠惰，
則於臨終時，定生大憂苦。
難忍地獄火，長久燒身時，
悔火亦炙燃，吾心必痛苦。
難得此益身，今既僥倖得，
亦復具智慧，若仍墮地獄，
則如咒所惑，令我心失迷。
惑患無所知，何蠱藏心耶？
嗔貪等諸敵，無手也無足，
非勇非精明，役我怎如奴？
惑住我心中，任意傷害我，
猶忍不嗔彼，非當應呵責。
縱使天非天，齊來敵對我，
然彼也不能，擲我入無間。
強力煩惱敵，擲我入獄火，
須彌若遇之，灰燼亦無餘。
吾心煩惱敵，長住無盡期，
其餘世間敵，命不如是久。
若我順侍敵，敵或利樂我，
若隨諸煩惱，徒遭傷害苦。
無始相續敵，孳禍唯一因，

若久住我心，生死怎無懼？
生死牢獄卒，地獄劊子手，
若皆住我心，安樂何能有？
乃至吾未能，親滅此惑敵，
盡吾此一生，不應捨精進。
於他微小害，尚起嗔惱心，
是故未滅彼，壯士不成眠。
列陣激戰場，奮力欲滅除，
終必自老死，生諸苦惱敵，
僅此尚不顧，箭矛著身苦，
未達目的已，不向後逃逸。
況吾正精進，決志欲滅盡，
恆為痛苦因，自然煩惱敵。
故今雖遭致，百般諸痛苦，
然終不應當，喪志生懈怠。
將士為微利，赴戰遭敵傷，
戰歸炫身傷，猶如佩勛章。
吾今為大利，修行勤精進，
所生暫時苦，云何能害我？
漁夫與屠戶，農牧等凡俗，
唯念己自身，求活維生計，
猶忍寒與熱，疲困諸艱辛。
我今為眾樂，云何不稍忍？

雖曾立此誓，欲於十方際，
度眾出煩惱，然我未離惑。
出言不量力，云何非癲狂？
故於滅煩惱，應恆不退怯。
吾應樂修斷，懷恨與彼戰，
似嗔煩惱心，唯能滅煩惱。
吾寧被燒殺，或遭斷頭苦，
然心終不屈，順就煩惱敵。
常敵受驅逐，仍可據他鄉，
力足旋復返，惑賊不如是。
惑為慧眼斷，逐已何所住？
云何返害我，然我乏精進。
惑非住外境，非住根身間，
亦非其他處，云何害眾生？
惑幻心莫懼，為智應精進。
何苦於地獄，無義受傷害？
思已當盡力，圓滿諸學處，
若不遵醫囑，病患何能愈？

第四品終

第五品　正知正念

欲護學處者，策勵當護心，
若不護此心，不能護學處。
若縱狂象心，受難無間獄，
未馴大狂象，為患不及此。
若以正念索，緊拴心狂象，
怖畏盡消除，福善悉獲至。
虎獅大象熊，蛇及一切敵，
有情地獄卒，惡神並羅剎，
唯由繫此心，即攝彼一切，
調伏此一心，一切皆馴服。
實語者佛言：一切諸怖畏，
無量眾苦痛，皆從心所生。
有情獄兵器，何人故意造？
誰製燒鐵地？女眾從何出？
佛說彼一切，皆由惡心造，
是故三界中，恐怖莫甚心。
若除眾生貧，始圓施度者，
今猶見飢貧，昔佛云何成？
身財及果德，捨予眾生心，
經說施度圓，故施唯依心。
遣魚至何方，始得不遭傷？

獲斷惡之心，說為戒度圓。
頑者如虛空，豈能盡制彼？
若息此嗔心，則同滅眾敵。
何需足量革，盡覆此大地，
片革墊靴底，即同覆大地。
如是吾不克，盡制諸外敵，
唯應伏此心，何勞制其餘？
生一明定心，亦得梵天果，
身口善縱勤，心弱難成就。
雖久習念誦，及餘眾苦行，
然心散它處，佛說彼無益。
若不知此心，奧秘法中尊，
求樂或避苦，無義終漂泊。
故吾當善持，善護此道心，
除此護心戒，何勞戒其餘？
如處亂眾中，人皆慎護瘡，
置身惡人群，常護此心傷。
若懼小瘡痛，猶慎護瘡傷，
畏山夾毀者，何不護心傷？
行為若如斯，縱住惡人群，
抑處女人窩，勤律終不退。
吾寧失利養，資身眾活計，
亦寧失餘善，終不損此心。

合掌誠勸請，欲護自心者，
致力恆守護，正念與正知。
身疾所困者，無力為諸業，
如是惑擾心，無力成善業。
心無正知者，聞思修所得，
如漏瓶中水，不復住正念。
縱信復多聞，數數勤精進，
然因無正知，終染犯墮垢。
惑賊不正知，尾隨念失後，
盜昔所聚福，令墮諸惡趣。
此群煩惱賊，尋隙欲打劫，
得便奪善財，復毀善趣命。
故終不稍縱，正念離意門，
離則思諸患，復住於正念。
恆隨上師尊，堪布賜開示，
畏敬有緣者，恆易生正念。
佛及菩薩眾，無礙見一切，
故吾諸言行，必現彼等前。
如是思維已，則生慚敬畏。
循此復極易，殷殷隨念佛。
為護心意門，安住正念已，
正知即隨臨，逝者亦復返。
心意初生際，知其有過已，

即時當穩重，堅持住如樹。
吾終不應當，無義散漫望，
決志當恆常，垂眼向下看。
蘇息吾眼故，偶宜顧四方，
若見有人至，正視道善來。
為察道途險，四處頻觀望，
憩時宜回顧，背面細檢索。
前後視察已，續行或折返，
故於一切時，應視所需行。
欲身如是住，安妥威儀已，
時時應細察，此身云何住。
盡力遍觀察，此若狂象心，
緊繫念法柱，已拴未失否？
精進習定者，剎那勿弛散，
念念恆伺察，吾意何所之？
危難喜慶時，心散亦應安，
經說行施時，可捨微細戒。
思已欲為時，莫更思他事，
心志應專一，且先成辦彼。
如是事皆成，否則俱不成。
隨眠不正知，由是不增盛。
無義眾閒談，諸多賞心劇，
臨彼境界時，當斷意貪著。

無義掘挖割，於地繪圖時，
當憶如來教，懼罪捨彼行。
若身欲移動，或口欲出言，
應先觀自心，安穩如理行。
吾意正生貪，或欲嗔恨時，
言行應暫止，如樹安穩住。
掉舉與諷刺，傲慢或驕矜，
或欲評論他，或思偽與詐，
或思勤自讚，或欲詆毀他，
粗言並離間，如樹應安住。
或思名利敬，若欲差僕役，
若欲人侍奉，如樹應安住。
欲削棄他利，或欲圖己利，
因是欲語時，如樹應安住。
不耐懶與懼，無恥言無義，
親友愛若生，如樹應安住。
應觀此染污，好行無義心，
知已當對治，堅持守此意。
深信極肯定，堅穩恭有禮，
知慚畏因果，寂靜勤予樂。
愚稚意不合，心且莫生厭，
彼乃惑所生，思已應懷慈。
為自及有情，利行不犯罪，

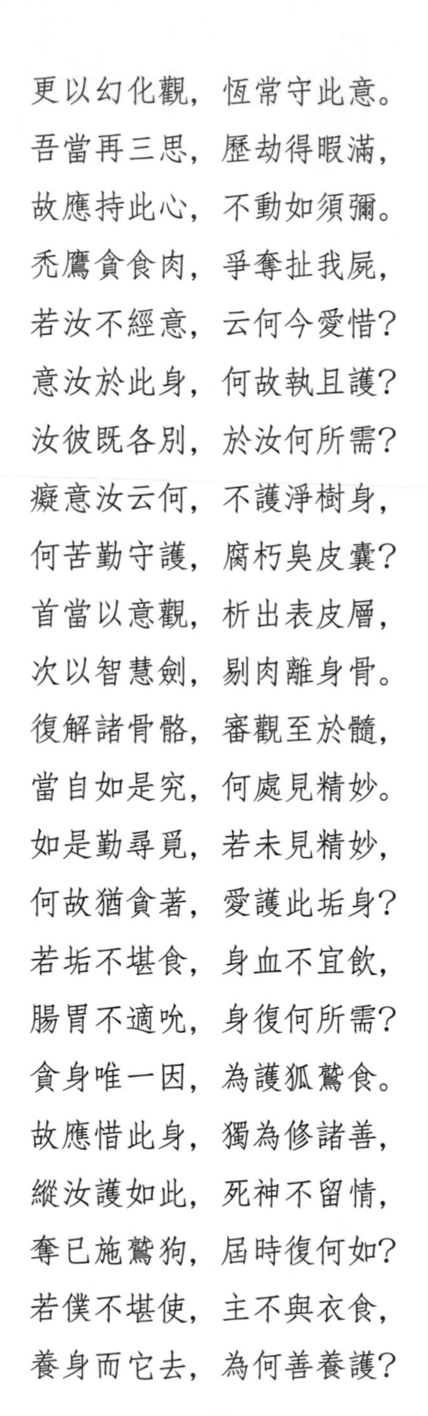

更以幻化觀，恆常守此意。
吾當再三思，歷劫得暇滿，
故應持此心，不動如須彌。
禿鷹貪食肉，爭奪扯我屍，
若汝不經意，云何今愛惜？
意汝於此身，何故執且護？
汝彼既各別，於汝何所需？
癡意汝云何，不護淨樹身，
何苦勤守護，腐朽臭皮囊？
首當以意觀，析出表皮層，
次以智慧劍，剔肉離身骨。
復解諸骨骼，審觀至於髓，
當自如是究，何處見精妙。
如是勤尋覓，若未見精妙，
何故猶貪著，愛護此垢身？
若垢不堪食，身血不宜飲，
腸胃不適吮，身復何所需？
貪身唯一因，為護狐鷲食。
故應惜此身，獨為修諸善，
縱汝護如此，死神不留情，
奪已施鷲狗，屆時復何如？
若僕不堪使，主不與衣食，
養身而它去，為何善養護？

即酬彼薪資，當令辦吾利，

無益則於彼，一切不應與。

念身如舟楫，唯充去來依，

為辦有情利，修成如意身。

自主己身心，恆常露笑顏，

平息怒紋眉，眾友正實語。

移座勿隨意，至發大音聲，

開門勿粗暴，常喜寂靜行。

水鷗貓盜賊，無聲行隱蔽，

故成所欲事，能仁如是行。

宜善勸勉人，未請饒益語，

恭敬且頂戴，恆為眾人徒。

一切妙雋語，皆讚為善說，

見人行福善，讚歎生歡喜。

暗稱他人功，隨和他人德，

聞人稱己德，應忖自有無。

一切行為喜，此喜價難估，

故當依他德，安享隨喜樂。

如是今無損，來世樂亦多，

反之因嗔苦，後世苦更增。

出言當稱意，義明語相關，

悅意離貪嗔，柔和調適中。

眼見有情時，誠慈而視之，

念我依於彼，乃能成佛道。
恆依強欲樂，或依對治引，
以恩悲福田，成就大福善。
善巧具信已，即當常修善，
眾善己應為，誰亦不仰仗。
施等波羅蜜，層層漸升進，
勿因小失大，大處思利他。
前理既已明，應勤饒益他，
慧遠具悲者，佛亦開諸遮。
食當與墮者，無怙住戒者，
己食唯適量，三衣餘盡施，
修行正法身，莫為小故傷，
行此眾生願，迅速得圓滿。
悲願未清淨，不應施此身，
今生或他生，利大乃可捨。
無病而覆頭，纏頭或撐傘，
手持刀兵杖，不敬勿說法。
莫示無伴女，慧淺莫言深，
於諸淺深法，等敬漸修習。
於諸利根器，不應與淺法，
不應捨律行，經咒誑惑人。
牙木與唾涕，棄時應掩蔽，
用水及淨地，不應棄屎尿。

食時莫滿口，出聲與咧嘴，
坐時勿伸足，雙手莫揉搓。
車床幽隱處，莫會他人婦，
世間所不信，觀詢而捨棄。
單指莫示意，心當懷恭敬，
平伸右手掌，示路亦如是。
肩臂莫揮擺，示意以微動，
出聲及彈指，否則易失儀。
睡如佛涅槃，應朝欲方臥，
正知並決志，覺已速起身。
菩薩諸行儀，經說無有盡，
然當盡己力，修持淨心行。
晝夜當各三，誦讀三聚經，
依佛菩提心，悔除墮罪餘。
為自或為他，何時修何行，
佛說諸學處，皆當勤修習。
佛子不需學，畢竟皆無有，
善學若如是，福德焉不至？
直接或間接，所行唯利他，
為利諸有情，迴向大菩提。
捨命亦不離，善巧大乘義，
安住淨律儀，珍貴善知識。
應如吉祥生，修學侍師規。

此及餘學處，閱經即能知，
經中學處廣，故應閱經藏。
首當先閱覽，虛空藏經部，
亦當勤閱讀，學處總集論，
佛子恆修行，學集廣說故。
或暫閱精簡，一切經集論。
亦當偶披閱，龍樹二論典。
經論所未遮，皆當勤修學。
為護世人心，知已即當行。
再三宜深觀，身心諸狀態，
僅此簡言之，即護正知義。
法應恭謹行，徒說豈有益？
唯閱療病方，疾患云何愈？

第五品終

第六品　安忍

一嗔能摧毀，千劫所積聚，
施供善逝等，一切諸福善。
罪惡莫過嗔，難行莫勝忍，
故應以眾理，努力修安忍。
若心執灼嗔，意即不寂靜，
喜樂亦難生，煩躁不成眠。
縱人以利敬，恩施來依者，
施主若易嗔，反遭彼弒害。
嗔令親友厭，雖施亦不依。
若心有嗔恚，安樂不久住，
嗔敵能招致，如上諸苦患。
精勤滅嗔者，享樂今後世。
強行我不欲，或撓吾所欲，
得此不樂食，嗔盛毀自己。
故當盡斷除，嗔敵諸糧食，
此敵唯害我，更無他餘事。
遭遇任何事，莫擾歡喜心，
憂惱不濟事，反失諸善行。
若事尚可改，云何不歡喜，
若已不濟事，憂惱有何益？
不欲我與友，歷苦遭輕蔑，

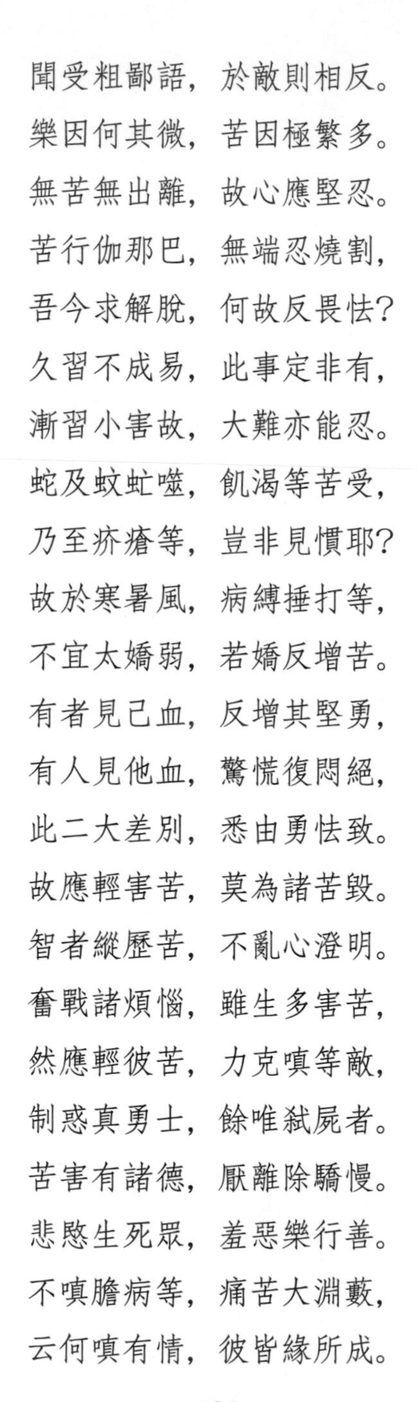

聞受粗鄙語，於敵則相反。
樂因何其微，苦因極繁多。
無苦無出離，故心應堅忍。
苦行伽那巴，無端忍燒割，
吾今求解脫，何故反畏怯？
久習不成易，此事定非有，
漸習小害故，大難亦能忍。
蛇及蚊虻噬，飢渴等苦受，
乃至疥瘡等，豈非見慣耶？
故於寒暑風，病縛捶打等，
不宜太嬌弱，若嬌反增苦。
有者見己血，反增其堅勇，
有人見他血，驚慌復悶絕，
此二大差別，悉由勇怯致。
故應輕害苦，莫為諸苦毀。
智者縱歷苦，不亂心澄明。
奮戰諸煩惱，雖生多害苦，
然應輕彼苦，力克嗔等敵，
制惑真勇士，餘唯弒屍者。
苦害有諸德，厭離除驕慢。
悲愍生死眾，羞惡樂行善。
不嗔膽病等，痛苦大淵藪，
云何嗔有情，彼皆緣所成。

如人不欲病，然病仍生起，
如是不欲惱，煩惱強湧現。
心雖不思嗔，而人自然嗔，
如是未思生，嗔惱猶自生。
所有眾過失，種種諸罪惡，
彼皆緣所生，全然非自力。
彼等眾緣聚，不思將生嗔，
所生諸嗔惱，亦無已生想。
縱許有主物，施設所謂我，
主我不故思，將生而生起，
不生故無果。常我欲享果，
於境則恆散，彼執亦不息。
彼我若是常，無作如虛空。
縱遇他緣時，不動無變異。
作時亦如前，則作有何用？
謂作用即此，我作何相干？
是故一切法，依他非自主，
知已不應嗔，如幻如化事。
由誰除何嗔，除嗔不如理，
嗔除諸苦滅，故非不應理。
故見怨或親，非理妄加害，
思此乃緣生，受之甘如飴。
若苦由自取，而人皆厭苦，

以是諸有情，皆當無苦楚。
或因己不慎，以刺自戳傷，
或為得婦心，憂傷復絕食，
縱崖或自縊，吞服毒害食，
妄以自虐行，於己作損傷。
自惜身命者，因惑尚自盡，
況於他人身，絲毫無傷損。
故於害我者，心應懷慈憫，
慈悲縱不起，生嗔亦非當。
設若害他人，乃愚自本性，
嗔彼則非理，如嗔燒性火。
若過是偶發，有情性仁賢，
則嗔亦非理，如嗔煙蔽空。
棍杖所傷人，不應嗔使者，
彼復嗔使故，理應憎其嗔。
我昔於有情，曾作如是害，
既曾傷有情，理應受此損。
敵器與我身，二皆致苦因，
雙出器與身，於誰該當嗔？
身似人形瘡，輕觸苦不堪，
盲目我愛執，遭損誰當嗔？
愚夫不欲苦，偏作諸苦因，
既由己過害，豈能嗔於人？

譬如地獄卒，及諸劍葉林，
既由己業生，於誰該當嗔？
宿業所引發，令他損惱我，
因此若墮獄，豈非我害他？
依敵修忍辱，消我諸多罪，
怨敵依我者，墮獄久受苦。
若我傷害彼，敵反饒益我，
則汝粗暴心，何故反嗔彼？
若我有功德，必不墮地獄，
若吾自守護，則彼何所得？
若以怨報怨，則更不護敵，
吾行將退失，難行亦毀損。
心意無形體，誰亦不能毀。
若心執此身，定遭諸苦損，
輕蔑語粗鄙，口出惡言辭，
於身既無害，心汝何故嗔？
謂他不喜我，然彼於現後，
不能毀損我，何故厭譏毀？
謂礙利養故，縱我厭受損，
吾利終須捨，諸罪則久留。
寧今速死歿，不願邪命活，
苟安縱久住，終必遭死苦。
夢受百年樂，彼人復甦醒，

或受須臾樂，夢已此人覺，
覺已此二人，夢樂皆不還。
壽雖有長短，臨終唯如是，
設得多利養，長時享安樂，
死如遭盜劫，赤裸空手還。
謂利能活命，淨罪並修福，
然為利養嗔，福盡惡當生。
若為塵俗活，復因彼退墮，
唯行罪惡事，苟活義安在？
謂謗令他失，故我嗔謗者，
如是何不嗔，誹謗他人者？
謂此唯關他，是故吾堪忍，
如是何不忍，煩惱所生謗？
於佛塔像法，誹詆損毀者，
吾亦不應嗔，因佛遠諸害。
於害上師尊，及傷親友者，
思彼皆緣生，知已應止嗔。
情與無情二，俱害諸有情，
云何唯嗔人？故我應忍害。
或由愚行害，或因愚還嗔，
此中孰無過？孰為有過者？
因何昔造業，於今受他害？
一切既依業，憑何嗔於彼？

如是體解已，以慈互善待，
故吾當一心，勤行諸福善。
譬如屋著火，燃及他屋時，
理當速移棄，助火蔓延草。
如是心所貪，能助嗔火蔓，
慮火燒德屋，應疾厭棄彼。
如彼待殺者，斷手獲解脫，
若以修行苦，離獄豈非善？
於今些微苦，若我不能忍，
何不除嗔恚，地獄眾苦因？
為欲曾千返，墮獄受燒烤，
然於自他利，今猶未成辦。
安忍苦不劇，復能成大利，
為除眾生害，欣然受此苦。
人讚敵有德，若獲歡喜樂，
意汝何不讚，令汝自歡喜？
如是所生樂，唯樂無性罪，
諸佛皆稱許，復是攝他法。
謂他獲樂故，然汝厭彼樂，
則應不予酬，此壞現後世。
他讚吾德時，我亦欲他樂，
他讚敵功德，何故我不樂？
初欲有情樂，而發菩提心，

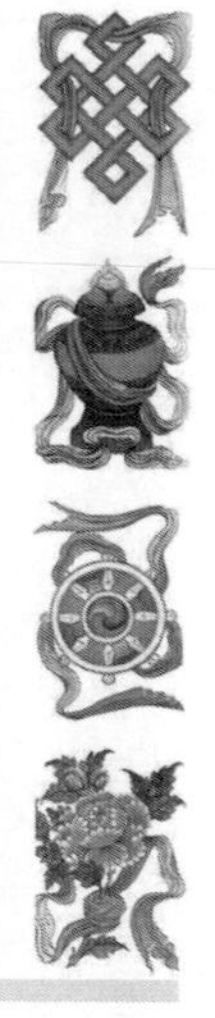

入菩薩行論

有情今獲樂，何故反嗔彼？
初欲令有情，成佛受他供，
今見人獲利，何故生嫉惱？
所應恩親養，當由汝供給，
彼今已自立，不喜豈反嗔？
不願人獲利，豈願彼證覺？
妒憎富貴者，豈有菩提心？
若已從他得，或利在施家，
二俱非汝有，施否何相干？
何故棄福善，信心與己德？
不守己得財，何不自嗔責？
於昔所為惡，猶無憂愧色，
豈還欲競勝，曾培福德者。
縱令敵不喜，汝有何可樂？
唯盼敵受苦，不成損他因。
汝願縱得償，他苦汝何樂？
若謂滿我願，招禍豈過此？
若為嗔漁夫，利鉤所鉤執，
陷我入獄鑊，定受獄卒煎。
受讚享榮耀，非福非長壽，
非力非免疫，非令身安樂。
若吾識損益，讚譽有何利？
若唯圖暫樂，應依賭等酒。

若僅為虛名，失財復喪命，
譽詞何所為，死時誰得樂？
沙屋傾頹時，愚童哀極泣，
若我傷失譽，豈非似愚童？
聲暫無心故，稱譽何足樂？
若謂他喜我，彼讚是喜因？
受讚或他喜，於我有何益？
喜樂屬於彼，少分吾不得。
他樂故我樂，於眾應如是，
他喜而讚敵，何故我不樂？
故我受讚時，心若生歡喜，
此喜亦非當，唯是愚童行。
讚譽令心散，損壞厭離心，
令妒有德者，復毀圓滿事。
以是若有人，欲損吾聲譽，
豈非救護我，免墮諸惡趣。
吾唯求解脫，無需利敬縛，
於解束縛者，何故反生嗔？
如我欲趣苦，然蒙佛加被，
閉門不放行，云何反嗔彼？
謂敵能障福，嗔敵亦非當，
難行莫勝忍，云何不忍耶？
若我因己過，不堪忍敵害，

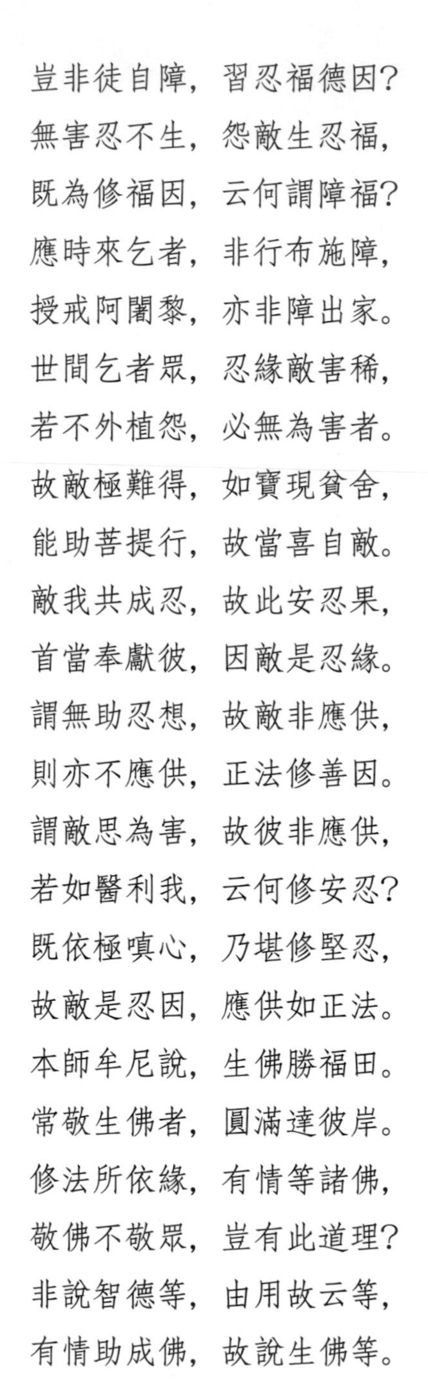

豈非徒自障，習忍福德因？
無害忍不生，怨敵生忍福，
既為修福因，云何謂障福？
應時來乞者，非行布施障，
授戒阿闍黎，亦非障出家。
世間乞者眾，忍緣敵害稀，
若不外植怨，必無為害者。
故敵極難得，如寶現貧舍，
能助菩提行，故當喜自敵。
敵我共成忍，故此安忍果，
首當奉獻彼，因敵是忍緣。
謂無助忍想，故敵非應供，
則亦不應供，正法修善因。
謂敵思為害，故彼非應供，
若如醫利我，云何修安忍？
既依極嗔心，乃堪修堅忍，
故敵是忍因，應供如正法。
本師牟尼說，生佛勝福田。
常敬生佛者，圓滿達彼岸。
修法所依緣，有情等諸佛，
敬佛不敬眾，豈有此道理？
非說智德等，由用故云等，
有情助成佛，故說生佛等。

懷慈供有情，因彼尊貴故，
敬佛福德廣，亦因佛尊貴。
助修成佛故，許眾生佛等，
然生非等佛，無邊功德海。
唯佛功德齊，於具少分者，
雖供三界物，猶嫌不得足。
有情具功德，能生勝佛法，
唯因此德符，即應供有情。
無偽眾生親，諸佛唯利生，
除令有情喜，何足報佛恩？
利生方足報，捨身入獄佛，
故我雖受害，亦當行眾善。
諸佛為有情，尚且不惜身，
愚癡我何故，驕慢不侍眾？
眾樂佛歡喜，眾苦佛傷悲，
悅眾佛愉悅，犯眾亦傷佛。
遍身著火者，與欲樂不生，
若傷諸有情，云何悅諸佛？
因昔害眾生，令佛傷心懷，
眾罪我今悔，祈佛盡寬恕。
為令如來喜，止害利世間，
任他踐吾頂，寧死悅世主。
大悲諸佛尊，視眾猶如己，

入菩薩行論

生佛既同體，何不敬眾生？
悅眾令佛喜，能成自利益，
能除世間苦，故應常安忍。
譬如大王臣，雖傷眾多人，
謀深慮遠者，力堪不報復，
因敵力非單，王勢即彼援，
故敵力雖弱，不應輕忽彼。
悲佛與獄卒，吾敵眾依怙，
故如民侍君，普令有情喜。
暴君縱生嗔，不能令墮獄，
然犯諸有情，定遭地獄害。
如是王雖喜，不能令成佛，
然悅諸眾生，終成無上覺。
云何猶不見，取悅有情果，
來生成正覺，今世享榮耀。
生生修忍得，貌美無病障，
譽雅命久長，樂等轉輪王。

第六品終

第七品　精進

忍已需精進，精進證菩提，
若無風不動，無勤福不生。
進即喜於善。下說其違品：
同惡散劣事，自輕凌懶惰。
貪圖懶樂味，習臥嗜睡眠，
不厭輪迴苦，頻生強懈怠。
云何猶不知，身陷惑網者，
必因生死獄，正入死神口。
漸次殺吾類，汝豈不見乎？
然樂睡眠者，如牛見屠夫。
通道遍封已，死神正凝望，
此時汝何能，貪食復耽眠？
死亡速臨故，及時應積資，
屆時方斷懶，遲矣有何用？
未肇或始作，或唯半成時，
死神突然至，嗚呼吾命休！
因憂眼紅腫，面頰淚雙垂，
親友已絕望，吾見閻魔使，
憶罪懷憂苦，聞聲懼墮獄，
狂亂穢覆身，屆時復何如？
此生所懷懼，猶如待宰魚，

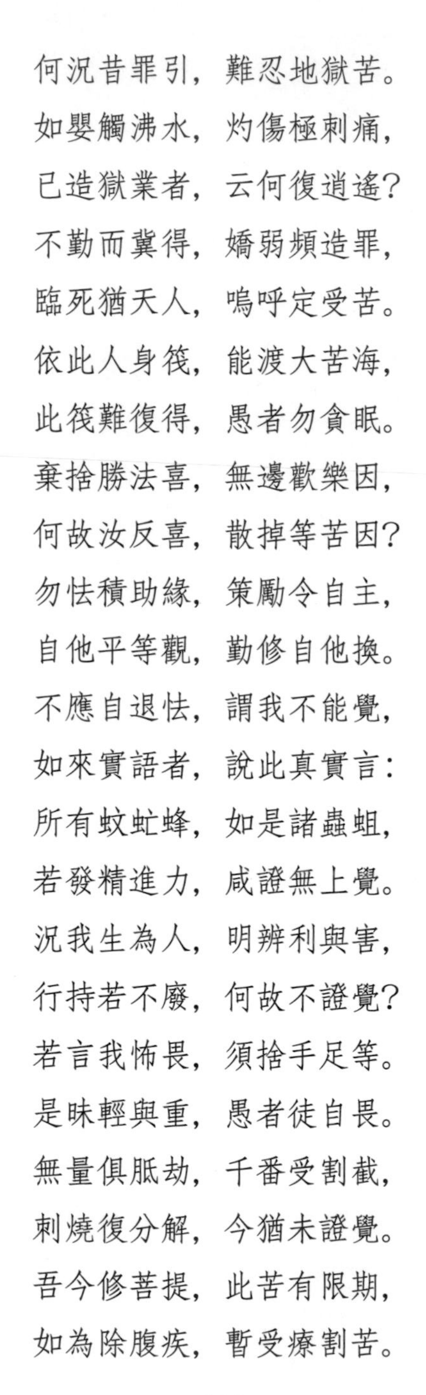

何況昔罪引，難忍地獄苦。
如嬰觸沸水，灼傷極刺痛，
已造獄業者，云何復逍遙？
不勤而冀得，嬌弱頻造罪，
臨死猶天人，嗚呼定受苦。
依此人身筏，能渡大苦海，
此筏難復得，愚者勿貪眠。
棄捨勝法喜，無邊歡樂因，
何故汝反喜，散掉等苦因？
勿怯積助緣，策勵令自主，
自他平等觀，勤修自他換。
不應自退怯，謂我不能覺，
如來實語者，說此真實言：
所有蚊虻蜂，如是諸蟲蛆，
若發精進力，咸證無上覺。
況我生為人，明辨利與害，
行持若不廢，何故不證覺？
若言我怖畏，須捨手足等。
是昧輕與重，愚者徒自畏。
無量俱胝劫，千番受割截，
刺燒復分解，今猶未證覺。
吾今修菩提，此苦有限期，
如為除腹疾，暫受療割苦。

醫皆以小苦，療治令病除，
為滅眾苦故，當忍修行苦。
凡常此療法，良醫皆不用，
巧施緩藥方，療治眾痾疾。
佛陀先令行，蔬菜等布施，
習此微施已，漸能施己肉。
一旦覺自身，卑微如蔬菜，
爾時捨身肉，於彼有何難？
身心受苦害，邪見罪為因，
惡斷則無苦，智巧故無憂。
福德引身適，智巧令心安，
為眾處生死，菩薩豈疲厭？
以此菩提心，能盡宿惡業，
能聚福德海，故勝諸聲聞。
故應除疲厭，駕馭覺心駒，
從樂趨勝樂，智者誰退怯？
勤利生助緣，信解堅喜捨，
畏苦思利益，能生希求力。
故斷彼違品，以欲堅喜捨。
實行控制力，勤取增精進。
發願欲淨除，自他諸過失，
然盡一一過，須修一劫海。
若我未曾有，除過精進分，

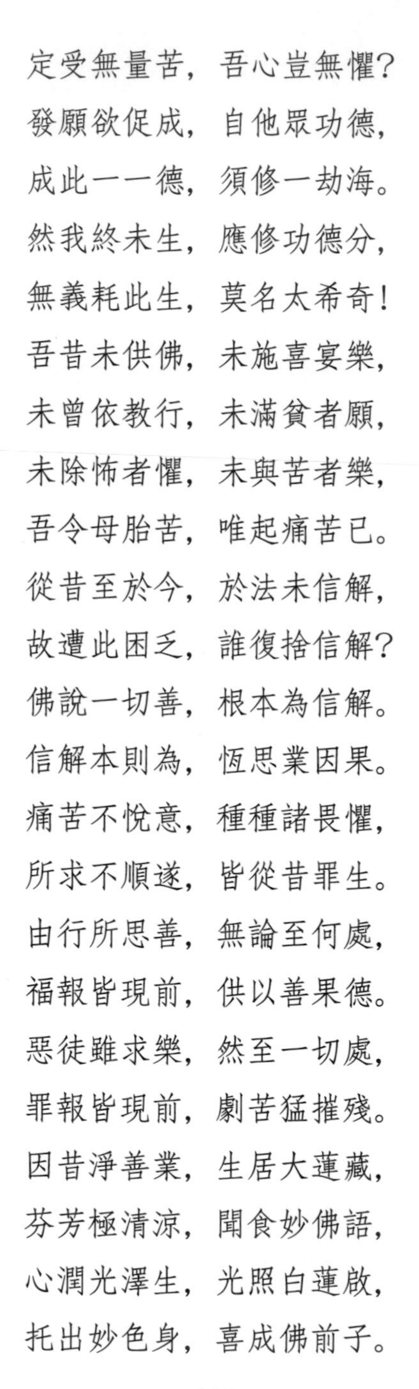

定受無量苦，吾心豈無懼？
發願欲促成，自他眾功德，
成此一一德，須修一劫海。
然我終未生，應修功德分，
無義耗此生，莫名太希奇！
吾昔未供佛，未施喜宴樂，
未曾依教行，未滿貧者願，
未除怖者懼，未與苦者樂，
吾令母胎苦，唯起痛苦已。
從昔至於今，於法未信解，
故遭此困乏，誰復捨信解？
佛說一切善，根本為信解。
信解本則為，恆思業因果。
痛苦不悅意，種種諸畏懼，
所求不順遂，皆從昔罪生。
由行所思善，無論至何處，
福報皆現前，供以善果德。
惡徒雖求樂，然至一切處，
罪報皆現前，劇苦猛摧殘。
因昔淨善業，生居大蓮藏，
芬芳極清涼，聞食妙佛語，
心潤光澤生，光照白蓮啟，
托出妙色身，喜成佛前子。

因昔眾惡業，閻魔諸獄卒，
剝皮令受苦，熱火熔鋼液，
淋灌無膚體，炙燃劍矛刺，
身肉盡碎裂，紛墮燒鐵地。
故心應信解，恭敬修善法。
軌以金剛幢，行善修自信。
首當量己力，自忖應為否，
不宜暫莫為，為已勿稍退。
退則於來生，串習增罪苦，
他業及彼果，卑劣復不成。
於善斷惑力，應生自信心，
吾應獨自為，此是業自信。
世人隨惑轉，不能辦自利，
眾生不如我，故我當盡力。
他尚勤俗務，我怎悠閒住？
亦莫因慢修，無慢最為宜。
烏鴉遇死蛇，勇行如大鵬，
信心若怯懦，反遭小過損。
怯懦捨精進，豈能除福貧？
自信復力行，障大也無礙。
故心應堅定，奮滅諸罪墮，
我若負罪墮，何能超三界？
吾當勝一切，不使惑勝我，

吾乃佛獅子，應持此自信。
以慢而墮落，此惑非勝慢，
自信不隨惑，此信制惑慢。
因慢生傲者，將赴惡趣道，
人間歡宴失，為僕食人殘，
蠢醜體虛弱，輕蔑處處逢。
傲慢苦行者，倘入自信數，
堪憐寧過此？
為勝我慢敵，堅持自信心，
此乃勝利者，英豪自信士。
若復真實滅，暗延我慢敵，
定能成佛果，圓滿眾生願。
設處眾煩惱，千般須忍耐，
如獅處狐群，不遭煩惱害。
人逢大危難，先護其眼目，
如是雖臨危，護心不隨惑。
吾寧被燒殺，甚或斷頭顱，
然終不稍讓，屈就煩惱賊。
一切時與處，不行無義事。
如童逐戲樂，所為眾善業，
心應極耽著，樂彼無饜足。
世人勤求樂，成否猶未定，
二利能得樂，不行樂何有？

如嗜刃上蜜，貪欲無饜足，
感樂寂滅果，求彼何需足？
為成所求善，歡喜而趣行，
猶如日中象，遇池疾奔入。
身心俱疲時，暫捨為久繼。
事成應盡捨，續行餘善故。
沙場老兵將，遇敵避鋒向，
如是迴惑刃，巧縛煩惱敵。
戰陣失利劍，懼殺疾拾取，
如是若失念，畏獄速提起。
循血急流動，箭毒速遍身，
如是惑得便，罪惡盡覆心。
如人劍逼身，行持滿缽油，
懼溢慮遭殺，護戒當如是。
復如蛇入懷，疾起速抖落，
如是眠懈至，警醒速消除。
每逢誤犯過，皆當深自責，
屢思吾今後，終不犯此過。
故於一切時，精勤修正念，
依此求明師，圓成正道業。
為令堪眾善，應於行事前，
憶教不放逸，振奮歡喜行。
如絮極輕盈，隨風任來去，
身心若振奮，眾善皆易成。

第七品終

第八品　靜慮

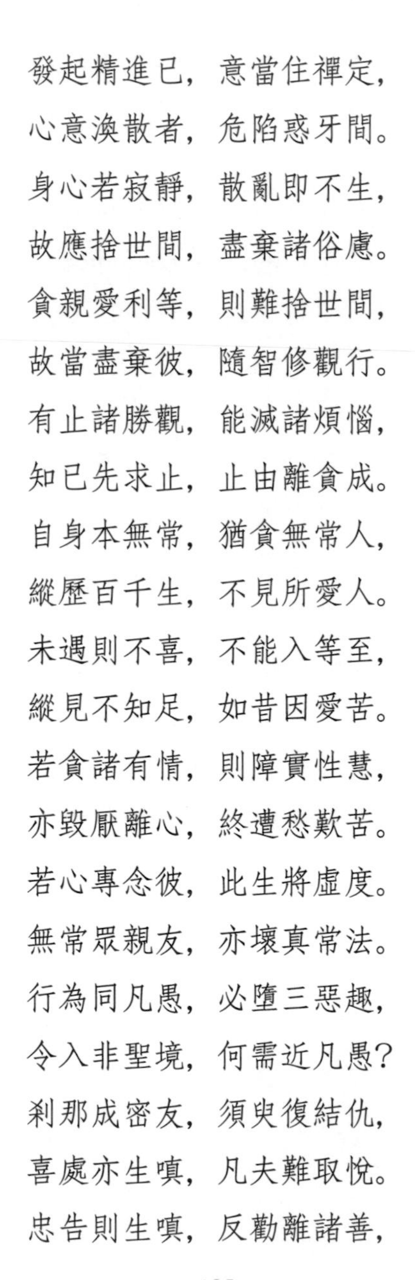

發起精進已，意當住禪定，
心意渙散者，危陷惑牙間。
身心若寂靜，散亂即不生，
故應捨世間，盡棄諸俗慮。
貪親愛利等，則難捨世間，
故當盡棄彼，隨智修觀行。
有止諸勝觀，能滅諸煩惱，
知已先求止，止由離貪成。
自身本無常，猶貪無常人，
縱歷百千生，不見所愛人。
未遇則不喜，不能入等至，
縱見不知足，如昔因愛苦。
若貪諸有情，則障實性慧，
亦毀厭離心，終遭愁歎苦。
若心專念彼，此生將虛度。
無常眾親友，亦壞真常法。
行為同凡愚，必墮三惡趣，
令入非聖境，何需近凡愚？
剎那成密友，須臾復結仇，
喜處亦生嗔，凡夫難取悅。
忠告則生嗔，反勸離諸善，

若不從彼語，嗔怒墮惡趣。
妒高競相等，傲卑讚復驕，
逆耳更生嗔，處俗怎得益？
伴愚必然生，自讚毀他過，
好談世間樂，無義不善事。
是故近親友，徒然自招損，
彼既無益我，吾亦未利彼，
故應遠凡愚。會時喜相迎，
亦莫太親密，善繫君子誼。
猶如蜂採蜜，為法化緣已，
如昔未謀面，淡然而處之。
吾富受恭敬，眾人皆喜我，
若持此驕傲，歿後定生懼。
故汝愚癡意，無論貪何物，
定感苦果報，千倍所貪得。
故智不應貪，貪生三途怖。
應當堅信解，彼性本應捨。
縱吾財物豐，令譽遍稱揚，
所集諸名利，非隨心所欲。
若有人毀我，讚譽何足喜？
若有人讚我，譏毀何足憂？
有情種種心，佛亦難盡悅，
何況劣如我，故應捨此慮。

睥睨窮行者，詆毀富修士，
性本難為侶，處彼怎得樂？
如來曾宣示，凡愚若無利，
鬱鬱終寡歡，故莫友凡愚。
林中鳥獸樹，不出刺耳音，
伴彼心常樂，何時共安居？
何時住樹下，岩洞無人寺，
願心不眷顧，斷捨塵世貪？
何時方移棲，天然遼闊地，
不執為我所，無貪恣意行？
何時居無懼，唯持缽等器，
匪盜不需衣，乃至不蔽體？
何時赴寒林，觸景生此情：
他骨及吾體，悉皆壞滅法。
吾身速腐朽，彼臭令狐狼，
不敢趨前嘗，其變終至此。
孑然此一身，生時骨肉連，
死後各分散，何況是他親？
生既孤獨生，殁復獨自亡，
苦痛無人攤，親眷有何益？
如諸行路客，不執暫留舍，
如是行有道，豈應戀生家？
迨及眾親友，傷痛及哀泣，

四人捐吾體，屆時赴林間。
無親亦無怨，隻身隱山林，
先若視同死，歿已無人憂。
四周既無人，哀傷或為害，
故修隨念佛，無人擾令散。
故當獨自棲，事少易安樂，
靈秀宜人林，止息眾散亂。
盡棄俗慮已，吾心當專一，
為令入等至，制惑而精進。
現世及來世，諸欲引災禍，
今生砍殺縛，來世入地獄。
月老媒婆前，何故屢懇求？
為何全不忌，諸罪或惡名？
縱險吾亦投，資財願耗盡，
只為女入懷，銷魂獲至樂。
除骨更無餘，與其苦貪執，
非我自主軀，何如趣涅槃？
始則奮抬頭，揭已羞垂視，
葬前見未見，悉以紗覆面。
昔隱惑君容，今現明眼前，
鷲已去其紗，既見何故逃？
昔日他眼窺，汝即忙守護，
今鷲食彼肉，吝汝何不護？

既見此聚屍，鷲獸競分食，
何苦以花飾，殷獻鳥獸食？
若汝見白骨，靜臥猶驚怖，
何不懼少女，靈動如活屍？
昔衣汝亦貪，今裸何不欲？
若謂厭不淨，何故擁著衣？
糞便與口涎，悉從飲食生，
何故貪口液，不樂臭糞便？
嗜欲者不貪，柔軟木棉枕，
謂無女體臭。彼誠迷穢垢。
迷劣欲者言：棉枕雖滑柔，
難成鴛鴦眠。於彼反生嗔。
若謂厭不淨，肌腱繫骨架，
肉泥粉飾女，何以擁入懷？
汝自多不淨，日用恆經歷，
豈貪不得足，猶圖他垢囊？
若謂喜彼肉，欲觀並摸觸，
則汝何不欲，無心屍肉軀？
所欲婦女心，無從觀與觸，
可觸非心識，空擁何所為？
不明他不淨，猶非希奇事，
不知自不淨，此則太希奇！
汝執不淨心，何故捨晨曦，

入菩薩行論

初啟嫩蓮花，反著垢穢囊？

若汝不欲觸，糞便所塗地，

云何反欲撫，泄垢體私處？

若謂厭不淨，垢種所孕育，

穢處所出生，何以摟入懷？

糞便所生蛆，雖小尚不欲，

云何汝反欲，垢生不淨軀？

汝自不淨身，非僅不輕棄，

反因貪不淨，圖彼臭皮囊。

宜人冰片等，米飯或蔬菜，

食已復排出，大地亦染污。

垢身濁如此，親見若復疑，

應觀寒尸林，腐身不淨景。

皮表迸裂屍，見者生大畏，

知已復何能，好色生歡喜？

塗身微妙香，旃檀非她身，

何以因異香，貪著她身軀？

身味若本臭，不貪豈非善？

貪俗無聊輩，為何身塗香？

若香屬旃檀，身出乃異味，

何以因異香，貪愛女身軀？

長髮污修爪，黃牙泥臭味，

皆令人怖畏，軀體自本性，

如傷己利刃，何故勤擦拭？
自迷癡狂徒，嗚呼滿天下！
寒林唯見骨，意若生厭離，
豈樂活白骨，充塞寒林城？
復次女垢身，無酬不可得，
今生逐塵勞，彼世遭獄難。
少無生財力，及長怎享樂？
財積壽漸近，衰老欲何為？
多欲卑下人，白日勞力竭，
夜歸精氣散，身如死屍眠。
或需赴他鄉，長途歷辛勞，
雖欲會嬌妻，終年不相見。
或人為謀利，因愚賣身訖，
然利猶未得，空隨業風去。
或人自售身，任隨他指使，
妻妾縱臨產，荒郊樹下生。
欲欺凡夫謂：求活謀生故，
慮喪赴疆場，為利成傭奴。
為欲或喪身，或豎利戈尖，
或遭短矛刺，乃至火焚燒。
積護耗盡苦，應知財多禍，
貪金渙散人，脫苦遙無期。
貪欲生眾苦，害多福利少，

如彼拖車牲，唯得數口草。
彼利極微薄，雖畜不難得，
為彼勤苦眾，竟毀暇滿身。
諸欲終壞滅，貪彼易墮獄，
為此瞬息樂，須久歷艱困。
彼困千萬分，便足成佛道，
欲者較菩薩，苦多無菩提。
思維地獄苦，始知諸欲患，
非毒兵器火，險地所能擬。
故當厭諸欲，欣樂阿蘭若。
離諍無煩惱，寂靜山林中，
皎潔明月光，清涼似檀香。
傾瀉平石上，如宮意生歡。
林風無聲息，徐徐默吹送。
有福瑜伽士，踱步思利他。
空舍岩洞樹，隨時任意住，
盡捨護持苦，無忌恣意行。
離貪自在行，誰亦不相干，
王侯亦難享，知足閒居歡。
遠離諸塵緣，思彼具功德，
盡息諸分別，觀修菩提心。
首當勤觀修，自他本平等。
避苦求樂同，護他如護己。

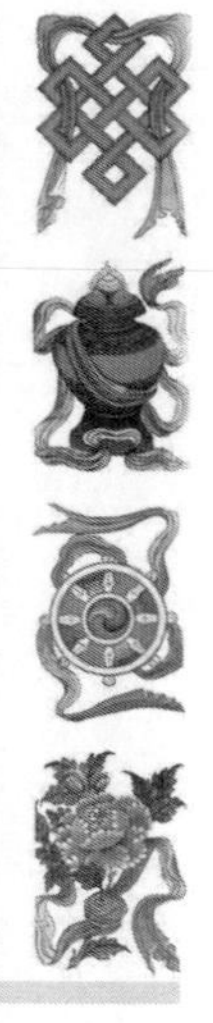

手足肢雖眾，護如身相同，
眾生苦樂殊，求樂與我同。
雖我所受苦，不傷他人身，
此苦亦當除，執我難忍故，
如是他諸苦，雖不臨吾身，
彼苦仍應除，執我難忍故。
吾應除他苦，他苦如自苦，
吾當利樂他，有情如吾身。
自與他雙方，求樂既相同，
自他何差殊？何故求獨樂？
自與他雙方，惡苦既相同，
自他何差殊？何故唯自護？
謂彼不傷吾，故不護他苦，
後苦不害今，何故汝防護？
若謂當受苦，此誠邪思維，
亡者他體故，生者亦復然。
若謂自身苦，應由自防護，
足苦非手苦，何故手護足？
若謂此非理，執我故如此，
執自他非理，唯當極力斷。
相續與蘊聚，假名如軍鬘，
本無受苦者，誰復感彼苦？
既無受苦者，諸苦無分別。

苦故即當除，何需強區分？
不應有此諍，何需除他苦？
欲除悉應除，否則自如他。
悲心引眾苦，何苦強催生？
若愍眾生苦，自苦云何增？
一苦若能除，眾多他人苦，
為利自他故，慈者樂彼苦。
妙花月雖知，國王有害意，
然為盡眾苦，不惜殉自命。
如是修自心，則樂滅他苦，
惡獄亦樂往，如鵝趣蓮池。
有情若解脫，心喜如大海，
此喜寧不足？云何唯自度？
故雖謀他利，然無驕矜氣，
一心樂利他，不望得善報。
微如言不遜，吾亦慎防護，
如是於眾生，當習悲護心。
如親精卵聚，本非吾自身，
串習故執取，精卵聚為我。
如是於他身，何不執為我？
自身換他身，是故亦無難，
自身過患多，他身功德廣，
知已當修習，愛他棄我執。

入菩薩行論

眾人皆認許，手足是身肢，
如是何不許，有情眾生分？
於此無我軀，串習成我所，
如是於他身，何不生我覺？
故雖謀他利，然無驕矜氣，
如人自餵食，未曾盼回報。
微如言不遜，吾亦慎防護，
如是於眾生，當習悲護心。
怙主觀世音，為除眾怖畏，
湧現大悲心，加持自聖號。
聞名昔喪膽，因久習近故，
失彼竟寡歡，知難應莫退。
若人欲速疾，救護自與他，
當修自他換，勝妙秘密訣。
貪著自身故，小怖亦生畏。
於此生懼身，誰不似敵嗔？
千般需療除，飢渴身疾者，
捕殺魚鳥獸，伺機劫道途。
或為求利敬，乃至殺父母，
盜取三寶物，以是焚無間。
有誰聰智者，欲護供此身？
誰不視如仇，誰不輕蔑彼？
若施何能享？自利餓鬼道，

自享何所施？利他人天法。
為自而害他，將受地獄苦，
損己以利他，一切圓滿成。
欲求自高者，卑愚墮惡趣，
迴此舉薦他，受敬上善道。
為己役他者，終遭僕役苦，
勞自以利他，當封王侯爵。
所有世間樂，悉從利他生，
一切世間苦，咸由自利成。
何需更繁敘？凡愚求自利，
牟尼唯利他，且觀此二別。
若不以自樂，真實換他苦，
非僅不成佛，生死亦無樂。
後世且莫論，今生不為僕，
雇主不予酬，難成現世利。
利他能成樂，否則樂盡失，
害他令受苦，愚者定遭殃。
世間諸災害，怖畏及眾苦，
悉由我執生，此魔我何用？
我執未盡捨，苦必不能除，
如火未拋棄，不免受灼傷。
如為止自害，及滅他痛苦，
捨自盡施他，愛他如愛己。

意汝定當知，吾已全屬他，
除利有情想，切莫更思餘。
不應以他眼，成辦自利益，
亦莫以眼等，邪惡待眾生。
故當尊有情，己身所有物，
見已咸取出，廣利諸眾生。
易位卑等高，移自換為他，
以無疑慮心，修妒競勝慢。
蒙敬彼非我，吾財不如彼，
受讚他非我，彼樂吾受苦。
工作吾勤苦，度日彼安逸。
世間盛讚彼，吾之身名裂，
無才何所為？才學眾悉有，
彼較某人劣，吾亦勝某人。
戒見衰退等，因惑而非我，
故應悲濟我，困則自取受。
然吾未蒙濟，竟然反遭輕，
彼雖具功德，於我有何益？
不愍愚眾生，危陷惡趣門，
向外誇己德，欲勝諸智者。
為令自優勝，利能等我者，
縱諍亦冀得，財利與恭敬。
極力稱吾德，令名揚世間，

克抑彼功德，不令世間聞。
復當隱吾過，受供而非他，
令我獲大利，受敬而非他。
吾喜觀望彼，淪落久遭難，
令受眾嘲諷，競相共責難。
據云此狂徒，欲與吾相爭，
財貌與慧識，種姓寧等我？
故令聞眾口，齊頌吾勝德，
毛豎心歡喜，渾然樂陶陶。
彼富吾奪取，若為吾從僕，
唯予資生酬，其餘悉霸取。
令彼乏安樂，恆常遇禍害。
彼為墮生死，百般折損我。
汝雖欲自利，然經無數劫，
遍歷大劬勞，執我唯增苦。
是故當盡心，勤行眾生利，
牟尼無欺言，奉行必獲益。
若汝自往昔，素行利生事，
除獲正覺樂，必不逢今苦。
故汝於父母，一滴精血聚，
既可執為我，於他亦當習。
應為他密探，見己有何物，
悉數盡盜取，以彼利眾生。

入菩薩行論

我樂他不樂，我高他卑下，
利己不顧人，何不反自妒？
吾當離安樂，甘代他人苦。
時觀念起處，細察己過失。
他雖犯大過，欣然吾頂替，
自過縱微小，眾前誠懺悔。
顯揚他令譽，以此匿己名，
役自如下僕，勤謀眾人利。
此身過本多，德寡奚足誇？
故當隱己德，莫令他人知。
往昔為自利，所行盡害他，
今為他謀利，願害悉歸我。
莫令汝此身，猛現頑強相，
令如初嫁媳，羞畏極謹慎。
堅持利他行，切莫傷眾生，
妄動應制止，逾矩當治罰。
縱已如是誨，汝猶不行善，
眾過終歸汝，唯當受治罰。
昔時受汝制，今日吾已覺，
無論至何處，悉摧汝驕慢。
今當棄此念，尚享自權益。
汝已售他人，莫哀應盡力。
若吾稍放逸，未施汝於眾，

則汝定將我，販與諸獄卒。
如是汝屢屢，棄我令久苦，
今憶宿仇怨，摧汝自利心。
若汝欲自喜，不應自愛執，
若汝欲自護，則當常護他。
汝愈獻殷勤，護此不淨身，
彼愈趨退墮，衰朽極脆弱。
身弱欲愛增，大地一切物，
尚且不饜足，誰復愜彼欲？
逐欲未得足，生惱復失意。
若人無所求，彼福無窮盡，
樂長身貪故，莫令有機趁，
不執悅意物，厥為真妙財。
可怖不淨身，不動待他牽，
火化終成灰，何故執為我？
無論生與死，朽身何所為？
豈異糞等物？怎不除我慢？
奉承此身故，無義集諸苦，
於此似樹身，何勞貪與嗔？
細心極愛護，或棄鷲獸食，
身既無貪嗔，何苦愛此身？
何毀引身嗔？何讚令身喜？
身既無所知，殷勤何所為？

若人喜我身，則彼為吾友，
眾皆愛己身，何不愛眾生？
故應離貪執，為眾捨己身，
此身雖多患，善用如工具。
愚行足堪厭，今當隨聖賢，
憶教不放逸，奮退昏與眠。
如佛大悲子，安忍所當行，
若不恆勤修，何日得出苦？
為除諸障故，迴心避邪途，
並於正所緣，恆常修三昧。

第八品終

第九品　智慧

此等一切支，佛為智慧說，

故欲息苦者，當啟空性慧。

世俗與勝義，許之為二諦。

勝義非心境，說心是世俗。

世間見二種，瑜伽及平凡。

瑜伽世間破，平凡世間者，

復因慧差別，層層更超勝。

以二同許喻。為果不觀察。

世人見實法，分別為真實，

而非如幻化，故諍瑜伽師。

色等現量境，共稱非智量，

彼等誠虛妄，如垢謂淨等。

為導世間人，佛說無常法，

真實非剎那。豈不違世俗?

瑜伽量無過，待世謂見真，

否則觀不淨，將違世間見。

供幻佛生德，如供實有佛。

有情若如幻，死已云何生?

眾緣聚合已，雖幻亦當生，

云何因久住，有情成實有?

幻人行殺施，無心無罪福，

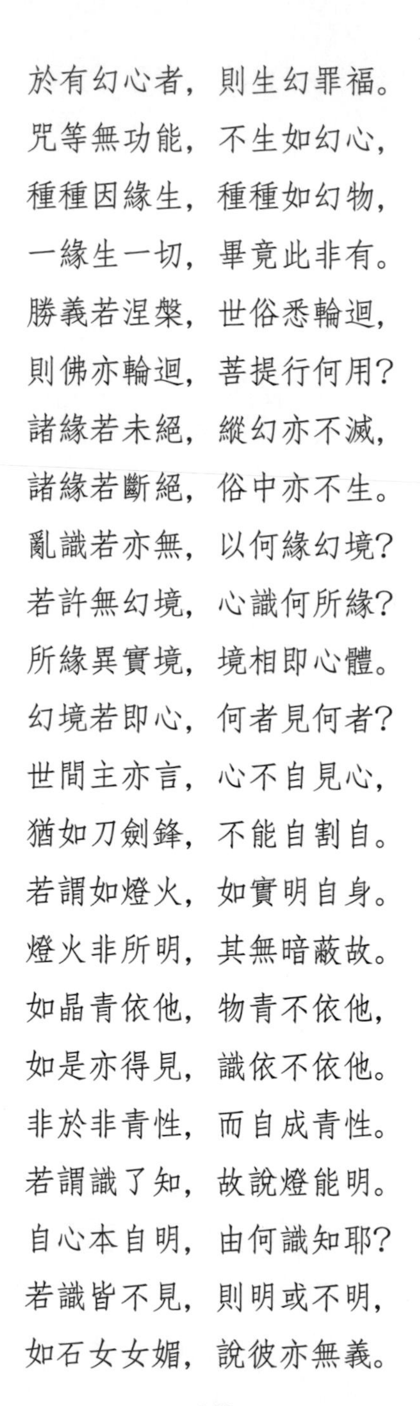

於有幻心者，則生幻罪福。
咒等無功能，不生如幻心，
種種因緣生，種種如幻物，
一緣生一切，畢竟此非有。
勝義若涅槃，世俗悉輪迴，
則佛亦輪迴，菩提行何用？
諸緣若未絕，縱幻亦不滅，
諸緣若斷絕，俗中亦不生。
亂識若亦無，以何緣幻境？
若許無幻境，心識何所緣？
所緣異實境，境相即心體。
幻境若即心，何者見何者？
世間主亦言，心不自見心，
猶如刀劍鋒，不能自割自。
若謂如燈火，如實明自身。
燈火非所明，其無暗蔽故。
如晶青依他，物青不依他，
如是亦得見，識依不依他。
非於非青性，而自成青性。
若謂識了知，故說燈能明。
自心本自明，由何識知耶？
若識皆不見，則明或不明，
如石女女媚，說彼亦無義。

若無自證分，心識怎憶念？
心境相連故，能知如鼠毒。
心通遠見他，近故心自明。
然塗煉就藥，見瓶不見藥。
見聞與覺知，於此不遮除。
此處所遮者，苦因執諦實。
幻境非心外，亦非全無異。
若實怎非異？非異則非實。
幻境非實有，能見心亦然。
輪迴依實法，否則如虛空。
無實若依實，云何有作用？
汝心無助伴，應成獨一體。
若心離所取，眾皆成如來。
施設唯識義，究竟有何德？
雖知法如幻，豈能除煩惱？
如彼幻變師，亦貪所變女。
幻師於所知，未斷煩惱習，
空性習氣弱，故見猶生貪。
若久修空性，必斷實有習，
由修無所有，後亦斷空執。
觀法無諦實，不得諦實法。
無實離所依，彼豈依心前？
若實無實法，悉不住心前，

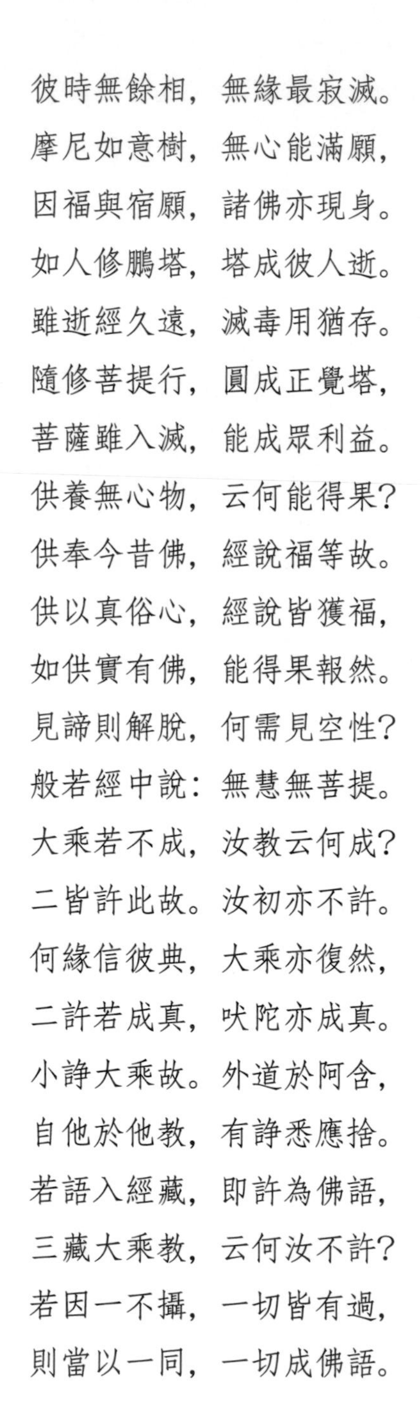

彼時無餘相，無緣最寂滅。
摩尼如意樹，無心能滿願，
因福與宿願，諸佛亦現身。
如人修鵬塔，塔成彼人逝。
雖逝經久遠，滅毒用猶存。
隨修菩提行，圓成正覺塔，
菩薩雖入滅，能成眾利益。
供養無心物，云何能得果？
供奉今昔佛，經說福等故。
供以真俗心，經說皆獲福，
如供實有佛，能得果報然。
見諦則解脫，何需見空性？
般若經中說：無慧無菩提。
大乘若不成，汝教云何成？
二皆許此故。汝初亦不許。
何緣信彼典，大乘亦復然，
二許若成真，吠陀亦成真。
小諍大乘故。外道於阿含，
自他於他教，有諍悉應捨。
若語入經藏，即許為佛語，
三藏大乘教，云何汝不許？
若因一不攝，一切皆有過，
則當以一同，一切成佛語。

諸聖大迦葉，佛語未盡測，
誰因汝不解，廢持大乘教？
比丘為教本，彼亦難安立，
心有所緣者，亦難住涅槃。
斷惑若即脫，彼無間應爾，
彼等雖無惑，猶見業功能。
謂無近取愛，故定無後有，
此非染污愛，如癡云何無？
因受緣生愛，彼等仍有受。
心識有所緣，彼仍住其中。
若無空性心，滅已復當生，
猶如無想定，故當修空性。
為度愚苦眾，菩薩離貪懼，
悲智住輪迴，此即悟空果。
空性能對治，煩惱所知障，
欲速成佛者，何不修空性？
不應妄破除，如上空性理，
切莫心生疑，如理修空性。
執實能生苦，於彼應生懼，
悟空能息苦，云何畏空性？
實我若稍存，於物則有懼，
既無少分我，誰復生畏懼？
齒髮甲非我，我非骨及血，

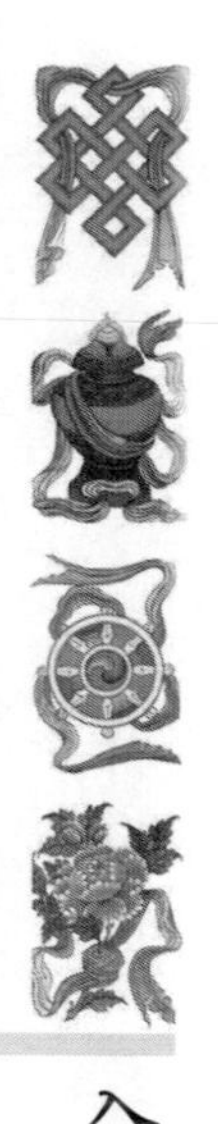

入菩薩行論

非涎非鼻涕，非膿非黃水，
非脂亦非汗，非肺亦非肝，
我非餘內臟，亦非屎與尿，
肉與皮非我，脈氣熱非我，
百竅亦復然，六識皆非我。
聲識若是常，一切時應聞，
若無所知聲，何理謂識聲？
無識若能知，則樹亦應知，
是故定應解：無境則無知。
若謂彼知色。彼時何不聞？
若謂聲不近，則知識亦無。
聞聲自性者，云何成眼識？
一人成父子，假名非真實。
憂喜暗三德，非子亦非父。
彼無聞聲性，不見彼性故。
如見伎異狀。是識即非常。
謂異樣一體。彼一未曾有，
異樣若非真，自性復為何？
若謂即是識，眾生將成一。
心無心亦一，同為實有故。
差殊成妄時，何為共同依？
無心亦非我，無心則如瓶。
謂合有心故，知成無知滅。

若我無變異，心於彼何用？
無知復無用，虛空亦成我。
若我非實有，業果繫非理，
已作我既滅，誰復受業報？
作者受者異，報時作者亡。
汝我若共許，諍此有何義？
因時見有果，此見不可能。
依一相續故，佛說作者受。
過去未來心，俱無故非我。
今心若是我，彼滅則我亡。
猶如芭蕉樹，剝析無所有，
如是以慧觀，覓我見非實。
有情若非有，於誰起悲愍？
立誓成佛者，因癡虛設有。
無人誰得果？許由癡心得。
為息眾生苦，不應除果癡。
我慢痛苦因，惑我得增長。
謂慢不能除，修無我最勝。
身非足小腿，腿腰亦非身，
腹背及胸臂，彼等復非身，
側肋手非身，腋窩肩非身，
內臟頭與頸，彼等皆非身，
此中孰為身？

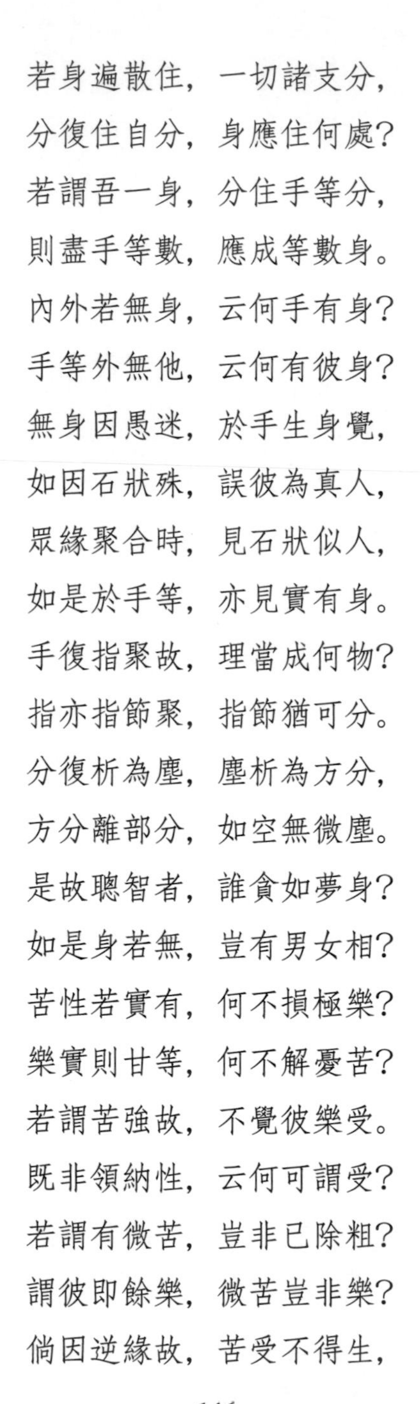

若身遍散住，一切諸支分，
分復住自分，身應住何處？
若謂吾一身，分住手等分，
則盡手等數，應成等數身。
內外若無身，云何手有身？
手等外無他，云何有彼身？
無身因愚迷，於手生身覺，
如因石狀殊，誤彼為真人，
眾緣聚合時，見石狀似人，
如是於手等，亦見實有身。
手復指聚故，理當成何物？
指亦指節聚，指節猶可分。
分復析為塵，塵析為方分，
方分離部分，如空無微塵。
是故聰智者，誰貪如夢身？
如是身若無，豈有男女相？
苦性若實有，何不損極樂？
樂實則甘等，何不解憂苦？
若謂苦強故，不覺彼樂受。
既非領納性，云何可謂受？
若謂有微苦，豈非已除粗？
謂彼即餘樂，微苦豈非樂？
倘因逆緣故，苦受不得生，

此豈非成立，分別受是執？
故應修空性，對治實有執，
觀慧良田中，能長瑜伽食。
根境若間隔，彼二怎會遇？
無隔皆成一，誰復遇於誰？
塵塵不相入，無間等大故。
不入則無合，無合則不遇。
無分而能遇，云何此有理？
若見請示我，無分相遇塵。
意識無色身，遇境不應理。
聚亦無實故，如前應觀察。
若觸非真有，則受從何生？
何故逐塵勞，何苦傷何人？
若見無受者，亦無實領受，
見此實性已，云何愛不滅？
所見或所觸，性皆如夢幻。
與心俱生故，受非心能見。
後念唯能憶，非能受前心，
不能自領納，亦非他能受。
畢竟無受者，故受非真有，
誰言此幻受，能害無我聚？
意不住諸根，不住色與中，
不住內或外，餘處亦不得。

非身非異身，非合亦非離，
無少實性故，有情性涅槃。
離境先有識，緣何而生識？
識境若同時，已生何待緣？
識若後境起，緣何而得生？
故應不能知，諸法實有生。
若無世俗諦，云何有二諦？
世俗若因他，有情豈涅槃？
此由他分別，彼非自世俗。
後決定則有，非故無世俗。
分別所分別，二者相依存。
是故諸觀察，皆依世共稱。
以析空性慧，究彼空性時，
若復究空智，應成無窮過。
悟明所析空，理智無所依，
無依故不生，說此即涅槃。
心境實有宗，理極難安立。
若境由識成，依何立識有？
若識由境成，依何立所知？
心境相待有，二者皆無實，
無子則無父，無父誰生子？
無子也無父，如是無心境。
如芽從種生，因芽知有種，

由境所生識，何不知有境？
由彼異芽識，雖知有芽種，
然心了境時，憑何知有識？
世人亦能見，一切能生因，
如蓮根莖等，差別前因生。
誰作因差別？由昔諸異因。
何故因生果？從昔因力故。
自在天是因，何為自在天？
若謂許大種，何必唯執名？
無心大種衆，非常亦非天，
不淨衆所踐，定非自在天。
彼天非虛空，非我前已破，
若謂非思議，說彼有何義？
云何此彼生？我及自在天，
大種豈非常？識從所知生，
苦樂無始業？何為彼所生？
若謂因無始。彼果豈有始？
彼既不依他，何故不常作？
若皆彼所造，彼需觀待何？
若依緣聚生，生因則非彼。
緣聚則定生，不聚無生力。
若非自在欲，緣生依他力。
若因欲乃作，何名自在天？

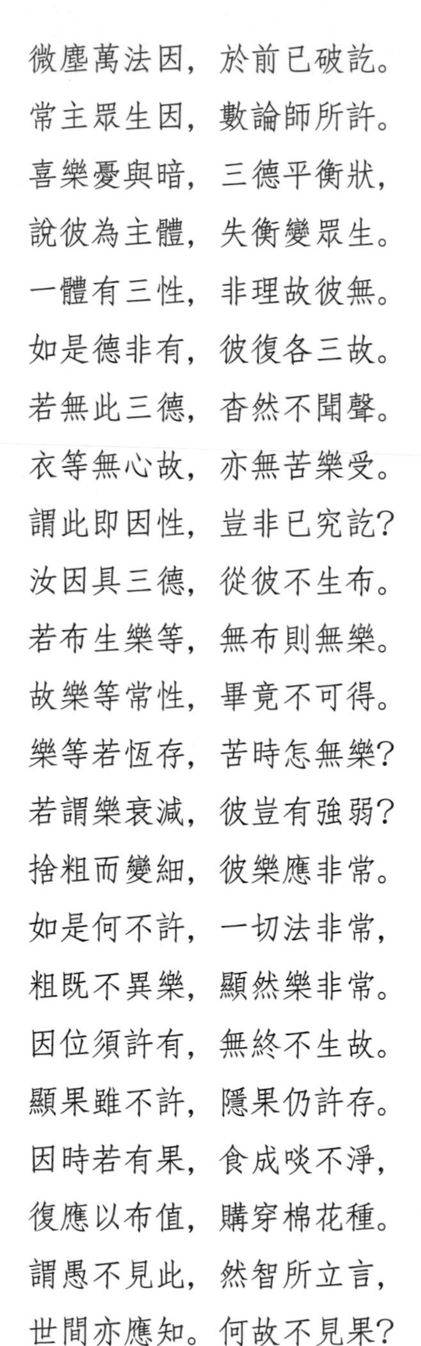

微塵萬法因，於前已破訖。
常主眾生因，數論師所許。
喜樂憂與暗，三德平衡狀，
說彼為主體，失衡變眾生。
一體有三性，非理故彼無。
如是德非有，彼復各三故。
若無此三德，杳然不聞聲。
衣等無心故，亦無苦樂受。
謂此即因性，豈非已究訖？
汝因具三德，從彼不生布。
若布生樂等，無布則無樂。
故樂等常性，畢竟不可得。
樂等若恆存，苦時怎無樂？
若謂樂衰減，彼豈有強弱？
捨粗而變細，彼樂應非常。
如是何不許，一切法非常，
粗既不異樂，顯然樂非常。
因位須許有，無終不生故。
顯果雖不許，隱果仍許存。
因時若有果，食成啖不淨，
復應以布值，購穿棉花種。
謂愚不見此，然智所立言，
世間亦應知。何故不見果？

世見若非量，所見應失真。

若量皆非量，量果豈非假？

真實修空性，亦應成錯謬。

不依所察實，不取彼無實，

所破實既假，無實定亦假，

如人夢子死，夢中知無子，

能遮有子想，彼遮也是假。

如是究諸法，則知非無因，

亦非住各別，合集諸因緣，

亦非從他來，非住非趨行。

愚癡所執諦，何異幻化物？

幻物及眾因，所變諸事物，

應詳審觀彼，何來何所去？

緣合見諸物，無因則不見，

虛偽如影像，彼中豈有真？

若法已成有，其因何所需？

若法本來無，云何需彼因？

縱以億萬因，無不變成有。

無時怎成有？成有者為何？

無時若無有，何時方成有？

於有未生時，是猶未離無。

倘若未離無，則無生有時。

有亦不成無，應成二性故。

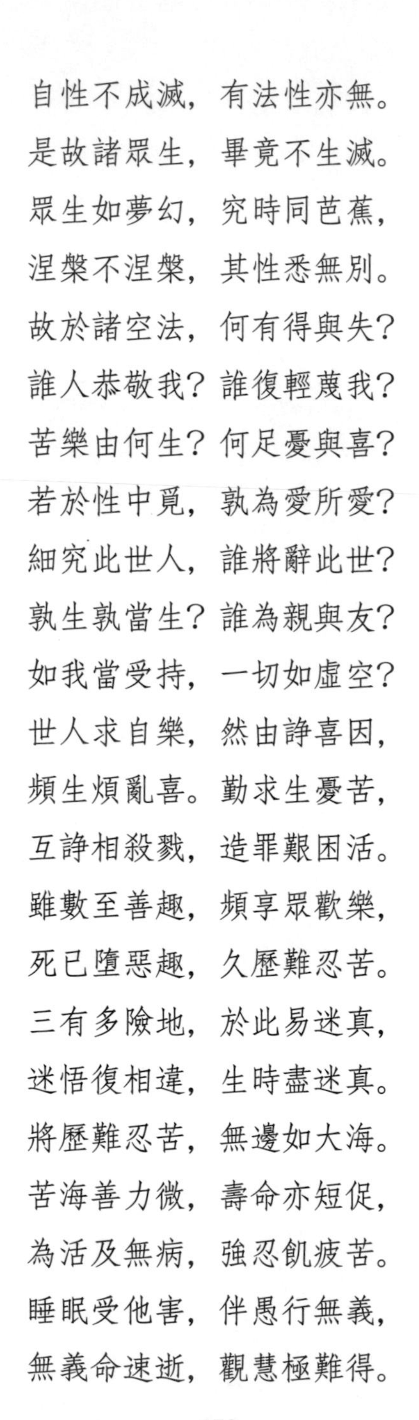

自性不成滅，有法性亦無。
是故諸眾生，畢竟不生滅。
眾生如夢幻，究時同芭蕉，
涅槃不涅槃，其性悉無別。
故於諸空法，何有得與失？
誰人恭敬我？誰復輕蔑我？
苦樂由何生？何足憂與喜？
若於性中覓，孰為愛所愛？
細究此世人，誰將辭此世？
孰生孰當生？誰為親與友？
如我當受持，一切如虛空？
世人求自樂，然由諍喜因，
頻生煩亂喜。勤求生憂苦，
互諍相殺戮，造罪艱困活。
雖數至善趣，頻享眾歡樂，
死已墮惡趣，久歷難忍苦。
三有多險地，於此易迷真，
迷悟復相違，生時盡迷真。
將歷難忍苦，無邊如大海。
苦海善力微，壽命亦短促，
為活及無病，強忍飢疲苦。
睡眠受他害，伴愚行無義，
無義命速逝，觀慧極難得。

此生有何法，除滅散亂習？
此時魔亦勤，誘墮於惡趣，
彼復邪道多，難卻正法疑。
暇滿難再得，佛世難復值，
惑流不易斷，嗚呼苦相續！
輪迴雖極苦，癡故不自覺，
眾生溺苦流，嗚呼堪悲愍！
如人數沐浴，或數入火中，
如是雖極苦，猶自引為樂。
如是諸眾生，度日若無死，
今生遭弒殺，後世墮惡趣。
自聚福德雲，何時方能降，
利生安樂雨，為眾息苦火？
何時心無緣，誠敬集福德，
於執有眾生，開示空性理？

第九品終

第十品　迴向

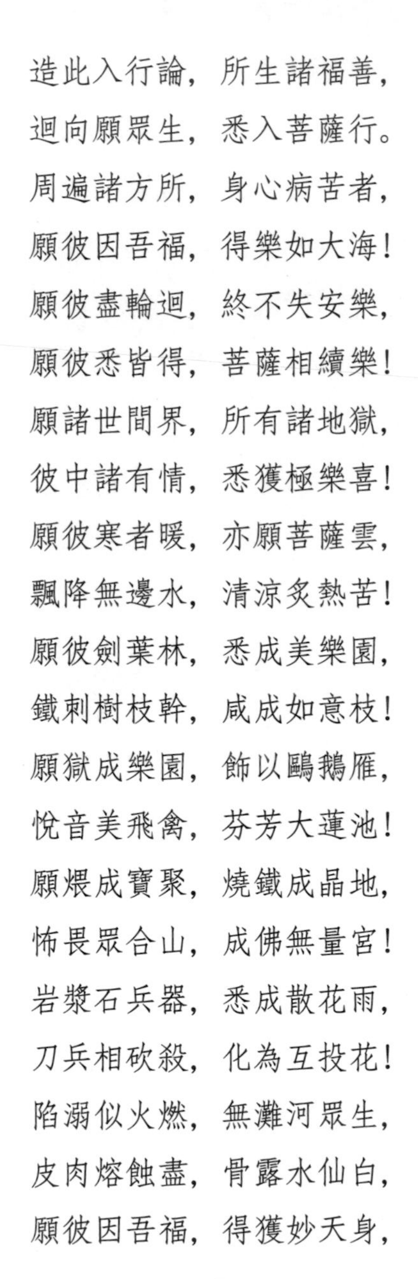

造此入行論，所生諸福善，
迴向願眾生，悉入菩薩行。
周遍諸方所，身心病苦者，
願彼因吾福，得樂如大海！
願彼盡輪迴，終不失安樂，
願彼悉皆得，菩薩相續樂！
願諸世間界，所有諸地獄，
彼中諸有情，悉獲極樂喜！
願彼寒者暖，亦願菩薩雲，
飄降無邊水，清涼炙熱苦！
願彼劍葉林，悉成美樂園，
鐵刺樹枝幹，咸成如意枝！
願獄成樂園，飾以鷗鵝雁，
悅音美飛禽，芬芳大蓮池！
願煨成寶聚，燒鐵成晶地，
怖畏眾合山，成佛無量宮！
岩漿石兵器，悉成散花雨，
刀兵相砍殺，化為互投花！
陷溺似火燃，無灘河眾生，
皮肉熔蝕盡，骨露水仙白，
願彼因吾福，得獲妙天身，

緩降天池中，天女共悠遊！
云何此中隼，卒驚頓生懼？
誰有此妙力，除暗生歡喜？
思已望空際，喜見金剛手，
願以此欣喜，遠罪隨密主！
願獄有情見，香水拌花雨，
自天迅飄降，熄滅熾獄火，
安樂意喜足，心思何因緣？
思時望空際，喜見聖觀音！
願獄眾有情，歡呼見文殊，
友朋速來此，吾上有文殊，
五髻光燦燦，已生菩提心，
力能滅諸苦，引樂護眾生，
令畏盡消除，誰願捨彼去？
彼居悅意宮，天女齊歌頌，
著冠百天神，齊禮蓮足前，
花雨淋髻頂，悲淚潤慈目！
復願獄有情，以吾善根力，
悉見普賢等，無礙菩薩雲，
飄降芬芳雨，清涼復安樂，
見已彼等眾，由衷生歡喜！
願彼諸旁生，免遭強食畏！
復願餓鬼獲，北俱盧人樂！

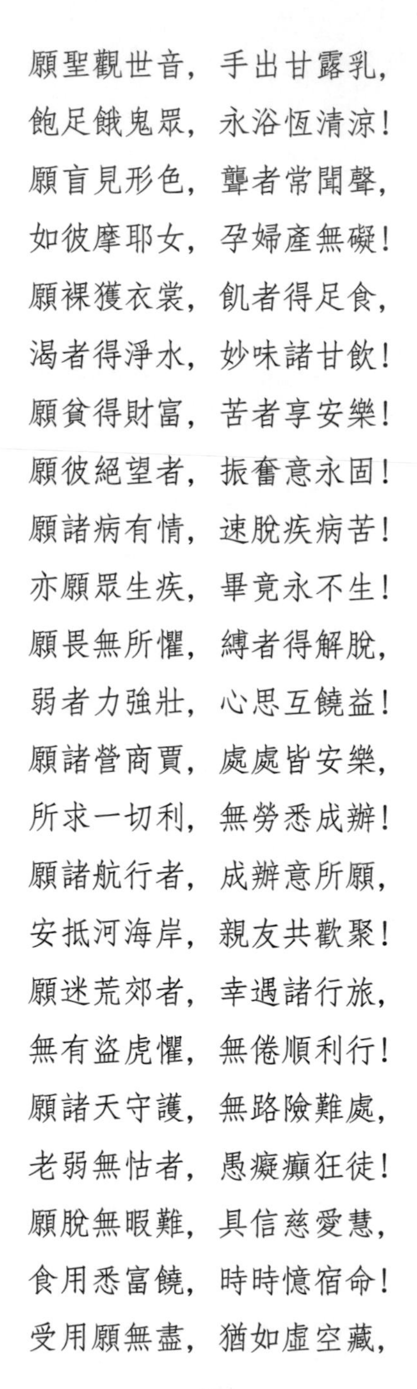

願聖觀世音，手出甘露乳，
飽足餓鬼眾，永浴恆清涼！
願盲見形色，聾者常聞聲，
如彼摩耶女，孕婦產無礙！
願裸獲衣裳，飢者得足食，
渴者得淨水，妙味諸甘飲！
願貧得財富，苦者享安樂！
願彼絕望者，振奮意永固！
願諸病有情，速脫疾病苦！
亦願眾生疾，畢竟永不生！
願畏無所懼，縛者得解脫，
弱者力強壯，心思互饒益！
願諸營商賈，處處皆安樂，
所求一切利，無勞悉成辦！
願諸航行者，成辦意所願，
安抵河海岸，親友共歡聚！
願迷荒郊者，幸遇諸行旅，
無有盜虎懼，無倦順利行！
願諸天守護，無路險難處，
老弱無怙者，愚癡癲狂徒！
願脫無暇難，具信慈愛慧，
食用悉富饒，時時憶宿命！
受用願無盡，猶如虛空藏，

無諍亦無害，自在享天年！
願卑寒微士，容光悉煥發，
苦行憔悴者，健朗形莊嚴！
願世諸婦女，悉成男子漢，
寒門晉顯貴，慢者轉謙遜！
願諸有情眾，因吾諸福德，
悉斷一切惡，常樂福善行！
願不捨覺心，委身菩提行，
諸佛恆攝受，斷盡諸魔業！
願諸有情眾，萬壽永無疆，
安樂度時日，不聞死歿名！
願於諸方所，遍長如意林，
充滿佛佛子，所宣妙法音！
普願十方地，無礫無荊棘，
平坦如舒掌，光滑似琉璃！
願諸菩薩眾，安住聞法眷，
各以妙功德，莊嚴此大地！
願諸有情眾，相續恆聽聞，
鳥樹虛空明，所出妙法音！
願彼常值佛，以及諸佛子，
並以無邊雲，獻供眾生師！
願天降時雨，五穀悉豐收，
仁王如法行，世事皆興隆！

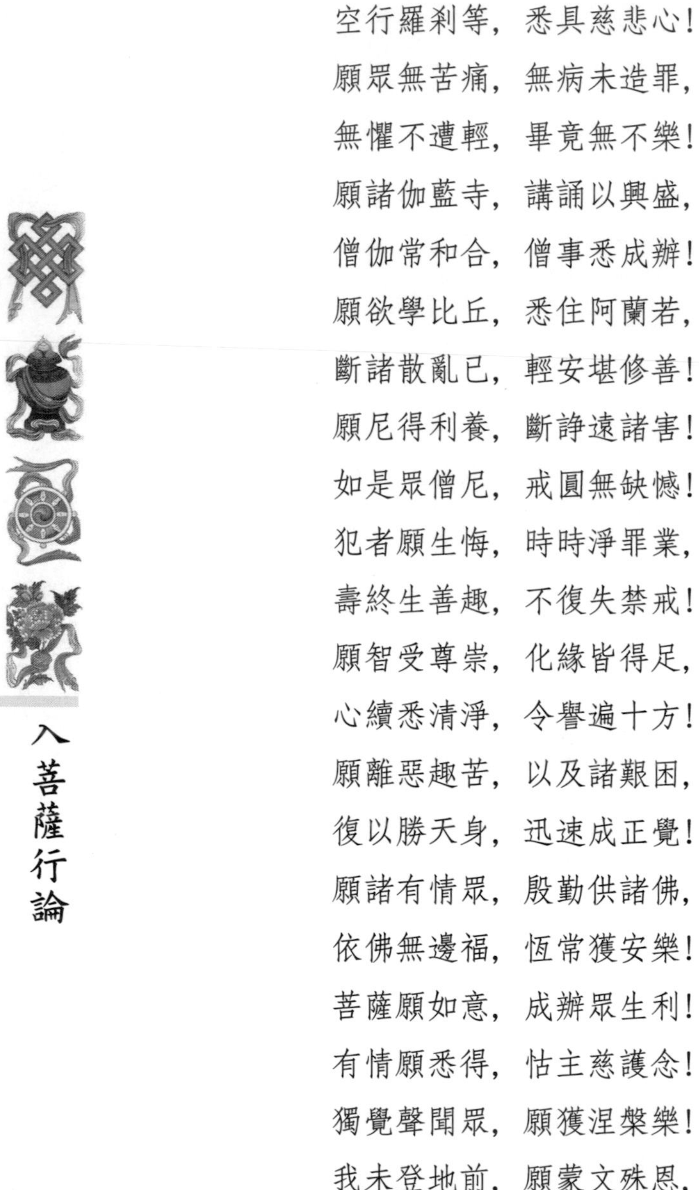

願藥具速效，咒語咸靈驗，
空行羅刹等，悉具慈悲心！
願眾無苦痛，無病未造罪，
無懼不遭輕，畢竟無不樂！
願諸伽藍寺，講誦以興盛，
僧伽常和合，僧事悉成辦！
願欲學比丘，悉住阿蘭若，
斷諸散亂已，輕安堪修善！
願尼得利養，斷諍遠諸害！
如是眾僧尼，戒圓無缺憾！
犯者願生悔，時時淨罪業，
壽終生善趣，不復失禁戒！
願智受尊崇，化緣皆得足，
心續悉清淨，令譽遍十方！
願離惡趣苦，以及諸艱困，
復以勝天身，迅速成正覺！
願諸有情眾，殷勤供諸佛，
依佛無邊福，恆常獲安樂！
菩薩願如意，成辦眾生利！
有情願悉得，怙主慈護念！
獨覺聲聞眾，願獲涅槃樂！
我未登地前，願蒙文殊恩，
常憶己宿命，出家恆為僧！

願吾菲飲食，維生充體能！
世世願恆得，圓滿寂靜處！
何時欲相見，或欲問法義，
願我無障礙，面見文殊尊！
為於十方際，成辦有情利，
吾行願得如，文殊圓滿行！
乃至有虛空，以及眾生住，
願吾住世間，盡除眾生苦！
眾生諸苦痛，願悉報吾身！
願因菩薩德，眾生享安樂！
願除苦良藥，一切安樂源，
教法伴利敬，長久住世間！
禮敬文殊尊，恩生吾善心，
亦禮善知識，恩長吾功德。

第十品終

寂天阿闍黎所作之《入菩薩行》至此善說圓滿！首由印度堪布沙爾瓦其那提婆與主校羅札瓦吉祥積，參迦濕爾羅本而譯成。其後，復由印度堪布達磨師利拔馱羅，主校羅札瓦仁欽桑布與釋迦意，據摩揭陀傳本及其注釋，復譯審訂而成。最後，由印度堪布蘇馬的格底與主校羅札瓦具慧般若比丘，重新修正、翻譯，並善加審訂。

釋如石法師由藏譯漢，並參照梵文本，詳加審定，個別詞句，堪布索達吉依據藏文本作了修正並加以抉擇。

入行論釋・善說海

無著菩薩　造
索達吉堪布　譯

頂禮聖者觀自在菩薩！

慈愛無餘眾生攪拌發心二資海中現，
不住涅槃自性三身妙雲層層極密布，
普降離無我等四邊戲論妙法甘露雨，
熄眾惑火開利樂花淨飯王子前頂禮。

僅以聖尊名號光，
傳入何者耳畔中，
亦能遣除心暗者，
觀音怙主前頂禮。

開示寂滅我與無我戲論勝義之法理，
已造積業為我所等世俗遣諸愚見暗，
善說拋棄自樂成辦利他淨行此法理，
究竟自他二利法王文殊菩薩前頂禮。

盡捨國政善開顯，
稀奇佛子行之理，
弘揚佛陀教法者，
寂天菩薩前頂禮。

從彼教言蓮苑中，

暢飲善說蜂蜜已，
為利持佛子行眾，
我當於此釋本論。

完整無缺、正確無誤開明大乘道的這部入菩薩行論分二：一、論名；二、論義。

甲一（論名）分二：一、真實論名；二、譯禮。

乙一、真實論名：

梵語：菩提薩埵渣呀阿巴達繞

梵語的論名譯成漢語，即「菩提」為正覺，「薩埵」為菩薩，「渣呀」為行，「阿巴達繞」為入。那麼，這一論名是以什麼方式而取的呢？通常而言，命名的方式有以所說之義、能說之量、作用、地點、眷屬、時間與比喻來命名。此論是以其中的第一種方式來取名的。取名有何必要呢？一般來說，取名的必要就是為了理解意義。《楞伽經》中云：「若不立名稱，世間皆迷蒙，故佛巧方便，諸法立異名。」尤其因為此論是以所說的意義來取名的，所以諸位利根者通過論名就能夠通達論中所說的大概內容。首先宣說論名，其他根基者依此也容易尋找法本。

論名用梵語的目的是為了在相續中播下梵語的種子，並說明來源可靠，加之憶念譯師、智者的恩德。

乙二、譯禮：

敬禮一切佛菩薩！

由於此論屬於經藏的範疇，因而按照國王規定的頂禮方式，在一切佛菩薩前頂禮膜拜，這是譯師所作的頂禮。

對於論義，阿闍黎善天認為：以初善、中善、後善可以包括整個這部論典的內容，按照順序，初善即頂禮句，中善是從頂禮句到迴向品之前，後善為迴向品。那波瓦阿闍黎則認為，以造論之因、宣講六度、感念恩德而作禮這三部分可包括此論，也就是說，造論之因是從「暇滿人身極難得」開始的前三品，迴向品宣說布施度，不放逸品與正知正念品宣說戒律度。（其餘的內容在頌詞中顯而易見。）

本注釋的分法如下：

甲二（論義）分三：一、入造論之理；二、所入之自性；三、圓滿結尾。

乙一（入造論之理）分二：一、真實宣說；二、講述宣說之必要關聯。

丙一（真實宣說）分三：一、禮讚句；二、立誓句；三、示現謙虛。

丁一、禮讚句：

善逝法身佛子伴，及諸應敬我悉禮。

關於「善逝」，普明論師認為，由於善妙逝去，因而稱為善逝，比如說身相善妙、善淨瘟疫、善滿妙瓶。斷除了煩惱障等障礙後莊嚴逝去，遣除對真如不了知的無明等以後不退而逝去，清除一切習氣以後究竟而逝去，這是從斷功德的角度而講的。善天尊者則認為，由於證悟了一切所證，因而稱為善逝。總而言之，正因為善妙圓滿斷證功德或者趨至最勝安樂之地，故而才稱為善逝。《菩薩地論》中云：「趨入殊勝處而逝，不退逝故稱善逝。」這以上講的是佛寶。

所謂的「法身」，如《寶性論》中云：「當知法身有二種，法界極清淨本體，以及依彼之等流，宣說甚深種種法。」按照此論中所說，證法的法身是與法界、具二清淨無漏的智慧無二無別，教法的法身是指就二諦而言的一切甚深、種種教典法門，這些是法寶。由於這些法寶對於善逝來說也是具足的，因而稱「具」。

關於「佛子」，《寶性論》中云：「具信勝乘之種子，生佛與法智慧母，禪樂胎處悲乳母，彼即隨佛生菩薩。」由於生在如來種性當中或者能夠成為如來的繼承者，因而佛子——諸位聖者菩薩是僧寶。於包括僧寶在內的三皈依處，以及雖不是大乘的皈依處，但總的來說功德超勝的聲聞、緣覺、親教師、阿闍黎等，凡是一切可堪為應禮處的對境前，作者三門恭敬作禮。

關於這樣作禮讚的必要，正如《讚佛功德經》中說：「於本師善逝，雖作微供養，亦趨人天樂，得無死聖果。」作禮讚的目的就是為了成辦暫時與究竟的安樂等。

丁二、立誓句：

今當依教略宣說，趨入佛子律儀法。

所說的內容是什麼呢？即是趨入佛子律儀的方法。其中「佛子律儀」是指嚴禁惡行戒、攝集善法戒與饒益有情戒。行持這些戒的方法通過十品來宣說。那麼，這部論典是以什麼方式造的呢？「依教」，也就是說，依據經論中所說的意義來造的。

若有人想：如果是經論中所說的內容在這裡講述，那就沒有必要了吧。實際上這部論典是將經論中雜亂無章的內容理順成井井有條，不清楚的內容解釋得一清二楚，零零散散的內容匯集一處，並將許多典籍的內容概括起來進行闡述，由此可見並沒有你們說的過失。這般宣說立誓句的必要，所有正士均不會捨棄所立下的誓願，這樣立誓就是為了使造論善始善終。

丁三、示現謙虛：

此論未宣昔所無，詩韻吾亦不善巧，
是故未敢言利他，為修自心撰此論。
循此修習善法故，吾信亦得暫增長，
善緣等我諸學人，若得見此容獲益。

以前佛經等之中未曾出現過的任何內容在此論中一概沒有宣說，前所未有的詞藻、詩歌韻律我寂天也並不精通。鑒於這兩種原因，我不是為了利益他眾而造此論的。那麼是為什麼呢？是為了自相續串習菩提心，我才撰寫這部論典的。

倘若如此，那自己了知就可以了，造論有什麼必要呢？為了修習菩提心善法，根據自己平時所理解的不同而在論典中陳述，暫時也能使自己的信心越來越增上。善天尊者與普明尊者說：所謂的「暫」字說明有觀待他利的意思。為什麼這樣說呢？萬一與我具有同緣分即相同種性百般尋求菩薩行、心術正直的其他諸位學人見到這些內容，也許會有增長菩提心等利益。這樣的謙虛之詞能使大家了解作者無有我慢，也表明如果出現過失則請求寬恕之義。

丙二（講述宣說之必要關聯）分三：一、各自之本體；二、宣說之必要；三、如何宣說。

丁一、各自之本體：

此論的所說內容即以「趨入菩薩律儀法」這一句頌詞為代表完整無缺的大乘之種性、道、果，當然主要是菩薩的所有學處。這些所說內容依靠此論而通達為必要；通達依賴於論典是關聯，實修所通達的意義從而獲得果位是必要之必要。

丁二、宣說之必要：

諸位智者通過了知論典具有必要等從而才會深入修學。

丁三、如何宣說：

那波瓦尊者的《入行論釋難》中說：「這部論的必

要等實際上通過論名就已經指明了。」阿闍黎善天說：「趣入佛子律儀法」是所說，為利益自他是必要，論典與必要是方便與方便生的關係，即是關聯。

第一品　菩提心利益

乙二（所入之自性）分三：一、入者所依補特伽羅；二、入者之意樂；三、趨入之方法。

丙一（入者所依補特伽羅）分二：一、宣說身所依暇滿難得；二、意樂所依福德之心稀罕。

丁一、宣說身所依暇滿難得：

暇滿人身極難得，既得能辦人生利，

倘若今生利未辦，後世怎得此圓滿。

如云：「地獄餓鬼與旁生，邊鄙以及長壽天，邪見佛陀不出世，喑啞此等八無暇。」斷除了這其中所說的八種無暇，因而稱為閒暇。如云：「為人根足生中土，業際無倒信佛法，佛出世間與說法，法住入教有施主。」身為具足男根或女根的人；轉生於地界中土；眼等諸根完整無缺；斷除五無間罪因而使業際無有顛倒；對如來的律法有信心因而稱為信佛法。這以上是五種自圓滿。

佛陀現身於世；宣說佛法；因為有見諦的補特伽羅而使佛法得以住世；根據聖者的證悟而開示教言令有緣者趨入佛門；有提供資具的施主，這是指為利他眾的慈悲。這五種是他圓滿。

由於具足以上十種特點，所以稱為圓滿。具足十八種功德的這一身體實在是極為難得。《華嚴經.佛暖處

傳》中云：「遣除八種無暇亦難得，清淨圓滿閒暇亦難得。」這般暇滿的士夫具有成辦增上生與決定勝的能力。在已經獲得了暇滿人身的此時此刻我們務必要勤勤懇懇、兢兢業業奉行善法。假設在這個時候沒有修持有利於自他的善法，那麼後世怎麼能再度得到這樣清淨圓滿的暇滿人身？絕對不會得到。因此，作者教誡我們，萬萬不可白白浪費、虛度人生。如經中說：「莫令如此閒暇無意義。」《致弟子書》中也說：「何者得已越至生海岸，播下殊勝菩提善種子，功德亦勝如意之寶珠，如是人身誰令空無果？」

丁二、意樂所依福德之心稀罕：

猶如烏雲暗夜中，剎那閃電極明亮，

如是因佛威德力，世人暫萌修福意。

例如：在烏雲密布的漆黑夜晚，偶爾依靠閃電的外緣一瞬間能使色法昭彰顯著，現得極為明顯。同樣，借助佛陀的威德力，有時候也能使由罪業所感處在痛苦黑暗中的所有世人偶爾萌生行善修福的智慧，而這種心態不會屢屢持久不斷地生起，因而我們一定要努力生起、增上奉行善法的心念。如云：「具備閒暇圓滿之雙翼，亦具現見善惡功過目，然被貪圖名利網所擒，豈非已入罪業之籠中？」

丙二（入者之意樂）分二：一、發心之功德；二、受持之方法。

丁一（發心之功德）分三：一、真實功德；二、具功德之合理性；三、讚歎具發心之補特伽羅。

戊一（真實功德）分二：一、共同功德；二、特殊功德。

己一（共同功德）分五：一、斷除罪業；二、成辦利樂；三、滿足願望；四、名義轉移；五、以喻讚德。

庚一、斷除罪業：

以是善行恆微弱，罪惡力大極難擋，

捨此圓滿菩提心，何有餘善能勝彼。

所依人身與意樂既難得又短暫，因此善法的對治也就顯得十分可憐，換句話說，這種對治的善行時時刻刻都是力量微薄弱小而存在。相反，一切不善業的因緣聚合起來卻非常容易，致使罪惡的力量格外強大、勢不可擋，難以想像，而且接連不斷產生。由此可見，現在我們就必須要具備能摧毀罪業的善法。對於彌天大罪，除了圓滿智悲自性的菩提心以外，有什麼其他善法能遣除得了？根本無法遣除。所以我們一定要發起菩提心。《華嚴經》中云：「貓眼見即能震懾諸鼠，令其無法堪忍。同理，遍知之心（指菩提心）寶明目亦能制伏一切業惑之鼠，令其無法堪忍。」

庚二、成辦利樂：

佛於多劫深思維，見此覺心最饒益，

無量眾生依於此，順利能獲最勝樂。

諸位佛陀在三大阿僧祇劫中深深思維、再再觀察利益眾生的方便，結果發現這顆菩提心是對眾生最為有利，因為依靠這一菩提心，無量眾生能輕而易舉獲得無上菩提的殊勝安樂。

庚三、滿足願望：

欲滅三有百般苦，及除有情眾不安，
欲享百種快樂者，恆常莫捨菩提心。

想要摧毀自己在三有中的千萬痛苦、想要遣除其他一切有情的所有不幸、想要使自他群生普享百千快樂的人恆時也不要捨棄菩提心，因為依靠它必定能實現這些目標。

庚四、名義轉移：

生死獄繫苦有情，倘若生起菩提心，
即刻得名諸佛子，世間人天應禮敬。

在輪迴的牢獄中被業與煩惱緊緊束縛的苦難眾生，如果能生起菩提心，那麼瞬間也就是說從此以後，名稱上可以堪稱一切如來之子，從意義上來說，成為人天世間的應禮處。

庚五（以喻讚德）分六：一、以點金劑之喻說明由劣變勝；二、以如意寶之喻說明難得與珍貴；三、以妙樹之喻說明果不窮盡而增上；四、以護送者之喻說明救脫罪業之果；五、以火之喻說明徹底摧毀罪業；六、經中所說其他功德之理。

辛一、以點金劑之喻說明由劣變勝：

猶如最勝冶金料，垢身得此將轉成，

無價之寶佛陀身，故應堅持菩提心。

就像是依靠最上等的冶金原料（普通金屬也能變成金子）一樣，不清淨的這個身體依靠得受菩提心可以轉變成無價之寶的佛陀身，因而我們一定要堅持不懈穩固受持具有這種能力的菩提心。《華嚴經》中云：「以一兩水銀類之金能使千兩鐵變成金為喻，如是發心水銀界善根以普皆迴向遍知之智所攝持，即能滅盡一切業惑障之鐵物，諸法亦成遍知之妙色，然而一切業惑之鐵不能滅盡為一切智智而發菩提心之金。」

辛二、以如意寶之喻說明難得與珍貴：

眾生導師以慧觀，徹見彼心極珍貴，

諸欲出離三界者，宜善堅持菩提心。

能將一切眾生帶到解脫城享受功德寶珠的唯一商主就是無與倫比的佛陀，佛智周遍所知萬法，除此之外其他眾生無法衡量，佛陀以無量的智慧認真全面觀察諸法時，徹底照見此菩提心最為難得，功德巨大，彌足珍貴。《華嚴經》中云：「諸寶之中如意寶堪為寶王，同理三世中遍知智慧照見法界對境，諸人天與諸聲聞緣覺之有漏無漏善根皆不及發菩提心如意寶王之價。」因此，想要遠離痛苦的所有眾生理當堅定不移善加受持菩提心。

辛三、以妙樹之喻說明果不窮盡而增上：

其餘善行如芭蕉，果實生已終枯槁，

菩提心樹恆生果，非僅不盡反增茂。

沒有被菩提心攝持的其他所有善根如同芭蕉樹一般生果以後自然窮盡，而菩提心的妙樹恆常都會生長果實，非但不會窮盡，反而會蒸蒸日上。《寶篋經》中云：「文殊，各種樹以四大攝持而增長。文殊，如是善根若以菩提心攝持、迴向佛果，則日益增長。」

辛四、以護送者之喻說明救脫罪業之果：

如人雖犯極重罪，然依勇士得除畏，

若有速令解脫者，畏罪之人何不依。

即便是造了危害三寶等不堪設想的彌天大罪，然而就像依靠一位護送者的勇士能夠擺脫怨敵的嚴重威脅一樣，對於頃刻間就能脫離重罪異熟果的菩提心，小心謹慎罪業的人們為什麼不依靠呢？理應依靠。《無盡慧經》中云：「善男子，譬如依勇士可不懼諸怨敵，同理，依真實菩提心勇士之菩薩不畏一切罪行怨敵。」

辛五、以火之喻說明徹底摧毀罪業：

菩提心如末劫火，剎那能毀諸重罪。

末劫火能將一禪天以下的器世界焚毀無餘，同樣，依靠菩提心一剎那間必定能從根本上焚毀五無間罪等一切深重罪業。《華嚴經》中云：「能焚諸惡行如末劫火。」

善天尊者說：「一剎那之大安忍不緣所取，所以必定能焚燒（罪業）。」其實，這種講法與前面所說的道理並不重複，前面是指壓制罪業，這裡是說從根本上摧毀。

如果有人問：那麼，一顆菩提心具備這二種功德難道不矛盾嗎？

並不矛盾。如果獲得了越來越殊勝的菩提心，那麼功德也會越來越超勝，是從循序漸進而獲得來講的。

辛六、經中所說其他功德之理：

智者彌勒諭善財，彼心利益無限量。

此外，擁有高超智慧的彌勒怙主對善財童子說：此菩提心的功德無法估量。《華嚴經》中記載：「樂源城中商主堅財之子善財童子，於文殊前發心後，為了尋覓菩薩學處而逐漸前行。爾時，至尊彌勒正在南方海濱由毗盧遮那佛嚴飾具藏樓閣之一方，為如海菩薩眷屬講經說法。善財童子見此情景，急忙頂禮。彌勒菩薩向諸眷屬讚頌善財童子言：『且看意樂清淨者，堅財之子名善財，尋求殊勝菩提行，來至智者我面前。』隨之對善財言：『善來善來慈悲汝，善來彌勒壇城中，善來寂靜調柔尊，苦行之時疲倦否？』善財童子恭敬請問：『聖者，我真實趣入無上菩提正道時，不知該如何勵力學修菩薩學處，請您明示。』彌勒菩薩答言：『善男子，你已為善知識所攝受。何以故？善男子，菩提心乃諸佛法

之根本，猶如種子；可令一切眾生善法增上，猶如良田；一切有情賴以生存，故如大地；能真正杜絕一切貧困，故如多聞天子；能圓滿護持一切菩薩，故如父親；能真實成辦諸事，故如摩尼寶王；能滿足一切心願，故如妙瓶；……菩提心具有此等及其餘千百萬無量無邊利益……』」其中有詳細敘述。

己二（特殊功德）分三：一、分類；二、本體之差別；三、功德之差別。

庚一、分類：

略攝菩提心，當知有二種，

願求菩提心，趣行菩提心。

我們一定要明確，歸納起來菩提心有兩種，也就是願菩提心與行菩提心。如《華嚴經》中說：「任何眾生為無上菩提而發願亦稀罕，與之相比，為無上菩提而行持更為稀罕。」

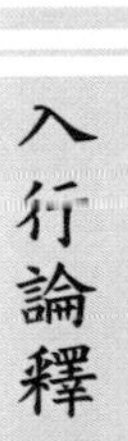

庚二、本體之差別：

如人盡了知，欲行正行別，

如是智者知：二心次第別。

就像想要去往某地一樣，為了他利而想獲得菩提的意樂，即是願菩提心；如同正式啟程前往該地一般，踏上能獲得佛果的正道並且渴望修持此道，就是行菩提心。希望成辦自他二利的智者，通過了知這兩種比喻的差別，同時就會明白願行兩種菩提心意義的不同順序。

庚三、功德之差別：

願心於生死，雖生廣大果，

猶不如行心，相續增福德。

何時為度盡，無邊眾有情，

立志不退轉，受持此行心，

即自彼時起，縱眠或放逸，

福德相續生，量多等虛空。

願菩提心在我們身處生死輪迴期間，可以產生廣大的果報，《華嚴經》中云：「善男子，譬如金剛寶縱然壞損，亦勝過所有上等金飾，且不失金剛寶之名。善男子，同理，發菩提心之金剛寶縱然離開勤奮亦勝過一切聲聞緣覺功德之金飾，亦不失菩薩之名，復能遣除輪迴之一切貧困。」然而，它並不是像行菩提心那樣接連不斷產生福德。從什麼時候起，為了能使無邊無際所有眾生界從業惑的束縛與輪迴的牢獄中解脫出來，在生死輪迴沒有空無之前，懷著義無反顧的利他心真實受持行菩提心，自此以後如果沒有失毀這一行菩提心，那麼即便處在睡眠或陶醉等放逸的狀態中，齊天洪福也會連續不斷屢屢產生。

戊二（具功德之合理性）分二：一、教證之合理性；二、理證之合理性。

己一、教證之合理性：

為信小乘者，妙臂問經中，

如來自宣說，其益極應理。

行菩提心能產生眾多福德這一點具有合理性，確鑿可靠的依據是《妙臂請問經》，為使信解小乘之所有眾生趨入大乘，佛陀在此經中云：「設若我為利樂無邊眾生而披上盔甲，則利樂一切有情之所緣無邊，善根亦無邊故，即使放逸或睡眠，然於晝夜心之每剎那，善根亦增長、強盛、圓滿。」

己二（理證之合理性）分二：一、意樂殊勝；二、加行殊勝。

庚一（意樂殊勝）分二：一、意樂之所緣廣大；二、宣說意樂超勝世間。

辛一、意樂之所緣廣大：

若僅思療愈，有情諸頭疾，
具此饒益心，獲福無窮盡，
況欲除有情，無量不安樂，
乃至欲成就，有情無量德。

某人懷著一顆慈悲的心腸，僅僅想用藥物等治癒少數眾生的頭痛腦熱等，就證明他具有一顆饒益心，也能獲得無量福德。對此，有些論師是結合匝哦之女的公案進行講解的。作為觀想所緣境的一切眾生而希望消除每一位有情的無量痛苦、渴求使每一位有情具足無量安樂的人，能獲得無量福德當然就更不言而喻了。

辛二、宣說意樂超勝世間：

是父抑或母，誰具此心耶？

是仙或欲天，梵天有此耶？

彼等為自利，尚且未夢及，

況為他有情，生此饒益心？

他人為自利，尚且未能發，

珍貴此願心，能生誠希有！

不管是父親還是母親，在諸位親朋友人當中，有誰會具備這樣的利益之心呢？根本沒有。就算是天人、仙人或者梵天具有這樣的心嗎？他們也同樣不具有。如《經觀莊嚴論》中云：「猶如佛子具利心，於此成熟諸有情，如是父母諸親友，子與至親不具備㉒。」這些眾生以前為了自身的利益，甚至在夢中也沒有出現過這樣的心，又怎麼可能為他眾的利益而真正萌生呢？因此說，其他眾生尚且為了一己私利，也從來沒有生起過一心一意為眾生利益著想的這一珍寶菩提心，前所未有能夠生起實在是難能可貴、稀有罕見。

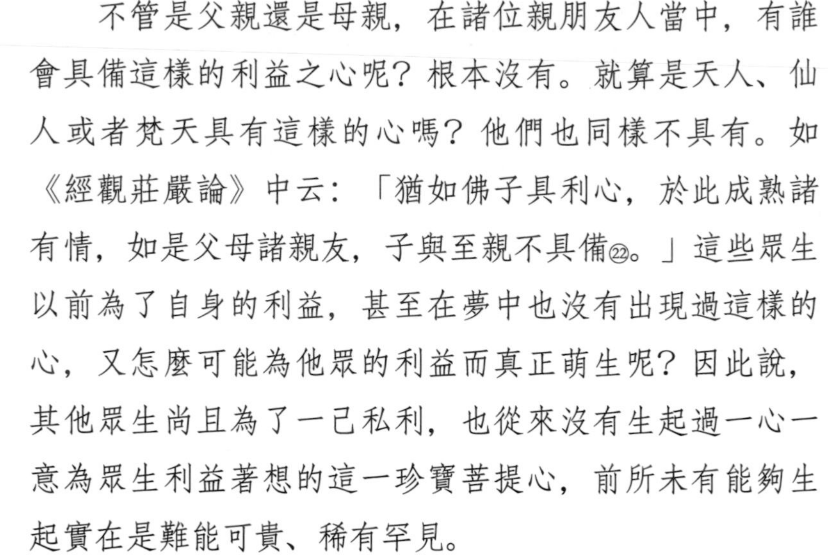

庚二（加行殊勝）分二：一、加行所緣廣大；二、其他無有如此加行。

辛一、加行所緣廣大：

珍貴菩提心，眾生安樂因，

除苦妙甘霖，其福何能量？

堪為一切眾生安樂之因、遣除有情痛苦重疾之妙藥

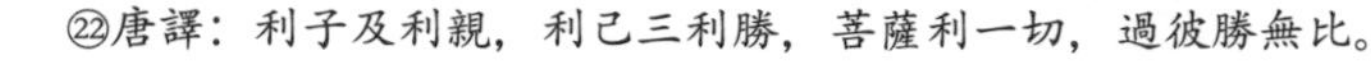

㉒唐譯：利子及利親，利己三利勝，菩薩利一切，過彼勝無比。

的珍寶菩提心，她的福德怎麼能衡量得出來呢？《吉祥施請問經》中云：「菩提心福德，倘若有形色，遍滿虛空界，亦將超勝彼。」

僅思利眾生，福勝供諸佛，
何況勤精進，利樂諸有情。

僅僅思維利益眾生也勝過供養佛陀，將精力投放在成辦一切有情安樂的事業上，更為超勝也就不必說了。《三摩地王經》中云：「俱胝那由他剎土，所有無量諸供品，恆時以此供聖士，不及慈心之一分。」

辛二、其他無有如此加行：

眾生欲除苦，反行痛苦因，
愚人雖求樂，毀樂如滅仇。
於諸乏樂者，多苦諸眾生，
足以眾安樂，斷彼一切苦，
更復盡其癡，寧有等此善！
安得似此友！豈有如此福！

作為眾生，儘管有想丟棄痛苦的心念，可是由於茫然不知痛苦之因是不善業，反而屢屢奔波造罪；雖然也想得到快樂，卻全然不曉得樂的方法，以這樣的無明愚癡而棄離善業，結果將自己的安樂像怨敵一樣毀滅。對於乏少安樂、多具痛苦的這些眾生，懷著大慈心用一切快樂來滿足他們，以大悲心解除他們的所有痛苦，以大智慧遣除他們對苦樂之因一無所知的愚癡，哪有能與此

相提並論的善業？哪有能這般利濟說明的親友？哪有能依之生起如此福德的事呢？

戊三（讚歎具發心之補特伽羅）分五：一、自行利益；二、是殊勝施主；三、是殊勝福田；四、不為痛苦所害；五、稱為應禮處與皈依處。

己一、自行利益：

若人酬恩施，尚且應稱讚，

何況未受託，菩薩自樂為。

任何人有感恩圖報之心，尚且值得被人們稱讚是「這是知恩報恩的人」，更何況說沒有受人囑託也是心甘情願地利樂眾生的菩薩了。

己二、是殊勝施主：

偶備微劣食，嗟施少眾生，

令得半日飽，人敬為善士，

何況恆施予，無邊有情眾，

善逝無上樂，滿彼一切願。

比方說，有人進行布施，他所捨施的對境僅僅是少量的眾生，時間也只是一年一月施捨一次，所布施的物品也是平平常常的食物，而且態度也是不屑一顧、極不恭敬，所行的利益也只是解決對方半日內充飢飽腹的食品。如此之舉尚且被人們稱為善行而受到眾人恭敬，更何況說對境是無量無數的有情，時間是漫漫無期連續不斷，所施的事物也是善逝的無上安樂，所行的利益也是

滿足一切願望，行為上也是以畢恭畢敬的方式施予。

所謂的「恆」字，有的注釋中解釋為「縱然虛空、眾生到了盡頭也不終止」；慧源尊者是按照時間的差別而講的；善天尊者則按照施物的差別來解釋的。

己三、是殊勝福田：

博施諸佛子，若人生惡心，

佛言彼墮獄，長如心數劫。

若人生淨信，得果較前勝。

假設任何眾生對這樣慷慨博施的施主菩薩生起惡心，那麼他生起了多少剎那的惡念，就要在這麼多劫中沉陷地獄。《寂靜定幻經》中云：「文殊，菩薩對菩薩生嗔輕侮，則等同此心之劫中住於地獄而披盔甲。」相反，如果任何眾生對具有菩提心的菩薩生起清淨的信心，那麼它的果報已經遠遠勝過惡心的果報。《趨入定不定手印經》中云：「文殊，設若十方所有世間界諸眾生之眼被挖出，設若有善男子善女人以慈心令彼等眾生之目復明。文殊，若有其他善男子善女人以信心目視信解大乘之菩薩，則所生福德已勝前者無量倍。」

己四、不為痛苦所害：

佛子雖逢難，善增罪不生。

一切佛子即便遭受再大的痛苦與磨難，也絕不會生起嗔恨等惡心，反而會依靠這種外緣力使善法自然增上。如《般若攝頌》中云：「雖受數多難忍害，然彼勝

士心不變，安忍之力極穩故，多信解修勝菩提。」

己五、稱為應禮處與皈依處：

何人生此心，我禮彼人身，

加害結樂緣，皈依樂源尊。

誠如《寶積經》中云：「譬如大國王，生有具相子，見童子誕生，城人小國聚，自生菩提心，成具相太子，天等世間禮，淨心尊重彼。」任何人生起了珍寶菩提心，作者即對他的身體恭敬頂禮。就算是有人對他加害，也會令作害者與安樂連在一起，因而我們在堪為一切眾生安樂之源泉的菩薩面前虔誠皈依。

如果有人問：此處的說法不是與「博施諸佛子，若人生惡心，佛言彼墮獄，長如心數劫」相違了嗎？

答：並不相違。上句頌詞是說明惡心的果報，而此處的意思是說菩薩暫時與究竟攝受作害者，就像慈力王暫時、究竟使五位羅剎擁有安樂一樣。

不見盡遣二障暗，菩提心寶之日輪，

墜於愚癡黑暗中，睜常斷眼誠可悲！

第一品釋終

丁二（受持之方法）分二：一、總義；二、論義。

戊一（總義）分二：一、抉擇發心；二、隨發心而行持。

己一（抉擇發心）分二：一、本體；二、分類。

庚一、本體：

一般來說，如果對諸位大德的論典進行詳細分析，就會清楚地認識到大乘道所攝的一切心均是發心。而在此場合的發心本體，正如《現觀莊嚴論》中所說：「發心為利他，求正等菩提。」

庚二、分類：

通常而言，發心從地界的角度來分，有凡夫信解行發心、不清淨七地殊勝意樂發心、三清淨地異熟之發心以及佛地斷障之發心四種。《經莊嚴論》中云：「諸地信解行，增上淨意樂，異熟許別義，斷障四發心㉓。」從助伴、比喻的側面來分，如《現觀莊嚴論》中云：「如地金月火，藏寶源大海，金剛山藥友，如意寶日歌，王庫及大路，車乘與泉水，雅聲河流雲，分二十二種。」

從獲得方式的角度來分，有以名相而得與以法性而得兩種。

或者，從所緣境的角度有世俗與勝義兩種發心；從

㉓唐譯：信行與淨依，報得及無障，發心依諸地，差別有四種。

意樂加行的角度有願菩提心與行菩提心兩類。適應此場合的分類是最後一種。

己二（隨發心而行持）分三：一、受戒方法；二、護戒方法；三、還淨方法。

庚一（受戒方法）分三：一、受戒之對境；二、受戒之補特伽羅；三、受戒之儀軌。

辛一、受戒之對境：

《菩薩別解脫經》中云：「得傳承、受律儀亦從守護菩薩學處真實具戒者處得受。」《菩薩戒二十頌》中云：「當於持戒具智慧，具力上師前受戒。」此論中也說：「捨命亦不離，善巧大乘義，安住淨律儀，珍貴善知識。」

如果實在尋覓不到這樣的善知識，就在三寶所依前受戒，這是《菩薩地論》中說的。《學集論》中云：「若無有善知識，則盡己所能觀想安住十方之諸佛菩薩現前而受戒。」

辛二、受戒之補特伽羅：

雖然《道燈論》中說「恆具餘七種，別解脫戒者，乃有菩薩戒；善根非餘有」，但如果菩薩戒的所依身分必須是具足聲聞別解脫戒者，那麼清淨剎土中的菩薩就成了不具備菩薩戒，並且在死亡時也會失去菩薩戒等等有許多過失，關於這些在《釋論》中都有宣說。

想來，阿底峽尊者對大乘法藏瞭若指掌，絕不可能

承認菩薩戒的所依身分必須具足別解脫戒，我認為，阿底峽尊者實際上是為了遮破當今許多人士連一分別解脫戒也不能守護卻自詡具足菩薩戒以及認為菩薩戒意義微小而戒條繁多的這些分別妄念，才說必須是具別解脫戒的身分。《道燈論自釋》中這樣寫道：「只是為宣說殊勝所依，而其他所依也可生起戒體。」由此可見，具不具足別解脫戒都可以，只要具備悲心、信心、想受戒這三種條件的有情就必定能生起菩薩戒體。

辛三、受戒之儀軌：

《菩薩地論》中沒有提及說願菩提心儀軌。

法友尊者等也認為願菩提心並不觀待儀軌。

阿底峽尊者依次造了願行菩提心儀軌。

本論按照《釋論》的觀點來講，是從殊勝補特伽羅的角度同時受願行菩提心的儀軌。

那波瓦尊者說：「願菩提心是發心，行菩提心是菩薩戒。」並且認為此論宣說了次第或同時受願行菩提心的兩種方法。

慧源尊者等也認為願菩提心是發心，行菩提心是菩薩戒。

儘管眾說紛紜，但在此只是稍稍加以分析，其實，願菩提心不是依靠儀軌而生起而且不成為菩薩戒這種情況的的確確也是有的。然而，依靠儀軌而生起也不相違，如果依靠儀軌在證得菩提之前具足斷除一切所斷的心，那麼也就成了菩薩戒。本論中說：「斷盡惡心時，說為戒度圓。」

當然，行菩提心絕對屬於菩薩戒所攝，不管是次第還是同時受願行菩提心，都未嘗不可，因為經論中這兩種受戒方法都出現過，並且不存在以理妨害。本來，受戒的方法有許多不同之處，但在這裡按照本論所講的加行、正行與後行來受。

庚二、護戒方法：

斷除菩薩的一切所斷，修學一切學處。對於所斷，《菩薩地論》中宣說了四種他勝罪，四十五種㉔惡作罪。

《虛空藏經》中所說的十四戒在《學集論》中歸納為偈頌「盜奪三寶財，許為他勝罪；捨棄微妙法，佛說第二條；於破戒比丘，毆打搶袈裟，關入牢獄中，及令彼還俗，制死為第三；造五無間罪；持執諸邪見」，這是講國王五定罪。「彼之前四條，復加毀城等，佛說根本罪」，這是講大臣五定罪。「於未修心眾，宣說空性法；令諸佛教徒，退失圓菩提；盡捨別解脫，修行大乘法；執說小乘法，不能斷貪等，令他亦持此；宣揚自功德，為利養恭敬㉕，以語詆毀他；謂我深安忍，言說顛倒語；懲令懲沙門，三寶財行賄，以及受賄賂；令捨棄寂止，修者諸受用，施於聞思者。此等根本罪，眾生大獄

㉔此處藏文為四十五種惡作罪，但實際應該是四十六種，望大家斟酌。

㉕為利養恭敬：此一條在《三戒論》裡是屬於第六條，但此處列在第五條當中。

因」，按照這其中所說，國王與大臣共有十定罪，初學者有八定罪，再加上捨棄願菩提心，總共有十九種菩薩墮罪。

《密意莊嚴論》中所說的這十八條可以歸納在《菩薩地論》所說的四條當中。概括而言，一般菩薩戒有斷除所斷的嚴禁惡行戒、行持六度的攝集善法戒以及唯一利益眾生的饒益有情戒三戒中。

略而言之，菩薩的學處就是要斷除有害自他的一切因素，腳踏實地利己利他。成辦利益的方式也是依照《菩薩戒二十頌》中所說：「無論於他抑或己，雖是痛苦凡有利，一切利樂皆當為，雖樂不利切莫行。」也就是說，如果心存善意、行為善妙，則絕對沒有墮罪；與之相反，心懷歹意、行為惡劣，可以肯定是墮罪；如果是好心好意，那麼即使外表行為顯得為非作歹，也只是墮罪的形象；相反，如果居心不良，那麼即使行為上顯得多麼道貌岸然，也是無墮的形象。

庚三、還淨方法：

《菩薩戒二十頌》中云：「大縛罪當重受戒，中縛三人前懺悔，餘罪於一人前懺，有無染污依自心。」《學集論》中云：「夢境中住於，虛空藏前懺。」本論也說：「晝夜當各三，誦讀三聚經，依佛菩提心，悔除墮罪餘。」

戊二（論義）分三：一、加行；二、正行；三、後行。

己一（加行）分二：一、淨化自相續；二、為利他而修心。

庚一（淨化自相續）分八：一、供養；二、頂禮；三、皈依；四、懺罪；五、隨喜；六、請轉法輪；七、祈請不涅槃；八、迴向福德。

辛一（供養）分二：一、總說；二、別說。

壬一、總說：

為持珍寶心，我今供如來，

無垢妙法寶，佛子功德海。

為了受持珍寶菩提心，我今在對境一切善逝、無有分別實無實之垢染的所有妙法以及具有無量無邊如海功德的諸位聖者菩薩，也就是三寶面前，以想獲得佛果的意樂、為一切有情、供品善妙悅意、三輪清淨、無有違品的垢染、迴向大菩提這六種方式來供養。

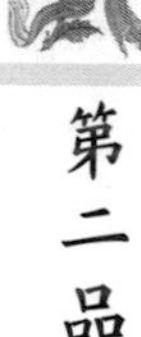

壬二（別說）分六：一、供養無主物；二、供養身體；三、意幻供養；四、發願供養；五、無上供養；六、讚歎供養。

癸一（供養無主物）分二：一、真實供養；二、供養彼等之原因。

子一、真實供養：

鮮花與珍果，種種諸良藥，

世間珍寶物，悅意澄淨水。

如《等持王經》中云：「十方世間界中淨水、平原中所長之鮮花、珍寶等未屬他者所有物皆當供養。」世界上所有爭奇鬥豔的鮮花、珍貴的果實，應有盡有的各種妙藥，品種各異的奇珍異寶，令人舒心悅意具八功德的淨水，如云：「清涼香輕柔，澄清無有垢，飲時不損喉，飲已不傷腹。」

巍巍珍寶山，靜謐宜人林，
花嚴妙寶樹，珍果垂枝樹。

巍峨高聳的金山等寶山，遠離喧囂憒鬧、舒心悅意的森林，由本身的花朵點綴得無比莊嚴、累累碩果壓垂了枝幹的妙樹。

世間妙芳香，如意妙寶樹，
自生諸莊稼，及餘諸珍飾，
蓮花諸湖泊，悅吟美天鵝。

天等世界中合成而散發的芬芳香氣、沉香等塗香，能滿足所需的如意樹、奇珍異寶所形成的妙樹，未經耕耘自然生長的莊稼，以及除此之外值得供養的所有珍貴飾品，包括由蓮花點綴的湖泊、池塘中不斷傳來天鵝悅耳動聽的吟唱聲。

浩瀚虛空界，一切無主物，
意緣敬奉獻，牟尼諸佛子，
祈請勝福田，悲愍納吾供。

諸如此類，以上浩瀚無邊虛空界中，清淨剎土以及北俱盧洲等處所有的無主物，我均以心觀想取來，鄭重地供養釋迦牟尼佛以及一切殊勝的佛子，祈請供養能獲得大果報的殊勝福田為利眾生而接納，祈求大慈大悲的尊主慈愛垂念我而接受我的這些供品。

子二、供養彼等之原因：

福薄我貧窮，無餘堪供財，

祈求慈怙主，利我受此供。

若有人問：為何不供養自己的財物而供養這些無主物呢？

由於我往昔沒有積累過福德，極為貧寒，除了這些供品以外我實在無有任何其他可以供養的財物。真心誠意想供養您，祈盼唯一利他的諸位怙主為了利益供養者我而納受這所有的供品。

癸二、供養身體：

願以吾身心，恆獻佛佛子，

懇請哀納受，我願為尊僕。

尊既慈攝護，利生無怯顧，

遠罪淨身心，誓斷諸惡業！

在勝伏四魔的佛陀及其一切佛子前，我願恆時供養自己的身體，誠懇祈請諸位聖尊菩薩能完全接納。我心甘情願做忠實的僕人，對您們言聽計從，祈願您能慈悲攝受。我依靠大尊主的呵護才能在三有中不畏痛苦而饒益眾生，如果我罪惡深重，則無法利益有情，因此為了

真正擺脫以往的罪業而誠心懺悔，立誓今後再不造罪。

癸三、意幻供養：

如云：浴拭妙衣飾，香薰花神饈，燈地室寶傘，意幻十二供。

意幻供養可分為十二種：

馥郁一淨室，晶地亮瑩瑩，

寶柱生悅意，珠蓋頻閃爍。

備諸珍寶瓶，盛滿妙香水，

洋溢美歌樂，請佛佛子浴。

一、沐浴：用旃檀薰染的浴室散發出撲鼻的芳香，水晶地晶瑩剔透，光彩奪目，打掃得十分清潔。光芒閃爍、各種珍寶的柱子上懸掛著閃光珍珠裝點的華蓋。在此，已備好盛滿塗香配成的悅意香水、鮮花的許多金等寶瓶，伴隨著歌聲樂音而請一切善逝及佛子沐浴。

香薰極潔淨，浴巾拭其身。

拭已復獻上，香極妙色衣。

二、擦拭：等待諸佛菩薩沐浴之後，用妙香薰染、清潔柔軟、無與倫比的衣物（浴巾）擦拭他們的身體。

三、妙衣：擦拭完畢以後，對於出家裝束的佛菩薩，供上袈裟等適合出家身分的芬芳妙衣；對身著在家裝束的尊眾，獻上色彩各異、柔軟飄逸的妙衣。

亦以細柔服，最勝莊嚴物，

莊嚴普賢尊，文殊觀自在。

四、飾品：以成百上好的冠冕等裝飾品莊嚴現見真諦而成為聖者的普賢菩薩、文殊菩薩、觀自在菩薩、金剛手菩薩、彌勒菩薩等根據所化眾生的根基而持在家相的諸位大菩薩。

香遍三千界，妙香塗敷彼，

猶如純煉金，發光諸佛身。

五、妙香：《俱舍論》中云：「四大部洲與日月，須彌山王及欲天，梵天世界一千數，許為小千之世界，彼之千數承許為，二千中千之世界，彼之千數三千界。」在這樣的所有三千世界等無量剎土中恆時飄散著陣陣的芳香，遍及各處，以如此殊勝的妙香塗敷宛如純金般熠熠發光的佛身。

於諸勝供處，供以香蓮花，

曼陀青蓮花，及諸妙花鬘。

六、美花：在堪為殊勝福田的一切佛像等前供上令人感到愜意、香味沁人肺腑的曼陀羅、蓮花以及青蓮花等所有天花，還有用這些美花及珍寶等精心穿成五顏六色悅意的花鬘、寶鬘。

亦獻最勝香，香溢結香雲。

復獻諸神饈，種種妙飲食。

七、香雲：殊勝合意的妙香洋溢各方，結成香雲，旋繞遍布空中，這些也都供養佛菩薩。

八、神饈：又敬獻上白糖、核桃汁等花樣繁多、味

道鮮美的神饈。

亦獻金蓮花，齊列珍寶燈。

香敷地面上，散布悅意花。

九、寶燈：井然有序排列著的金蓮花中安放有各式各樣光芒閃閃的寶燈，這些也供養諸佛菩薩。

十、地面：香水塗敷的地面上，遍滿令人賞心悅目的花朵，以此作供養。

廣廈揚讚歌，懸珠耀光澤，

嚴空無量飾，亦獻大悲主。

十一、宮殿：具有莊嚴等功德的無量宮殿，傳頌著天子天女們所吟唱的悅耳動聽的讚歌，各種珍珠寶珠串懸垂的飾品將寶幢等嚴飾得光怪陸離、光芒萬丈，遍布虛空界，成為虛空莊嚴的這些裝飾品也都供獻給大慈大悲的諸位尊主。

金柄撐寶傘，周邊綴美飾，

形妙極莊嚴，亦展獻諸佛。

十二、寶傘：周圍有珍珠等飾品嚴飾的悅意金柄高高撐起珍寶組成、造型美觀、令人見而生喜的勝妙寶傘，也恆時供養一切如來。

癸四、發願供養：

別此亦獻供，悅耳美歌樂，

願息有情苦，樂雲常住留。

唯願珍寶花，如雨續降淋，

一切妙法寶，靈塔佛身前。

除了上述這些供品以外，也願伴隨更為殊勝動聽的樂聲妙音、具有息滅有情痛苦、帶來安樂這種特殊能力的所有祥雲也能長久住留。願在教法、證法及其所依經函等一切法寶及所有佛塔、佛像等前，連續不斷地降下珍寶花等妙雨。

癸五、無上供養：

猶如妙吉祥，昔日供諸佛，

吾亦如是供，如來諸佛子。

如同文殊菩薩等諸位大菩薩曾於十方諸佛前作供養的方式一樣，我也如是這般供養一切如來怙主及佛子。如《寶篋經》中云：「多種鮮花花華蓋，以及五彩繽紛花，鋪遍形態各異花，供大尊主彼等佛。」

癸六、讚歎供養：

我以海潮音，讚佛功德海，

願妙讚歌雲，飄臨彼等前。

我以無量無邊的一切讚歌海潮讚頌諸佛菩薩功德的大海，願美妙動聽的讚歌雲朵一定飄蕩到功德海——諸佛菩薩面前。

辛二、頂禮：

化身微塵數，匍伏我頂禮，

三世一切佛，正法最勝僧，

敬禮佛靈塔，菩提心根本，

亦禮戒勝者，堪布阿闍黎。

在過去、現在、未來三時一切佛陀、正法與勝會僧眾前，我以所有剎土諸微塵數的身體匍伏頂禮，同時我也頂禮一切作為生起菩提心的根本佛像與大乘法藏等，還要敬禮能生起或修行或宣講菩提心的一切處所以及佛塔、傳法的堪布阿闍黎、孜孜不倦行解脫之事的殊勝禁行者。

辛三（皈依）分二：一、總義；二、論義。

壬一（總義）分二：一、抉擇皈依；二、隨皈依而行持。

癸一（抉擇皈依）分三：一、本體；二、分類；三、各自之自性。

子一、本體：

為了遣除恐怖而依止皈依處。

子二、分類：

皈依有世間皈依與出世間皈依，出世間皈依又分為大乘皈依與小乘皈依兩種。

子三、各自之自性：

世間皈依：為了擺脫某些恐懼而皈依世間的天神等，這並不是殊勝的皈依。《勝幢經》中云：「處於畏懼恐怖地，多數依止山森林，寺院樹木及佛塔，彼非主要皈依處，依止彼等皈依處，不能解脫大痛苦。」

出世間皈依（有小乘皈依與大乘皈依）：其中為了

自己脫離輪迴的痛苦，在有生之年皈依三寶，這是小乘的皈依。以大悲心引發，為一切有情脫離痛苦，而欲求自己獲得佛果，時間直至菩提果之間，這是大乘的三皈依。

癸二、隨皈依而行持：

經中云：「皈依佛寶者，彼為真居士，何時不皈依，其他諸天神。皈依正法者，遠離損害心。皈依僧眾者，不交外道徒。」首先在上師面前受皈依戒以後，依照經中所說於一切時分中誠心依賴三寶，心懷恭敬之情精進供養，不害任何有情，不交往惡友等等。我們要依靠這種方式避免失毀皈依戒。一旦不慎失毀，就要通過再次受戒等途徑來斷除罪業，增上功德。

壬二、論義：

乃至菩提果，皈依諸佛陀，

亦依正法寶，菩薩諸聖眾。

在沒有證得菩提果之前的時間裡，在一切佛陀、正法與菩薩僧眾的對境前以誠心誠意說「我依止佛法僧，願得以庇護」的方式而皈依。

辛四（懺罪）分二：一、總義；二、論義。

壬一（總義）分三：一、所淨罪業之六門；二、能淨四對治力；三、淨法加行正行後行。

癸一、所淨罪業之六門：

所淨罪業的途徑有時間、因、門、加行、對境與形

相六種。

癸二（能淨四對治力）分四：一、厭患對治力；二、所依對治力；三、現行對治力；四、返回對治力。

子一、厭患對治力：

見到過患後追悔莫及，如同飲毒者見到後果一般，這就是厭患對治力。

子二、所依對治力：

依止能擺脫罪業的方法，如依止藥物一般，這叫做所依對治力。

子三、現行對治力：

奉行善法，如同服藥一樣，這是現行對治力。

子四、返回對治力：

從今以後縱遇命難也不造罪，如同以後不再服毒一樣，此為返回對治力。

我們必須要具足以上四種對治力，如果具足了這四種對治力，那麼必定能淨除罪業。四對治力的數量是確定的，《宣說四法經》中云：「彌勒，菩薩若具四法則清淨一切所造所積之罪業。何為四法？即厭患對治、依止菩提心（所依對治）、現行對治、返回對治。」

癸三、淨法加行正行後行：

加行皈依發心，正行以具足四對治力的方式念誦懺悔文、觀修罪業清淨，後行觀想依靠懺悔對境的加持而淨除一切罪業、作迴向等，這是諸位上師的竅訣。

壬二（論義）分四：一、厭患對治力；二、所依對治力；三、現行對治力；四、返回對治力。

癸一（厭患對治力）分二：一、總說懺悔罪業之方式；二、依殊勝對境而懺悔特殊罪業之方式。

子一、總說懺悔罪業之方式：

我於十方佛，及具菩提心，
大悲諸聖眾，合掌如是白：
無始輪迴起，此世或他生，
無知犯諸罪，或勸他作惡，
或因癡所牽，隨喜彼所為，
見此罪過已，對佛誠懺悔。

在懺悔的對境——安住各方所有大慈大悲的圓滿正等覺佛陀及菩薩尊主前，自己身體合掌，口中如是呈白：從無始時流轉輪迴直到今世，或者在以往生生世世中，我因為不知曉罪業的過患，自己作惡或者唆使別人造罪，再者，由於自己被愚癡迷惑所牽引，欣然隨喜他人為非作歹，察覺所犯下的這些罪過以後，我誠心誠意在一切怙主面前不覆不藏發露懺悔。

子二、依殊勝對境而懺悔特殊罪業之方式：

惑催身語意，於三寶父母，
師長或餘人，造作諸傷害。
因昔犯眾過，今成有罪人，
一切難恕罪，佛前悉懺悔。

我因為煩惱的驅使，身語意對三寶、父母、堪布阿闍黎及其他任何對境進行的所有加害理當懺悔。總之，由於犯了貪欲等許許多多罪過，如今已成了惡貫滿盈、罪大惡極的我對於自己所造的難以寬恕的所有罪業在導師諸佛前懺悔。

癸二（所依對治力）分三：一、皈依原因；二、所皈依之對境；三、如何皈依。

子一（皈依原因）分二：一、略說；二、廣說。

丑一、略說：

罪業未淨前，吾身或先亡，
云何脫此罪，故祈速救護！

為什麼要精勤懺悔呢？在罪業還沒有得以清淨之前，我很有可能會先死去，倘若如此，就會墮落到惡趣當中，到那時如何能擺脫這些罪業呢？因此祈求迅速得以救護！

丑二（廣說）分二：一、思維疾速死亡而生起皈依之心；二、思維死亡極恐怖而生起皈依之心。

寅一（思維疾速死亡而生起皈依之心）分三：一、略說；二、廣說；三、攝義。

一、略說：

死神不足信，不待罪淨否，
無論病未病，壽暫不可恃。

這麼急迫皈依到底是什麼原因呢？不可信賴的這個

死亡不會等到你罪業清淨與否，也不會照顧你事情完沒完成，不管你生病還是沒有生病，都不能保證不會突然氣絕身亡，壽命實在是不可靠。

因吾不了知，死時捨一切，

故為親與仇，造種種罪業。

人在死亡的時候必然要拋下親友怨敵等一切的一切，只剩下自己孤孤單單，可是我由於沒有認識到這一點而為利親害怨造下了各種罪業。

二、廣說：

仇敵化虛無，諸親亦煙滅，

吾身必死亡，一切終歸無。

依之造罪的怨敵們如今已經不復存在，親友們也已杳無蹤影，我也不會例外，終究難免一死，有情與受用一切的一切最終都將化為烏有，為了這一切而造罪實在是無有意義。

人生如夢幻，無論何事物，

受已成念境，往事不復見。

假設有人心裡認為：使親友們歡欣喜悅等快樂以後也會跟隨著我們，所以有實在的意義。

實際上這樣的快樂等何事何物、現在所有的受用等一切的一切後來只能成為回憶的對境罷了，而不可能再親眼目睹、親身感受，因為往事已經流逝過去，猶如夢中所享受的快樂在醒來時蕩然無存一般。

復次於此生，親仇半已逝，

造罪苦果報，點滴候在前。

不用說是流轉的生生世世，就是暫時存活的今生今世當中也可以看得出，多半過世的親朋好友、冤家對頭以及曾經與之相伴的快樂等都如夢境一樣一去不復返，然而為了他們所造的難以饒恕的罪業及所有習氣果報卻都在前方等候著我們。

三、攝義：

因吾不甚解：命終如是驟，

故起貪嗔癡，造作諸惡業。

由於我沒有深刻地認識到死亡如此突然，導致受貪嗔癡的牽制而造下了許許多多罪業，要想使這些罪業在即生中得以清淨，就必須雷厲風行加以淨除。

晝夜不暫留，此生恆衰減，

額外無復增，吾命豈不亡？

朝夕流逝，片刻不停，今生稍縱即逝，一分一秒地減少，而絕不會有增多的可能，為此，我又怎麼會不死呢？定死無疑。

寅二（思維死亡極恐怖而生起皈依之心）分二：一、略說；二、廣說。

一、略說：

臨終彌留際，眾親雖圍繞，

命絕諸苦痛，唯吾一人受。

有人認為：儘管必死無疑，但是在死的時候還是需要親友等。

在臨終的彌留之際，自己躺在床榻上，儘管所有親友在四周團團圍繞，可是命絕身亡的苦痛只有我獨自一人感受，他們根本無法分擔。

魔使來執時，親朋有何益？
唯福能救護，然我未曾修。

如果有人認為：即便如此，但他們在那時也能救護我吧。

當你被閻羅獄卒捉住時，親戚朋友們能起到什麼作用呢？根本無濟於事。那麼，什麼才能對你有幫助呢？到那個時候，唯有福德才能救護，然而遺憾的是，我卻從來沒有修善積福。

放逸我未知：死亡如是怖，
故為無常身，親造諸多罪。

於是不由得悲哀大聲呼喊：怙主啊！沒有修善積福、沒有防護漏法而一直放逸無度的我不知道死亡竟然這般恐怖，以致於為了無常的現世親身造下了累累罪業。

二、廣說：

若今赴刑場，罪犯猶驚怖，
口乾眼凸出，形貌異故昔。
何況形恐怖，魔使所執持，

大怖憂苦纏，苦極不待言。

例如，一名今天就要被帶到刑場上去的罪犯，也會驚恐萬分，口乾舌燥，雙目凸出，面目皆非，與以前判若兩人，那麼被面目猙獰、十分可怕的閻羅獄卒捉住，被極大的恐懼所逼，處在痛苦不堪、極為可憐的地步，那副膽戰心驚的悲慘情景就更不用說了。

誰能救護我，離此大怖畏，

睜大凸怖眼，四方尋救護，

四方遍尋覓，無依心懊喪，

彼處苦無依，惶惶何所從？

到那時，有誰能救護我擺脫這麼巨大的恐怖呢？我不由得睜大向外凸出、惶恐不安的雙眼四處尋覓救護者，經過一番苦苦尋找，結果發現四方居然沒有任何可皈依處，不禁心灰意冷，極度失望。如果處在那種無依無靠的境地中，當時我該何去何從呢？實在是無計可施。

子二（所皈依之對境）分二：一、皈依共同三寶；二、皈依具願力之菩薩。

丑一、皈依共同三寶：

佛為眾怙主，慈悲勤護生，

力能除眾懼，故我今皈依。

如是亦皈依，能除輪迴怖，

我佛所悟法，及菩薩聖眾。

當時，無依無靠，唯有皈依三寶，眾生怙主、大慈大悲的佛陀以最大的精進行持救護一切有情的事業，具有超凡的救護威德力，能遣除所有怖畏，因此我從現在起皈依佛陀；皈依能解除輪迴恐怖、佛陀所了悟的正法；同樣也真實皈依菩薩僧眾。

丑二、皈依具願力之菩薩：

因怖驚顫慄，將身奉普賢，

亦復以此身，敬獻文殊尊。

我由於害怕地獄等處的痛苦而驚恐不安、瑟瑟發抖，於是將自己奉獻給普賢大菩薩，也將自己的身體獻給文殊菩薩。

哀號力呼求，不昧大悲行，

慈尊觀世音，救贖罪人我！

痛苦不堪的我悲哀哭泣，極力呼喚具有無偽大悲心與大悲行的怙主觀世音菩薩，為什麼呢？祈求救護罪大惡極的我。

復於虛空藏，及地藏王等，

一切大悲尊，由衷祈救護。

也同樣發自內心地呼喚聖者虛空藏菩薩、地藏王菩薩、彌勒菩薩、除蓋障菩薩等具有大悲心的所有怙主，祈願能得到他們的救護。

皈依金剛手，懷嗔閻魔使，

見彼心畏懼，四方速逃逸。

我也皈依能令那些嗔恨眾生的閻羅獄卒等見而生畏、四處逃竄的金剛手菩薩。

子三、如何皈依：

昔違尊聖教，今生大憂懼。

願以皈命尊，求速除怖畏！

如今深深察覺到，昔日違越佛陀教的罪業果報如此可怕，而皈依您祈求迅速消除恐怖。

癸三（現行對治力）分三：一、理當精進對治；二、迅速精進；三、如何精進。

子一（理當精進對治）分二：一、以患者之喻說明；二、以險處之喻說明。

丑一、以患者之喻說明：

若懼尋常疾，尚需遵醫囑，

何況貪等患，百罪恆纏身。

即便是畏懼風、膽等平常疾病，也需要謹遵醫囑而採取行之有效的治療，那麼貪欲等百罪的痼疾恆常縈身必然要精進遵照如來言教來對治就更不必說了，因為彌天大罪的重症實在難以治癒。

一嗔若能毀，贍部一切人，

療惑諸藥方，遍尋若不得。

醫王一切智，拔苦諸聖教，

知已若不行，癡極應呵責。

為什麼呢？貪心等一種疾患就足可以毀滅南贍部洲

為主的一切人，除了依如來教奉行以外尋遍四面八方也得不到能治癒這些疾患的良藥。能治療這些煩惱疾病的靈丹妙藥就是一切種智，因為依靠它能解除一切痛苦，明明知道這一點還不依教奉行，顯然是愚昧至極、該被呵責的對象。

丑二、以險處之喻說明：

若遇尋常險，猶須慎防護，

沉墮千由旬，長劫險難處。

縱然遇到平平常常、微不足道的險處，人們也是為了避免墮落其中而小心翼翼，萬分謹慎，那麼對於墮入極度痛苦、長久不得解脫、深達千由旬的深淵，更需要謹小慎微就不言而喻了。

子二（迅速精進）分三：一、壽命不可靠；二、受用不可靠；三、親友不可靠。

丑一、壽命不可靠：

若思今不死，安逸此非理，

吾生終歸盡，死期必降臨。

如果心裡想：雖然罪過嚴重，但以後再懺悔也可以。

實際上，聲稱「今日不死」而悠閒自得也是不合理的，我最後必定壽終正寢，死亡的時刻一定會到來。

誰賜我無懼？云何定脫苦？

倘若必死亡，為何今安逸？

誰能賜予我不死的無畏？誰也不能賜予。怎麼能確定擺脫死亡呢？根本不可能擺脫。如果必死無疑，那麼我為什麼還心安理得、逍遙自在地度日呢？這麼做實在不合理。

丑二、受用不可靠：

除憶昔經歷，今吾復何餘？

然因執著彼，屢違上師教。

如今我除了回首以往享受、早已滅盡的那些財產受用以外，還有什麼沒有毀壞剩下來的受用呢？然而我卻由於貪戀受用而屢屢違背上師的言教，這實在不應理，但願以後不再就犯。

丑三、親友不可靠：

此生若須捨，親友亦如是，

獨行無定所，何須結親仇？

不僅僅是受用，就連自己存活的今生以及朝夕相伴的親友們都要捨棄而孑然一身孤零零前往後世，那麼有什麼必要與眾人結親結怨呢？貪執這些真的沒有任何實義。

子三（如何精進）分二：一、意樂；二、加行。

丑一、意樂：

不善生諸苦，云何得脫除？

故吾當一心，日夜思除苦。

一切痛苦來源於不善業，因此我理當日日夜夜恆時唯一思考如何才能脫離痛苦。

丑二、加行：

吾因無明癡，犯諸自性罪，
或佛所制罪，如是眾過罪，
合掌怙主前，以畏罪苦心，
再三禮諸佛，懺除一切罪。

我由於愚昧無知而造了誰犯都成罪業殺生之類的自性罪，或者只有受戒才成罪業過午進食之類的所有佛制罪，對於所造的這一切罪業，我在諸位怙主面前，恭敬合掌，懷著害怕痛苦的心理再三頂禮，誠心懺悔。

癸四、返回對治力：

諸佛祈寬恕，往昔所造罪，
此既非善行，爾後誓不為！

請求一切導師寬恕我往昔所造的罪業，既然罪業不是善行，一定發誓今後永不再造。

第二品釋終

辛五（隨喜）分二：一、隨喜世間善；二、隨喜出世善。

壬一、隨喜世間善：

欣樂而隨喜，一切眾有情，

息苦諸善行，得樂諸福報。

以歡喜的心情隨喜一切眾生奉行消除惡趣痛苦之因的善業，積累脫離苦果享受快樂的福德。

壬二、隨喜出世善：

隨喜積善行：彼為菩提因。

隨喜眾有情：實脫輪迴苦。

隨喜小乘善行包括因與果兩種，隨喜因：欣然隨喜積累作為聲聞緣覺菩提之因的善行；隨喜果：隨喜眾生真正脫離輪迴痛苦獲得阿羅漢果位。

隨喜佛菩提，佛子地諸果。

亦復樂隨喜：能與有情樂，

發心福善海，及諸饒益行。

隨喜大乘善行也包括因與果兩種，隨喜果：隨喜究竟果位的菩提與暫時果位的菩薩地；隨喜因：欣悅隨喜發心給眾生帶來安樂的如海善意以及利益眾生的善行。

辛六、請轉法輪：

我於十方佛，合掌誠祈請，

為苦惑迷眾，燃亮正法燈。

合掌祈請諸方佛陀，為被痛苦黑暗或者痛苦無知黑暗籠罩而不知正道與非道的一切眾生點亮正法明燈、指引正道。

辛七、祈請不涅槃：

若佛欲涅槃，合掌速祈請，

住世無量劫，莫令世間迷。

在即將趣入涅槃的諸位佛陀前合掌祈求：請佛陀住世無量劫而不趣入涅槃，不要讓世間眾生處於無知迷盲之中。

辛八（迴向福德）分二：一、總迴向；二、別迴向。

壬一、總迴向：

如是諸觀行，所積一切善，

以彼願消除，有情一切苦。

從前面所說的供養直到祈請住世之間自己所積累的這一切善根，但願能遣除一切眾生的所有痛苦。

壬二（別迴向）分三：一、為患病者迴向；二、為飢渴者迴向；三、為貧窮者迴向。

癸一、為患病者迴向：

乃至眾生疾，尚未療愈前，

願為醫與藥，並作看護士。

直至眾生的疾病尚未恢復之前，我願作為醫生、妙

藥以及護士。

癸二、為飢渴者迴向：

盼天降食雨，解除飢渴難，

於彼災荒劫，願成充飢食。

期盼能降下飲食之雨，消除飢渴的危難；願我在飢饉中劫時能變成豐足飲食解除受苦者的飢渴；同樣，祈願在刀兵中劫時天降莊稼妙雨（作為人們充飢的糧食）。

癸三、為貧窮者迴向：

為濟貧困者，願成無盡藏，

願諸資生物，悉現彼等前。

為了賑濟一切窮困潦倒的眾生，願我變成取之不盡、用之不竭的寶藏，使各種各樣的資具用品展現在這些貧困有情的面前。

庚二（為利他而修心）分二：一、總說布施一切；二、別說布施身體。

辛一（總說布施一切）分二：一、所施；二、原因。

壬一、所施：

為利有情故，不吝盡施捨，

身及諸受用，三世一切善。

為了成辦利眾之事，我們應當毫不吝惜地布施身體、受用以及三世中已經造、正在造、即將造的一切善根。

壬二、原因：

捨盡則脫苦，吾心成涅槃，

死時既須捨，何若生盡施。

施捨一切是為了脫離痛苦，使自己的心為自他二利成就涅槃。再者，既然死亡時身體及一切受用都要捨棄，那還不如現在布施給一切眾生，依此也能對自他大有裨益。

辛二（別說布施身體）分二：一、布施緣自己而造業之眾生；二、迴向成為利眾之因。

壬一（布施緣自己而造業之眾生）分二：一、無條件而布施；二、發願成為利益之因。

癸一、無條件而布施：

吾既將此身，隨意施有情，

一任彼歡喜，恆常打罵殺。

我既然已經將自己的這個身體隨意施給了所有眾生，那當然就任憑他們恆時隨心所欲進行殺害、謾罵、毆打等。

縱人戲我身，侵侮並譏諷，

吾身既已施，云何復珍惜？

一切無害業，令身盡順受。

縱然人們對我的身體百般戲弄玩耍、輕侮侵犯、冷嘲熱諷，都未嘗不可，既然我的這個身體已經施給了他們，還談什麼防護對它的損害呢？只要不成為對他們有

暫時、長久危害的業，就隨他們的便吧。

癸二（發願成為利益之因）分二：一、總說；二、別說。

子一、總說：

願彼緣我者，悉獲眾利益。

但願緣於我的一切有情，永遠獲得利樂，萬萬不要無有收益。

子二（別說）分二：一、迴向意樂具義；二、迴向行為具義。

丑一、迴向意樂具義：

若人因見我，生起信憎心，

願彼恆成為，成辦眾利因。

凡是緣於我的眾生，不管他們對我生嗔心還是起信心，但願時時刻刻都能成為實現他們一切願望的因。所謂的「信心」，《大疏》中說是不信㉖。

丑二、迴向行為具義：

願彼毀我者，及餘害我者，

乃至辱我者，皆具菩提緣。

不論是任何眾生對我直接惡語中傷也好，還是進行其他加害也好，或者在他人面前挖苦諷刺也好，但願這些眾生都具有菩提的緣分。

㉖不信：本來，頌詞中和注釋中都是講信心，而《入行論大疏》中說為「不信」，是否為錯別字，請諸位學者斟酌。

壬二、迴向成為利眾之因：

路人無怙依，願為彼引導，

並作渡者舟，船筏與橋梁。

我願變成一切無依無怙眾生的依怙，一切行程者的嚮導，並作為想要渡過江河者的航船、小舟與橋梁。

求島即成島，欲燈化為燈，

覓床變作床，凡需僕從者，

我願成彼僕。

我願在求海島者面前成為島嶼，欲求明燈者前變成明燈，想要床榻者面前變為床榻，願作為需求奴僕眾生的僕人。

願成如意牛，妙瓶如意寶，

明咒及靈藥，如意諸寶樹。

我願變成可隨心所欲擁有一切的如意牛，滿足心願的摩尼寶珠、妙寶瓶，成辦一切所欲之事的明咒，祛除一切疾病的靈丹妙藥，出生所需的如意樹。

如空及四大，願我恆成為，

無量眾有情，資生大根本。

如同地等四大以及虛空恆時作為一切有情生存的根本一樣，願我也以眾多形象作為無量眾生賴以生存的因。

追至盡空際，有情種種界，

殊途悉涅槃，願成資生因。

在天邊無際的一切眾生界獲得涅槃果位之前，我願成為他們生存的根本。

善天與勝敵論師認為以上這些內容是願心。

己二、正行：

如昔諸善逝，先發菩提心，

復此循序住，菩薩諸學處。

如果我們在阿闍黎前或三寶所依前受菩薩戒，首先念誦「祈禱十方諸佛菩薩垂念我」。假設分別受願行心菩薩戒，那麼要以念誦三遍「如昔諸善逝，先發菩提心，如是為利眾，我發菩提心」來受願心戒；以念誦三遍「如昔諸善逝，漸守菩薩戒，復此循序住，菩薩諸學處」來受行心菩薩戒。如果願行菩提心戒一起受，就要按照此論中所說來受。

如是為利生，我發菩提心，

復於諸學處，次第勤修學。

如往昔的一切如來為了利益他眾而發起想獲得佛果的菩提心，循序漸進守護菩薩戒的所有學處，同樣我也為了利益眾生發菩提心，次第學修學處。

己三（後行）分二：一、連接文；二、真實後行。

庚一、連接文：

智者如是持，清淨覺心已，

復為增長故，如是讚發心。

有智慧的人受持清淨菩提心，最後也為了使發心永

不退失並且與日俱增，才這般提升心力而讚歎。

庚二（真實後行）分二：一、令自歡喜；二、令他歡喜。

辛一（令自歡喜）分二：一、因成辦自利而生歡喜；二、因成辦他利而生歡喜。

壬一、因成辦自利而生歡喜：

今生吾獲福，善得此人身，
復生佛家族，今成如來子。

今生今世，我已經成為具有大福報之人，為什麼這樣說呢？已經獲得了人身，並且如今又投生在如來種性中變成佛子。

爾後我當為，宜乎佛族業，
慎莫染污此，無垢尊貴種。

因此我一定要盡己所能從事合乎種性的三門之事，初中後都要保持清淨無垢，絕不能以惡行的垢染玷污這純潔尊貴的種性。

猶如目盲人，廢聚獲至寶，
生此菩提心，如是我何幸！

例如，一位雙目失明的盲人在垃圾堆中得到了珍寶，那該是多麼稀奇的一件事。同樣，我生起了這顆菩提心，該是何等的幸運啊！

壬二、因成辦他利而生歡喜：

滅死勝甘露，即此菩提心，

除貧無盡藏，即此菩提心，

療疾最勝藥，亦此菩提心。

能摧毀眾生之死主而令不死的勝妙甘露就是這顆菩提心，遣除眾生一切貧窮的無盡寶藏也是這顆菩提心，能盡除眾生身心疾患的最勝妙藥還是這顆菩提心。

彼為泊世途，眾生休憩樹，

復是出苦橋，度眾離惡趣。

菩提心是漂泊在世間路途中被痛苦折磨得疲憊不堪的苦難眾生得以休息具有涼蔭的妙樹，她也是能救度眾生脫離惡趣的共同梯階或橋梁。

彼是除惱熱，東升心明月。

復是璀璨日，能驅無知霾。

是拌正法乳，所出妙醍醐。

菩提心也是驅除眾生煩惱障酷熱心中升起的皓月，也是遣除眾生無明所知障迷霧的一輪紅日，她是攪拌所有正法乳汁所提煉出的精華醍醐。

於諸漂泊客，欲享福樂者，

此心能足彼，令住最勝樂。

對於流浪在三有路途中想享受快樂的一切眾生賓客，此菩提心能使他們獲得最殊勝的安樂，也就是說她能以安樂滿足一切有情貴客。

辛二、令他歡喜：

今於怙主前，筵眾為上賓，

宴饗成佛樂，普願皆歡喜。

我今日在所有怙主前，也就是請他們作為見證，以究竟正等佛果的安樂及暫時的安樂宴請一切有情作為上賓，願天非天等所有眾生皆大歡喜。

第三品釋終

丙三（趨入之方法）分五：一、戒律；二、安忍；三、精進；四、靜慮；五、智慧。

丁一（戒律）分二：一、不放逸；二、正知正念。

本來，行為有六度，但本論中沒有單獨宣說布施。

第四品　不放逸

戊一（不放逸）分三：一、略說；二、廣說；三、攝義。

不放逸的本體即是謹慎取捨，《學集論》中云：「何為不放逸？即無貪、無嗔、無癡而精進修持一切善法，內心防護一切有漏法。」不放逸是一切善法的方便。《三摩地王經》中云：「所說一切諸善法，根本即是不放逸。」

己一、略說：

佛子既如是，堅持菩提心，

恆勤勿懈怠，莫違諸學處。

佛子以加行、正行、後行的方式堅定不移地受持菩提心後，就應當毫不懈怠努力做到恆時不違越菩薩學處。

己二（廣說）分三：一、謹慎修學所修；二、謹慎所依暇滿；三、謹慎所斷煩惱。

庚一（謹慎修學所修）分三：一、不捨菩提心之合理性；二、捨棄菩提心之過患；三、教誡不捨菩提心。

辛一、不捨菩提心之合理性：

遇事不慎思，率爾未經意，

縱已誓成辦，後宜思取捨。

對於任何事，最初未經觀察，或者只是稍加觀察而未經慎重分析，即使口中說「發誓要做」，然而經過一番詳細觀察才決定到底做還是放棄，這一點也是合情合理的。

諸佛及佛子，大慧所觀察，

吾亦屢思擇，云何捨誓戒？

而這裡與之完全不同，一切如來及菩薩也是以大智慧詳加觀察，而且我自己在受戒之前也經過詳察細審、再三深思，對於這樣的發心學處怎麼能半途而廢呢？是絕對不能的。

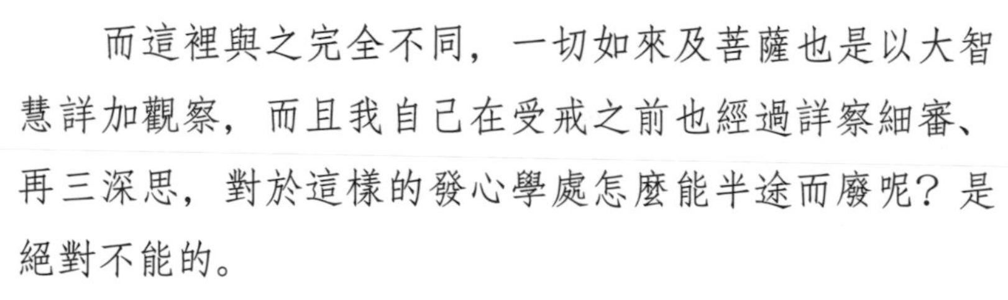

辛二（捨棄菩提心之過患）分三：一、異熟果墮惡趣；二、失毀利他行為；三、阻礙解脫。

壬一（異熟果墮惡趣）分三：一、真實宣說；二、彼之合理性；三、遣除爭論。

癸一、真實宣說：

若誓利眾生，而不勤踐履，

則為欺有情，來生何所似？

假設在發心的時候立下誓願要救渡一切眾生等，之後三門所作所為不履行諾言，那麼顯然已經欺騙了這些眾生，如此一來，我最終的下場將會怎麼樣呢？可想而知絕對擺脫不了惡趣。

癸二、彼之合理性：

意若思布施，微少凡常物，

因慳未施予，經說墮餓鬼。

如果某人心裡想要施捨食物等微不足道的平常物品，之後又出爾反爾，沒有進行布施，經中說這是餓鬼的因，《正法念處經》中云：「僅稍思量而未布施，則投生餓鬼，若已經立誓而未布施，則墮入眾生地獄。」

沉請眾生赴，無上安樂宴，
後反欺眾生，云何生善趣？

那麼，何況說誠心以無上佛果與暫時的安樂宴請一切有情，後來又欺騙這所有眾生，怎麼能轉生善趣呢？是不會轉生的。

癸三、遣除爭論：

有人捨覺心，卻辦解脫果，
彼業不可思，知唯一切智。

有人問：如此一來，不是與佛經中所說的相違了嗎？佛經中記載：聖者舍利子奉持菩薩行時，惡魔索要右手，他砍斷右手，用左手布施，結果魔口出不遜，於是舍利子生起厭煩心而捨棄發心，但還是獲得了阿羅漢果位；金色尊者前世也曾於四十劫中持菩薩行，後來捨棄菩提心立即變成緣覺。

其實並不相違，《普明論》與《釋論》中對此是這樣答覆的：某人捨棄菩提心，可是他們也得以解脫，這說明業力不是凡人可思維的，只有遍知佛陀才能洞曉得一清二楚，而我們根本無法了知。

善天尊者則如此回答說：「雖然以方便法捨棄了菩

提心，但因真實受持（菩薩戒）的緣故也能使眾生得以解脫。」

布布達論師對此作答：「儘管捨棄了世俗菩提心，而沒有捨棄勝義菩提心。」我認為這種說法是合理的，因為雖然放棄了利他之心（世俗菩提心），但由於沒有捨棄證悟無我的智慧（勝義菩提心）而不會墮入惡趣。然而，對於不可思議的行境，只是冥思苦想又有什麼用呢？

壬二、失毀利他行為：

菩薩戒墮中，此罪最嚴重，

因彼心若生，將損眾生利。

捨棄菩提心是菩薩戒墮罪中最為嚴重的。《般若攝頌》中云：「雖於俱胝劫中行十善，然發欲求緣覺羅漢心，彼時戒染過患毀戒律，彼發心較他勝猶嚴重。」原因是，如此一來勢必大大降低成辦一切眾生利益的功效。

雖僅一剎那，障礙此福德，

因損有情利，惡趣報無邊。

不僅如此，就算是對其他眾生發起此菩提心的福德從中作梗也會使菩薩利益一切眾生的事業降低，由於導致對方不能利益眾生，因而作障礙者的下場必然是無有盡頭的惡趣。

毀一有情樂，自身且遭損，

沉毀盡空際，有情眾安樂。

其原因是：哪怕只是毀壞一位眾生的安樂，尚且要自食其果遭受損失，如果對菩薩行善製造違緣，結果將毀壞天邊無際所有眾生的安樂，當然果報墮入惡趣這一點就更不必說了。《寂滅決定神變經》中云：「何者搶奪南贍部洲一切眾生之財，斷一切眾生之命，何者對菩薩甚至布施旁生一食團之善行作障，則罪過較前者嚴重無量倍，因為對獲得佛果之善業作障故。」

壬三、阻礙解脫：

故雜墮罪力，菩提心力者，
升沉輪迴故，登地久蹉跎。

由於墮罪與菩提心兩種力量輪番交替起作用，結果在輪迴中時起時伏，如此必將拖延很久才能獲得一地等果位。

辛三、教誡不捨菩提心：

故如所立誓，我當恭敬行，
今後若不勉，定當趨下流。

因此，按照發心時所承諾的那樣，我務必要恭敬履行諾言，從今以後如果不勤奮努力，那麼必定徑趨直下，接連不斷從惡趣墮入惡趣。

饒益眾有情，無量佛已逝，
然我因昔過，未得佛化育。

如果有人想：佛陀會救護我們，不至於變成這樣

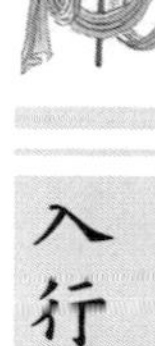

吧。

往昔賜予一切眾生安樂之不可計數的佛陀都已趣入寂滅，然而我由於違越學處的罪過所致未能成為過去佛度化的對境。

若今依舊犯，如是將反覆，

惡趣中領受，病縛剖割苦。

如果心想：以後會得到救護吧。

倘若仍舊一如既往，那麼下場必將是一而再、再而三地在惡趣感受痛苦，即便獲得善趣，也是遭受疾病纏身、受到束縛、砍剖身體等苦痛。

庚二（謹慎所依暇滿）分三：一、暇滿難得；二、未得之過患；三、得後不勤而捨。

辛一、暇滿難得：

如值佛出世，為人信佛法，

宜修善希有，何日復得此？

無論是值遇佛陀出世、信仰佛法、獲得人身還是修持善法（都非常難得）。總之，十八暇滿完整具足的人身實在稀有珍貴、來之不易，其餘什麼時候還會獲得這樣的人身呢？不會獲得的。

縱似今無病，足食無損傷，

然壽剎那欺，身猶須臾質。

已經有幸得到暇滿人身的此時此刻，儘管也會逢遇健康無病的日子，豐衣足食順緣樣樣具備，無有違緣損

害，可是人的壽命一剎那也不可信賴，完全是欺惑性的，這個身體就像頃刻間的抵押品一樣，自己無權支配。

辛二（未得之過患）分二：一、真實宣說；二、彼之依據。

壬一（真實宣說）分二：一、墮惡趣不行善法；二、不得善趣。

癸一、墮惡趣不行善法：

憑吾此行素，復難得人身，

若不得人身，徒惡乏善行。

我如果現在的行為依然如故，那麼後世也就無法再度獲得人身，結果將墮落惡趣，如果沒能得到人身而下趨惡趣，那麼時刻都是造罪，根本不具備行善的能力。

如具行善緣，而我未為善，

惡趣眾苦愚，彼時復何為？

現在具有奉行善法的緣分時我如果不精勤行持善法，到後世被惡趣的痛苦所折磨、愚笨透頂，那時我該怎麼辦呢？沒有行善的機會。

癸二、不得善趣：

既未行諸善，復集眾惡業，

縱歷一億劫，不聞善趣名。

在惡趣我沒有機會行持善法，反而再度積累罪業，這樣一來，縱然在百俱胝劫中連善趣的聲音也聽不到，

更何況說獲得善趣了。

壬二（彼之依據）分二：一、教證之依據；二、理證之依據。

癸一、教證之依據：

是故世尊說，人身極難得，

如海中盲龜，頸入軛木孔。

為什麼說人身來之不易呢？出有壞佛陀在經中說，就像大海中盲龜的頸部進入漂浮不定的木軛孔隙內一樣，人身極為難得。《雜阿含經》中云：「『諸比丘，此大地變成一大汪洋，在海面上有一具孔木軛，被風吹動四處漂蕩，另有一盲龜，每百年伸頸一次。諸比丘試想，大海中之龜頸易得入於木軛孔內否？』『世尊，不易。』世尊告言：『諸比丘，與此同理，人身極為難得。』」

癸二、理證之依據：

剎那造重罪，歷劫住無間，

何況無始罪，積重失善趣。

所謂的「剎那造重罪」，如果按照注釋中解釋為「造無間罪等」，顯然是指成事剎那，如果是造諸如對殊勝對境生惡心的罪業，也可以是時際剎那，無論如何，剎那間造重罪者也將在數劫中淪陷無間地獄中，那麼由無始以來在輪迴中積累的罪業而不得善趣下墮惡趣這一點就更不言而喻了。

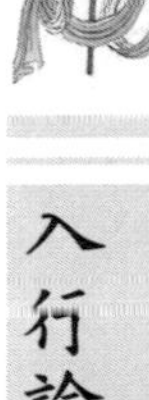

然僅受彼報，苦猶不得脫，

因受惡報時，復生餘多罪。

單單是感受以往罪業的果報，尚且無法擺脫痛苦，而在遭受這些苦楚的同時又要積累其他苦因的罪業。

辛三（得後不勤而捨）分二：一、略說；二、廣說。

壬一、略說：

既得此閒暇，若我不修善，

自欺莫勝此，亦無過此愚。

已經得到了這樣的閒暇人身之後，如果我不修習善法，那麼再沒有比這更大的欺惑了，也再沒有比這更為愚癡的了。

壬二（廣說）分三：一、思維愚笨之果報；二、呵責彼本體；三、觀察彼因。

癸一、思維愚笨之果報：

若我已解此，因癡復怠惰，

則於臨終時，定生大憂苦。

假設我明明知道違越學處的過患，卻因為愚昧所致今後仍然懶懶散散虛度光陰，不努力修學，那麼當死亡到來的時候必然會追悔莫及，憂心忡忡。

難忍地獄火，長久燒身時，

悔火亦炙燃，吾心必痛苦。

死後被地獄那難以忍受的火焰長久焚燒自己的身體

時，再加上難忍的悔恨烈火炎炎，結果自心必定痛苦不堪。

癸二、呵責彼本體：

難得此益身，今既僥倖得，

亦復具智慧，若仍墮地獄，

則如咒所惑，令我心失迷。

極為難得並能成辦利益的暇滿人身如今既然已經僥倖得到，而且自己也具有明曉善惡功過的智慧，如果執迷不悟仍舊為非作歹，導致後世墮入地獄，那顯然已被密咒所迷惑，使我的心不復存在了。

癸三、觀察彼因：

惑患無所知，何蠱藏心耶？

是什麼因造成我迷惑、受騙，以致於先前不知道我的內心到底藏著什麼一個東西？經過觀察就會發現，無非是煩惱在作怪。

庚三（謹慎所斷煩惱）分三：一、觀察所斷煩惱；二、生起斷除欲樂；三、能斷除煩惱而生歡喜。

辛一（觀察所斷煩惱）分二：一、思維煩惱過患；二、作意煩惱非為所依。

壬一（思維煩惱過患）分三：一、非理損害；二、作大損害；三、教誡切莫依止煩惱。

癸一、非理損害：

嗔貪等諸敵，無手也無足，

非勇非精明，役我怎如奴？

嗔恚與貪愛等所有敵人並非是有手有足的，也不是與精進相應的勇士，又不是具有辯才的智者，既然如此，它們怎麼能讓我像奴隸一樣不由自主地任憑指使呢？

惑住我心中，任意傷害我，

猶忍不嗔彼，非當應呵責。

這些煩惱住在我的心裡歡天喜地、肆無忌憚地加害於我，我反而對它不嗔不怒，一直忍氣吞聲，對本不是安忍對境而修忍辱，只能成為正士呵責之處。

癸二、作大損害：

縱使天非天，齊來敵對我，

然彼也不能，擲我入無間。

假設說天神、非天等全部與我為敵，但他們也不能將我引入無間地獄的烈火中。

強力煩惱敵，擲我入獄火，

須彌若遇之，灰燼亦無餘。

然而，如果遇到任何勢力強大的煩惱敵人，卻都能將我剎那間拋到甚至連須彌山也會被焚燒無餘的無間地獄大火中。

吾心煩惱敵，長住無盡期，

其餘世間敵，命不如是久。

我的任何煩惱敵人都是無始無終長久以來的仇敵，而其他所有怨敵壽命也不至於長達這麼久。

癸三、教誡切莫依止煩惱：

若我順侍敵，敵或利樂我，

若隨諸煩惱，徒遭傷害苦。

如果迎合其心，順從其意，百般承侍，那麼其餘所有的怨敵都會利樂於我，倘若隨順一切煩惱，那後果只能是徒勞無益地遭受更大的痛苦與損害而已。

壬二、作意煩惱非為所依：

無始相續敵，孳禍唯一因，

若久住我心，生死怎無懼？

從無始以來長期不斷地加害、增長一切損害的唯一因——煩惱敵人，如果長久定居在我的心中，那麼我如何能不畏懼輪迴而興高采烈呢？一定不會的。

生死牢獄卒，地獄劊子手，

若皆住我心，安樂何能有？

再者，如果致使從輪迴牢獄中不得解脫而作為輪迴獄卒與地獄等處劊子手的這些煩惱一直住在我的心中安營紮寨，那我怎麼會有安樂可言呢？對此不得不慎重思維。

辛二（生起斷除欲樂）分三：一、披上斷惑盔甲；二、莫因痛苦而厭倦；三、堅持不懈對治煩惱。

壬一、披上斷惑盔甲：

乃至吾未能，親滅此惑敵，

盡吾此一生，不應捨精進。

乃至我沒有確定摧毀煩惱這一怨敵之前，我在有生

之年絕不能放棄精進。

於他微小害，尚起嗔惱心，
是故未滅彼，壯士不成眠。

比如，對於暫時造成微不足道損害的普通怨敵也會生起嗔怒之心、傲氣十足的眾生，在未能消滅自己的敵人之前也是夜不成眠，那對於摧毀煩惱仇敵需要精進就更不必說了。

壬二（莫因痛苦而厭倦）分三：一、觀察所斷之罪過而不厭倦；二、觀察對治之功德而不厭倦；三、觀察自己承諾而不厭倦。

癸一、觀察所斷之罪過而不厭倦：

列陣激戰場，奮力欲滅除，
終必自老死，生諸苦惱敵，
僅此尚不顧，箭矛著身苦，
未達目的已，不向後逃逸。

對於不觀待被殺而自然會死亡、煩惱深重苦難重重、成為悲憫對境的仇敵，在沙場排兵布陣進行作戰時，也是想方設法竭盡全力予以消滅，自己居然不顧被箭矛等兵器擊中的痛苦而不達目的誓不逃跑。

況吾正精進，決志欲滅盡，
恆為痛苦因，自然煩惱敵。
故今雖遭致，百般諸痛苦，
然終不應當，喪志生懈怠。

那麼，對於恆時成為一切痛苦之因自性的煩惱怨敵，無論遭受任何令我百般痛苦的損害，也必然要意志堅定、兢兢業業、毫不怯懦地予以摧毀，這一點當然就更不必說了。

癸二、觀察對治之功德而不厭倦：

將士為微利，赴戰遭敵傷，

戰歸炫身傷，猶如佩勛章。

吾今為大利，修行勤精進，

所生暫時苦，云何能害我？

那些在毫無意義作戰的過程中被敵人打傷的將士們，尚且為了表現出英勇無畏而像身體的莊嚴勛章一般來炫耀傷口，我今為了成辦一切眾生的廣大利益而精進，暫時遇到的痛苦怎麼能對我造成損害呢？

漁夫與屠戶，農牧等凡俗，

唯念己自身，求活維生計，

猶忍寒與熱，疲困諸艱辛。

我今為眾樂，云何不稍忍？

再者說，漁夫、屠夫、農民等僅僅考慮到維持自己的生活，也是忍耐嚴寒酷暑等千辛萬苦，為了一切眾生的安樂，我為什麼不能忍受呢？必須要忍受。

癸三、觀察自己承諾而不厭倦：

雖曾立此誓，欲於十方際，

度眾出煩惱，然我未離惑。

出言不量力，云何非癲狂？

雖然曾經立下誓言救度十方天邊無際的一切有情脫離煩惱，但自己還沒有擺脫一切煩惱，我竟然自不量力地說出這樣的大話，難道不是瘋了嗎？簡直與瘋子一模一樣，因此要想度他首先必須要自度。

壬三、堅持不懈對治煩惱：

故於滅煩惱，應恆不退怯。

吾應樂修斷，懷恨與彼戰，

似嗔煩惱心，唯能滅煩惱。

所以，對於摧毀煩惱，我們必須要做到持之以恆、無有退怯。在斷除煩惱這一點上，我應當貪執，懷著憎恨心而與煩惱作戰，力求將它們一網打盡。

如果有人問：雖說一切煩惱都是所斷，但是怎麼可以懷有貪執與憎恨呢？

這種（貪嗔）煩惱是能摧毀一切煩惱的因，所以目前並不屬於所斷，暫時還不能斷除它，當然最終它也要予以擯除，這一點在注釋中有明說。

有些人所謂「這種貪執與憎恨不屬於煩惱」的說法也與《大疏》中所說的「表面是煩惱而實際上並非如此」相吻合。

吾寧被燒殺，或遭斷頭苦，

然心終不屈，順就煩惱敵。

我寧願遭受被烈火焚身、被殘忍殺害或者被砍斷頭

顱的痛苦，也絕不會拜倒在煩惱仇人的腳下任其擺布。

辛三、能斷除煩惱而生歡喜：

常敵受驅逐，仍可據他鄉，

力足旋復返，惑賊不如是。

普通的怨敵一次被驅逐出境，還會住在其他地方重整旗鼓，待到實力雄厚之時卷土再來，進行加害，然而煩惱敵人的情形卻與之截然不同，如果一次從根本上斷除，那麼就不可能再度復返。

惑為慧眼斷，逐已何所住？

云何返害我，然我乏精進。

那麼，如何斷掉煩惱呢？如果詳細分析這個煩惱，則輕而易舉便可摧毀，因而以輕侮之詞稱之為煩惱。《大疏》中云：「此煩惱無有根本之故，僅僅以現見勝義真如而斷，故稱煩惱。」《釋論》中說：「貪等之染污性此等煩惱即……」我們應當通過證悟無我的智慧眼觀察來斷除煩惱，如果它從我的心中遣除，那麼將去往何處呢？必定無處可去。絕對不可能住在某處等到力量強大時再返回來害我。因此，只是我內心怯懦缺乏精進罷了，如果具足精進，那麼不可能不斷除煩惱。

惑非住外境，非住根身間，

亦非其他處，云何害眾生？

如果有人問：該如何以智慧眼來觀呢？

一切煩惱並非住於色等外境中，也不是住在眼根等

諸根中，原因是雖然這些境、根存在，但也會有煩惱不存在的時候。而且煩惱又不住於境根之間，除了這些以外的他處也是沒有的，因為了不可得的緣故。如果觀察這些煩惱到底住在何處損害一切眾生呢？就會發現作害者不成立，儘管顯現為作害，實際上也是如幻術一般現而無實。

惑幻心莫懼，為智應精進。
何苦於地獄，無義受傷害？

為此，我們務必要消除認為煩惱無法斷除的恐懼心理，為了生起智慧而精進。如果有了這種智慧，我怎麼能毫無意義地在地獄等處受害呢？實在不可能落到地獄中。

己三、攝義：

思已當盡力，圓滿諸學處，
若不遵醫囑，病患何能愈？

思維前面所講不放逸的這些意義，為了奉行經論中所說的菩薩學處，務必努力做到不放逸。否則，就像不遵照醫生的囑咐無法通過藥物治療使病痊癒一樣，不可能擺脫煩惱痛苦的疾病。《學集論》中云：「何者不墮落，諸要當知此，我身與受用，三世所生善，皆施諸有情，護持淨增上。」依照此等教證，我們理當倍加精進。

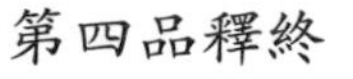
第四品釋終

第五品　正知正念

戊二（正知正念）分三：一、護戒之方便法——護心；二、護心之方便法——護正知正念；三、教誡結合相續而精進。

正念是指憶念自己承諾的所斷與所修，正知是指精通該斷該修的一切事宜。

己一（護戒之方便法——護心）分二：一、略說；二、廣說。

庚一、略說：

欲護學處者，策勵當護心，

若不護此心，不能護學處。

想要不失毀而護學處的人一定要集中精力防護心動搖在顛倒的對境中，因為如果沒有能夠守護住這顆心，就無法護持學處。

庚二（廣說）分四：一、需護心之理由；二、護持方法；三、如是護持之功德；四、需精勤護持之理。

辛一（需護心之理由）分三：一、未護心之過患；二、護心之功德；三、攝義。

壬一、未護心之過患：

若縱狂象心，受難無間獄，

未馴大狂象，為患不及此。

如果讓心的大象在顛倒的外境中放任自流，結果將

導致在無間地獄中受害，而未馴服的狂象並不致於造成這樣的危害。

壬二（護心之功德）分二：一、略說；二、廣說。

癸一、略說：

若以正念索，緊拴心狂象，
怖畏盡消除，福善悉獲至。

如果能夠用正念的繩索將心的大象緊緊地拴在善法的樁子上，那麼一切畏懼都將煙消雲散，一切善法唾手可得。

癸二（廣說）分二：一、遣除怖畏；二、修持善法。

子一（遣除怖畏）分二：一、真實宣說；二、依據。

丑一、真實宣說：

虎獅大象熊，蛇及一切敵，
有情地獄卒，惡神並羅剎，
唯由繫此心，即攝彼一切，
調伏此一心，一切皆馴服。

如果拴住自己的這一顆心，就能繫住老虎、雄獅、大象、馬熊、猛蛇、怨敵、眾生地獄的閻羅卒、凶神惡煞以及羅剎這所有的作害者，換句話說，只是調伏這一顆心，就能調伏一切，如《本生傳》中云：「以彼自性大悲體，如水濕潤而滋潤，彼此之間無害心，猛獸亦如

苦行者。」

丑二、依據：

實語者佛言：一切諸怖畏，

無量眾苦痛，皆從心所生。

如是所有的恐怖與今生來世的無量痛苦均是由自己的顛倒心中產生，這是真實語者佛陀所說的。《寶雲經》中云：「心性若自在，則於諸法皆獲得自在。」又云：「善或不善業，乃由心所積。」《攝正法經》中云：「諸法依賴於自心。」

有情獄兵器，何人故意造？

誰製燒鐵地？女眾從何出？

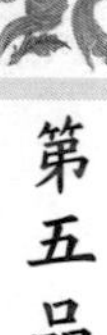

《大疏》與《普明論》中解釋道：否則，眾生地獄的所有兵器是哪些製造者故意造的？燃燒的鐵地又是誰製作的？位於鐵柱山上的這些女人又出自何處？善天尊者也講解成女人，可見，（有些譯師所譯的頌詞中）「火堆從何出」的說法是不正確的，按照上述這些注釋中所說「女人」，或者邦譯師所說的「女眾」是準確的。

佛說彼一切，皆由惡心造，

是故三界中，恐怖莫甚心。

其實，所有這些均是由惡心所生，關於這一點，能仁佛陀在《念住經》等中說：「心乃敵中最大敵，除彼之外無怨敵。」因此說，三界中再沒有比心更可怕的了，所以我們理所應當調伏內心。

子二（修持善法）分六：一、布施度；二、持戒度；三、安忍度；四、精進度；五、靜慮度；六、智慧度。

作為菩薩，身體力行的善法就是六度，實際上六度也是以心為主。

丑一、布施度：

若除眾生貧，始圓施度者，
今猶見飢貧，昔佛云何成？

假設說遣除一切眾生的貧窮者才圓滿布施度的話，那往昔的所有佛陀就成了沒有圓滿布施度，因為如今仍舊有許多眾生貧困不堪。

身財及果德，捨予眾生心，
經說施度圓，故施唯依心。

那麼，對此應當如何理解呢？將內外的一切財物連同施捨這些的善果全部施予一切有情修習究竟而遠離慳吝之心，就是布施度，這是《無盡慧經》中所說的。此經中云：「何為布施度？即施捨一切財物及果法之心。是故，布施度唯是心。」

丑二、持戒度：

遣魚至何方，始得不遭傷？
獲斷惡之心，說為戒度圓。

如果斷絕損害就是持戒度的話，那麼往昔佛陀的戒

律度也沒有圓滿了，原因是只有將魚兒龜類等含生、其他財物、女人遣送到某處，使他們不遭殺害、不被奪取等（才能稱得上戒律圓滿），事實上並沒有遣送，他們仍然在遭受損害。實際上，戒律度指的是斷除對這所有眾生的損害等之心。經中云：「何為戒律度？斷除害他之心。」

丑三、安忍度：

頑者如虛空，豈能盡制彼？
若息此嗔心，則同滅眾敵。

安忍也不應當是指杜絕怨敵或者他的嗔心相續，因為野蠻的眾生如虛空般無邊無際，毀之不盡。實際上，如果摧毀自己的這一顆嗔心，那麼就相當於擊敗了所有的怨敵。

何需足量革，盡覆此大地，
片革墊靴底，即同覆大地。
如是吾不克，盡制諸外敵，
唯應伏此心，何勞制其餘？

例如，整個大地用皮革來覆蓋，皮革又怎麼能完全蓋得完呢？而只是用鞋底大的皮革就相當於覆蓋整個大地。同樣的道理，自己不可能將所有的作害對手一一制服，除了降伏我的這顆嗔心成就安忍，何需制服其他呢？實在是徒勞無益。

丑四、精進度：

生一明定心，亦得梵天果，
身口善縱勤，心弱難成就。

精進也主要是指這顆心，對於「明定心」，《釋論》中說是靜慮戒所攝的明心，善天尊者解釋為無有身語業的心，只生起這樣的一顆明定心的果報也是轉生到梵天等。有些人按照佛經中所說「生起慈心而轉生到梵天」來講解。如果與心的力量毫不相干，那麼身語的業果由於心行微弱而不能產生如此大的果報。

丑五、靜慮度：

雖久習念誦，及餘眾苦行，
然心散它處，佛說彼無益。

靜慮也同樣是以心而成就的。縱然是長期念誦密咒等以及歷經身體的百般苦行，但如果心思散亂在他處，徹見諸法的佛陀說這也意義不大。《攝等持經》中云：「諸比丘，心散亂於欲妙之苦行及諷誦等無有果。」或如《般若經》中云：「心散亂者自利尚不成……」

丑六、智慧度：

若不知此心，奧秘法中尊，
求樂或避苦，無義終漂泊。

正法的內涵殊勝主尊——心的奧秘即是自性空性，《大疏》中說由於它不是凡夫的行境故稱奧秘。《釋論》中說：「無我之真如隱藏於自己的心中。」如果未了達這顆心的奧秘，那麼雖然想離苦得樂，但最終他們的結果只能是毫無意義地漂泊在輪迴中。經中云：「知眾迷亂如野獸入網已，諸智者如鳥翔虛空中。」因此，智慧度也主要是指心，《華嚴經》中亦云：「一切菩薩行均依自心。」方便、願、力、智度也是由智慧度分出來的，因而它們都是以心為主。

壬三、攝義：

故吾當善持，善護此道心，

除此護心戒，何勞戒其餘？

因此，我應當以正念善加把握、以正知善加守護這一顆心，除了護心戒以外其他的許多禁戒有什麼用呢？無有實義。

辛二、護持方法：

如處亂眾中，人皆慎護瘡，

置身惡人群，常護此心傷。

如果處在心思外散、不護威儀的大眾之中，必須要小心謹慎注意傷口。同樣，置身於成為生起煩惱外緣的惡人行列中，如果沒有保護好心的傷口，就會產生痛苦，因此必須恆常護心。

若懼小瘡痛，猶慎護瘡傷，

畏山夾毀者，何不護心傷？

因為懼怕傷痕的小小痛苦尚且謹小慎微，那麼害怕眾合地獄的大山摧毀身體者，如果沒有防微杜漸，就必然造成被其摧毀的後果，為何不防護能導致這種劇苦

——心的瘡傷呢？理當防護。

辛三、如是護持之功德：

行為若如斯，縱住惡人群，

抑處女人窩，勤律終不退。

如果奉持如是的護心行為，那麼無論是處於惡人的群體中還是女人的行列中，精勤穩重地護持戒律的正士，始終不會出現失毀戒律的現象。

辛四、需精勤護持之理：

吾寧失利養，資身眾活計，

亦寧失餘善，終不損此心。

《普明論》中解釋說：我寧願失去自己的齋食等所得之利、頂禮等恭敬以及自己的身體和維生的資具，而且也寧願失去其他自私自利的善法。善天尊者解釋說：但永遠也不能失去這十種菩提心。《大疏》中說是不失毀善心之義。略而言之，所謂的「餘善」是指行持身語之業都可以。如《教王經》中云：「捨我此財護身體，財身皆捨護生命，財身生命此一切，悉皆捨棄護正法。」

己二（護心之方便法——護正知正念）分三：一、教誡護持正知正念；二、未護之過患；三、護持之方法。

庚一、教誡護持正知正念：

合掌誠勸請，欲護自心者，

致力恆守護，正念與正知。

我誠心誠意勸勉：凡是想護心的所有人縱然遇到生命危難也要護持不忘失取捨之處的正念，以及觀察自相續而明確了知取捨的正知。

庚二（未護之過患）分三：一、未護正知正念之過患；二、未護正知之過患；三、未護正念之過患。

辛一、未護正知正念之過患：

身疾所困者，無力為諸業，

如是惑擾心，無力成善業。

譬如，被疾病所困擾的人們對於來來去去等一切事也是無能為力。同樣，由於愚昧不知取捨而擾亂內心的人對一切善事都無能為力。《釋論》中將此偈頌解釋為無有正知的過患，《大疏》中講解為不具正知正念二者的過患。

辛二（未護正知之過患）分二：一、失毀智慧；二、失毀戒律。

壬一、失毀智慧：

心無正知者，聞思修所得，

如漏瓶中水，不復住正念。

《釋論》中解釋說：心中不具有正知的人聞思修的智慧也將如同向漏瓶中注入的水不會存留一樣，所通達的意義不會留存在記憶中，終會忘失無餘。善天尊者解釋為不能明確領受（聞思修的智慧）。

壬二、失毀戒律：

縱信復多聞，數數勤精進，

然因無正知，終染犯墮垢。

縱然是廣聞博學、信心十足、百般精進、恭敬學處，可是由於不具備分別觀察自己行為的正知，那麼以這種過患所致終將染上墮罪的污垢。

辛三、未護正念之過患：

惑賊無正知，尾隨念失後，

盜昔所聚福，令墮諸惡趣。

無有正知的煩惱盜匪緊緊尾隨在喪失正念者的後面，就像盜賊搶奪財物一樣將他們昔日所積的福德一掃而光，從而使他們墮入惡趣之中。

此群煩惱賊，尋隙欲打劫，

得便奪善財，復毀善趣命。

《大疏》中解釋道：這群煩惱的土匪盜賊勢力增長壯大以後便尋找作害的機會，一旦有機可乘便搶劫所有善法的財產，同時也摧毀獲得善趣的命根，原因是無有善法的路糧資本（也就不會獲得善趣）。

庚三（護持之方法）分二：一、護持正念之方法；二、護持正知之方法。

辛一（護持正念之方法）分三：一、護持方式；二、生起之因；三、護持之果。

壬一、護持方式：

故終不稍縱，正念離意門，

離則思諸患，復住於正念。

《大疏》中解釋說：如果沒有護持正念，就必然會有許多過患產生，因此時刻也不能讓正念離開心意的家門。假設它已離開，那麼就要憶念它的後果——惡趣痛苦，從而再度安住於正念中。

壬二、生起之因：

恆隨上師尊，堪布賜開示，

畏敬有緣者，恆易生正念。

依止堪布等上師與修行正法的道友，他們會開示取捨的道理，如果違越取捨之處，唯恐遭到他們的恥笑，所以恭敬學處的具緣者依此輕而易舉便可生起正念。

佛及菩薩眾，無礙見一切，

故吾諸言行，必現彼等前。

如是思維已，則生慚敬畏。

此外，想到諸佛菩薩具有時刻無礙照見一切萬法的慧眼，我的所有言談舉止恆常都會呈現在他們面前，考慮這一點而懷著知慚、恭敬學處與害怕他們恥笑的畏懼，這樣一來，自然就會具足正念。如《本生傳》中云：「未被見中造諸罪，然如食毒豈有樂，天眾以及瑜伽士，清淨慧眼必現見。」

壬三、護持之果：

循此復極易，殷殷隨念佛。

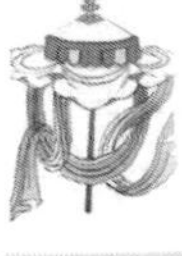

為護心意門，安住正念已，

正知即隨臨，逝者亦復返。

隨著如此這般深思也會自然而然不斷隨念佛陀。什麼時候，正念一直站崗守在心的門前防止煩惱乘虛直入，當時正知也會毫不費力地到來，而且以前已經離開的也會再度返回。

辛二（護持正知之方法）分三：一、正知之前行；二、一同趨入；三、略說護持正知之法相。

壬一、正知之前行：

心意初生際，知其有過已，

即時當穩重，堅持住如樹。

在行事之初，首先要觀察內心，如果發現它處在污染性的狀態，就說明這種心具有過患。當時，自己一定要做到如樹般安穩，不為煩惱所動而安住。

壬二（一同趨入）分四：一、觀察三門狀態；二、觀後當控制；三、控制後作修心之行；四、成圓滿學處之支分。

癸一（觀察三門狀態）分三：一、觀察身體所做；二、觀察心之動態；三、開許放鬆之時。

子一、觀察身體所做：

吾終不應當，無義散漫望，

決志當恆常，垂眼向下看。

任何時候，我都不應該毫無意義地散亂觀瞧，要一門心思專注在取捨的道理上，恆時目光垂視一木軛許的地方。

蘇息吾眼故，偶宜顧四方，

若見有人至，正視道善來。

當眼睛過於疲勞的時候，為了休息可以偶爾眺望四方。如若看見有人，就該平和正視溫和說道「您善來」。有些注釋中解釋：「說善來，為事而觀看。」

為察道途險，四處頻觀望，

憩時宜回顧，背面細檢索。

啟程上路的時候，為了察看歧途、盜匪等危險畏懼，緩慢觀察相應的方向。當有必要再三迅速觀看四方，為了消除掉舉的危害，稍作休息，這時候應回過頭來觀望，對後方進行詳細檢查。

前後視察已，續行或折返，

故於一切時，應視所需行。

對前前後後作了詳細審視之後，才可以繼續前行或者返回。以這方面為例，在四威儀的一切時分，都應當了知必要而行。

欲身如是住，安妥威儀已，

時時應細察，此身云何住。

即將置身於值得做的事情時，要清楚心的動態，確定或妥善安排好之後在行事的過程中也要關注身體是否按照前面所思維的那樣安住了。

子二、觀察心之動態：

盡力遍觀察，此若狂象心，

緊繫念法柱，已拴未失否？

我們應當盡心盡力仔仔細細觀察心的這隻狂象，是否已拴在思念利益自他正法的大柱子上而沒有讓它跑到顛倒的歧途上去。

精進習定者，剎那勿弛散，

念念恆伺察，吾意何所之？

觀察的方式：竭盡全力精進修持一緣專注善法的等持，一剎那也不散亂於顛倒的對境，心心念念細緻觀察我的這顆心到底在享用善不善何種對境？

子三、開許放鬆之時：

危難喜慶時，心散亦應安，

經說行施時，可捨微細戒。

在有損生命等的危難情況下或者供養三寶等歡慶節日，尤其是與眾生重大利益等攸息相關的時刻，假設實在無法做到這樣嚴格約束的威儀，則開許相應場合的舉止酌情而為，諸如在布施時某些戒律可以擱置。《無盡慧請問經》中云：「布施之時，歸戒可捨置。」此義在《釋論》中解釋說：例如，為了賜予遭殺的眾生無畏施，明明看見他而妄說沒有看見。

思已欲為時，莫更思他事，

心志應專一，且先成辦彼。

如是事皆成，否則俱不成。

隨眠不正知，由是不增盛。

對於力量相等的所有善事，首先考慮好做哪一件，一開始做時就要放棄其餘的事，而專心致志地成辦這一件事。待此事完成以後再做其餘之事，這樣一來，前後的一切事情都會順利成辦，否則前後兩件事都不會圓滿。有條不紊次序井然奉行善法，就不會導致非為正知的隨眠煩惱增盛。

癸二（觀後當控制）分三：一、中止非事；二、行持應事；三、修未如是行之對治。

子一（中止非事）分三：一、斷除貪執散漫；二、斷除無義之事；三、斷除煩惱引發之事。

丑一、斷除貪執散漫：

無義眾閒談，諸多賞心劇，

臨彼境界時，當斷意貪著。

當介入各種各樣的閒言碎語、無稽之談中或者觀賞神奇魔術等豐富多彩的節目時，一定要斷除迷戀這些的心理。

丑二、斷除無義之事：

無義掘挖割，於地繪圖時，

當憶如來教，懼罪捨彼行。

如果在毫無意義的情況下進行挖地、割草、在地上畫畫等，就要憶念如來所制定的不應做的那些學處，以

懼怕違越佛制戒的心態立即予以放棄。

丑三（斷除煩惱引發之事）分三：一、略說；二、廣說；三、攝義。

寅一、略說：

若身欲移動，或口欲出言，

應先觀自心，安穩如理行。

無論是身體要行動還是口中要講話，首先都要觀察自心的動機，絕不能隨煩惱所轉，而務必做到穩重如理地奉行善法。

寅二、廣說：

吾意正生貪，或欲嗔恨時，

言行應暫止，如樹安穩住。

什麼時候發現自己在萌生貪念或者嗔心，當時，由此心態導致的業必將是不善業，所以言語行為應該中止，了知一切法無作而如樹般安住於無作的狀態中。

掉舉與諷刺，傲慢或驕矜，

或欲評論他，或思偽與詐，

或思勤自讚，或欲詆毀他，

粗言並離間，如樹應安住。

心思旁騖，附帶著口中冷嘲熱諷，心中也是生起我慢，驕傲自滿，對自己的財富過分貪執喜愛，或者想對別人的過患品頭論足，或者考慮以虛偽狡詐的手段欺騙他眾，善天尊者總結「偽與詐」而解釋為諂誑。或者，

想竭力自我讚歎或詆毀他人，口出粗語，挑起爭端，在懷有這些念頭的時候應該如樹般安住。

或思名利敬，若欲差僕役，

若欲人侍奉，如樹應安住。

如果貪圖名聞利養，恭敬愛戴，或者想差遣僕從眷屬做事，或者心裡想讓別人為自己洗腳等作承侍，當出現這些心態的時候應該如樹般安住。

欲削棄他利，或欲圖己利，

因是欲語時，如樹應安住。

如果貪圖自私自利而想放棄利他而希求眷屬，有些注釋中將「圖己利」講解為貪圖弟子。並且想說有關自利方面的言語，當萌生這些心念時，要如樹般安住。

不耐懶與懼，無恥言無義，

親友愛若生，如樹應安住。

不能忍耐、懈怠懶惰，生起恐怖，厚顏無恥、廢話連篇，對於自方過分貪愛之心生起時，一定要做到如樹般安住。

寅三、攝義：

應觀此染污，好行無義心，

知已當對治，堅持守此意。

我們應當觀察是否出現了具有染污性、勤於無義之事的心態，如果出現了，那麼菩薩勇士即刻就要對治，不要偏向動搖在自我一方而要穩固地受持這顆菩提心。

子二、行持應事：

深信極肯定，堅穩恭有禮，
知慚畏因果，寂靜勤予樂。

對此，《普明論》中是如此講解的：恆時深信不移、極為堅定地立誓行善，見到善法的功德而歡欣鼓舞，縱遇困難也不退步，意志穩固，滿懷恭敬之心意念頂禮，所謂的「恭敬」是指身體等禮拜。警惕惡行知慚有愧，畏懼罪業，（謹慎因果，）守護根門，從而做到威儀寂靜調柔，努力使其他有情心生歡喜。

愚稚意不合，心且莫生厭，
彼乃惑所生，思已應懷慈。

凡夫愚者的意願互不相合，對此心裡不要生起厭煩，即便受到他們的加害，也應當想到他們是由於生起煩惱而不由自主地萌生害心，這樣思維以後會對他們更加滿懷慈憫之情。如《經莊嚴論》中云：「眾無自在恆造罪，智者不執彼為過，謂不欲中顛倒行，於其悲憫更增盛㉗。」

為自及有情，利行不犯罪，
更以幻化觀，恆常守此意。

為了利益自己與一切有情而行持無罪之事，或者按照《釋論》中所說，分別從自己與眾生的角度而說知慚、有愧。倘若做到了這一點，那麼所作所為再進一步

㉗唐譯：眾生不自在，常作諸惡業，忍彼增悲故，無惱亦無違。

觀如幻化，無有傲慢而恆時守護此心。

子三（修未如是行之對治）分二：一、思維暇滿難得；二、已得當取實義。

丑一、思維暇滿難得：

吾當再三思，歷劫得暇滿，

故應持此心，不動如須彌。

我應當反反覆覆思維，歷經累劫才幸運獲得了難得殊勝的暇滿人身，因此要像前面所說那樣受持這顆心，力求宛如須彌山一般不為煩惱所動搖。

丑二（已得當取實義）分二：一、身體無有所貪精華；二、依身當修法。

寅一、身體無有所貪精華：

禿鷹貪食肉，爭奪扯我屍，

若汝不經意，云何今愛惜？

善天尊者說要護持這顆心，而不是愛護身體，因為身體對自利起不到任何作用。慧源尊者與普明尊者也是以此為連接文而講解的，《釋論》中解釋說：請問你為什麼保護身體呢？

倘若回答說：如果不加保護，那麼它就會不高興。死亡時，鷹鷲由於貪肉而互相爭奪撕扯屍體，那時你心裡並沒有不高興，為什麼現在這般珍愛身體而任其指使呢？

意汝於此身，何故執且護？

汝彼既各別，於汝何所需？

心意啊，你為什麼將這個身體執為我所而加以保護？如果認為：我需要它。心意啊，既然你與這個身體二者是各自分開的，那麼身體它對你來說又有什麼用途呢？

癡意汝云何，不護淨樹身，

何苦勤守護，腐朽臭皮囊？

如果心想，雖然我與身體是異體，我還是需要一個依存處，因此才執著這個身體。那麼愚癡的心意你為何不護持潔淨的樹木軀幹呢？理當護持。又何苦偏偏要愛護這個不清淨物聚合迷亂腐朽的臭皮囊呢？

首當以意觀，析出表皮層，

次以智慧劍，剔肉離身骨。

如果有人問：假設說身體不具有潔淨等精華，那是如何不清淨的呢？

首先我們以自己的智慧將表皮的層次從肉中剖析出來。再以智慧的寶劍將肉從骨骼中剔離下來。

復解諸骨骼，審觀至於髓，

當自如是究，何處見精妙。

接著再將所有骨骼解剖開來，一直審視觀察到骨髓之間。自己詳察細究看看這個身體到底有什麼潔淨等精華。

如是勤尋覓，若未見精妙，

何故猶貪著，愛護此垢身？

如果通過一番辛苦尋找，結果你並未見到精華妙用，那麼你為何仍舊執迷不悟地貪執並精心愛護這個污濁的身體呢？

若垢不堪食，身血不宜飲，

腸胃不適吮，身復何所需？

貪身唯一因，為護狐鷲食。

如果說：儘管如此，但還需要享用身體。你既不能食用不淨物，也不能飲用血液，又不能吮吸腸胃，那麼身體究竟對你有什麼用呢？你自己是根本不能享用這個身體的。看來你（貪執愛護這個身體的唯一原因）就是為保護狐狸、鷹鷲食用。

寅二、依身當修法：

故應惜此身，獨為修諸善，

縱汝護如此，死神不留情，

奪已施鷲狗，屆時復何如？

實際上，人們之所以要愛護這個身體，本應當是唯一為了修行善法。其實，就算你百般精心呵護，然而死神卻不會有仁慈心腸，他會毫不留情地搶奪過去而施給鷹鷲等飛禽以及餓狗，到那時你又該怎麼辦呢？

若僕不堪使，主不與衣食，

養身而它去，為何善養護？

打個比方來說，奴僕隨從不聽從使命，主人尚且不

給予衣服食物等，雖然保養這個身體，但它最終必將去往他處，你為何還辛辛苦苦地養育愛護它呢？

即酬彼薪資，當令辦吾利，

無益則於彼，一切不應與。

善天尊者解釋道：既然已經酬謝這個身體而予以了衣食等薪水，現在就理所應當讓他成辦自利——他利，如果無有利他的意義，一切都不要給予這個身體。

念身如舟楫，唯充去來依，

為辦有情利，修成如意身。

因此，我們應當只是將這個身體看成是過河的船隻，充當來去的所依，也就是作為自他渡過輪迴海等的依處，將身體作船想而為了成辦一切眾生的利益，依靠它來修成如意身也就是轉變為佛身。

癸三（控制後作修心之行）分三：一、一切行為中當具正知；二、主要宣說修心；三、淨除成為心之障礙。

子一（一切行為中當具正知）分四：一、總說一切時分所作之行；二、尤其趨入善法之行；三、斷除成為世間不信之行；四、護持睡眠對境之理。

丑一（總說一切時分所作之行）分三：一、平時行為寂靜；二、必定隨順他眾；三、善行自己之事。

寅一、平時行為寂靜：

自主己身心，恆常露笑顏，

平息怒紋眉，眾友正實語。

自己已主宰了自己的身心之後，就要常常面帶笑容，杜絕怒容滿面、橫眉冷對，與成辦眾生利益的友人公正不阿、直言不諱、實實在在地暢所欲言。

移座勿隨意，至發大音聲，
開門勿粗暴，常喜寂靜行。
水鷗貓盜賊，無聲行隱蔽，
故成所欲事，能仁如是行。

當移動床榻與坐墊時，不要不經觀察、隨隨便便、粗心大意用力過猛以至於發出巨大的響聲。開門時也不能十分粗暴，恆常斷除粗魯的行為而喜愛寂靜的威儀。例如，水鷗、貓與盜賊都是悄聲潛行，以達到成辦自己所求之事的目的，同樣，能仁或者持禁行的菩薩時時刻刻、一言一行都要做到如此寂靜。

寅二、必定隨順他眾：

宜善勸勉人，未請饒益語，
恭敬且頂戴，恆為眾人徒。
一切妙雋語，皆讚為善說，
見人行福善，讚歎生歡喜。

對於善巧勸勉他人棄惡從善之類的忠告並且未受委託也心甘情願利益他眾的諸位大德的語言要畢恭畢敬頂戴，無有我慢恆常作為眾人的弟子。無有嫉妒，對一切講經說法的妙語均讚為善說。如果見到有人積功累德之

事，則先讚揚此為善舉並生起歡喜心。

暗稱他人功，隨和他人德，

聞人稱己德，應曉知德者。

為了避免阿諛奉承之嫌而要在暗中稱讚別人的功德。當聽到有人宣說別人功德的時候，自己也要隨聲附和，欣然贊同。當有菩薩評讚自己的功德時，要認識到別人已經知道了我的功德，而不能驕傲自滿。

一切行為喜，此喜價難估，

故當依他德，安享隨喜樂。

如是而行者，他人的一切善行也已成為自己歡喜之因，這種歡喜實在難能可貴，用錢難以買到，因此我們理當依靠他人所做的功德自己安然地享受隨喜的快樂。

如是今無損，來世樂亦多，

反之因嗔苦，後世苦更增。

這樣一來，自己今生中也不會有受用等損失衰敗的遭遇，並且來世還會獲得更大的快樂。相反，如果對他人的功德生起嗔心，則依此過患所致即生中也會悶悶不樂，極度苦惱，來世更是苦不堪言。

寅三、善行自己之事：

出言當稱意，義明語相關，

悅意離貪嗔，柔和調適中。

我們在和別人交談時，說話要相合對方的心意，值得信任，並且相應場合，順序相關，意義明確，令人悅

意，不懷有貪嗔的動機，聲音柔和，多少適度。

眼見有情時，誠慈而視之，
念我依於彼，乃能成佛道。

當看見眾生時，不觀過患或毫不虛偽以誠摯慈愛的表情而目視，也應當念及依靠他們我才能成就佛道。

丑二（尤其趣入善法之行）分二：一、自己修行之理；二、饒益他眾之理。

寅一（自己修行之理）分三：一、宣說所修有力善法；二、修行方法；三、宣說勝劣取捨。

卯一、宣說所修有力善法：

恆依強欲樂，或依對治引，
以恩悲福田，成就大福善。

我們要連續不斷，以強烈的欲求心或者憑藉能摧毀其違品的對治而引發，依靠對境佛陀等功德福田、大恩父母等利益恩田、可憐的病人等痛苦悲田來成辦廣大福德善事。（對這些田做）不善業也是同樣（導致嚴重的惡果），《親友書》中云：「恆貪不具對治法，功德主田之事生，五種善惡更為重，故當精勤行大善。」

卯二、修行方法：

善巧具信已，即當常修善，
眾善己應為，誰亦不仰仗。

當明確知曉強有力的善法並且具備自信心與歡喜心以後，自己就要恆時修持有利於自他的所有善法，一切

事情，獨立自主盡力而為，不要依靠其他任何人。如此並不存在不勸別人行善的過失，當然如果能夠勸勉別人行善，還是要竭力奉勸。

卯三、宣說勝劣取捨：

施等波羅蜜，層層漸升進，

勿因小失大，大處思利他。

首先要對布施等六度進行抉擇，再循序漸進而身體力行，由於後後更為殊勝，因此應當行持後後。雖說上下順序原本如此，但是就像前文中所舉的例子那樣，絕不能為了一些微小的戒律而放棄廣大的布施。那麼大小是以什麼來安立的呢？《釋論》中說，大處主要思維他眾的利益，著眼點也要放在這一大處上。

寅二（饒益他眾之理）分二：一、略說；二、廣說。

卯一、略說

前理既已明，應勤饒益他，

慧遠具悲者，佛亦開諸遮。

剛剛講的道理既然已經明確，接下來就要時時刻刻、兢兢業業利益他眾。如果對他眾有利，那麼具有大慈大悲、高瞻遠矚、徹知一切取捨處的佛陀，對貪執自利、智慧淺薄的愚者所遮止的學處也有開許。正如《大密善巧方便經》中講述：大悲商主殺持短矛的俗人而積累十萬劫資糧、摧毀輪迴。

卯二（廣說）分二：一、以財饒益；二、以法饒益。

辰一（以財饒益）分二：一、施衣食之方式；二、施身之方式。

巳一、施衣食之方式：

食當與墮者，無怙住戒者，

己食唯適量，三衣餘盡施，

（平日裡，）我們要在自己所擁有的齋食中拿出一份施給墮入邪道的旁生、餓鬼以及無依無怙的乞丐等，還有持梵淨行的守戒者。一般來說，應該將食物分成四份，如《親友書》中云：「了知飲食如良藥，無有貪嗔而享用。」為了避免造成身體過於單薄或過於沉重，一定要做到飲食適量，如果懷著貪欲等煩惱心來享用而不精勤（憶念）善法，吃吃喝喝也會成為罪業。如《月燈經》中云：「彼等化緣得美食，不修瑜伽而享用，彼等彼食變成毒，如牛犢食髒蓮根。」

（出家僧人）自己除了所穿著的祖衣、七衣、五衣以外，剩餘的所有資具全部要布施。《菩薩別解脫經》中云：「設若有者來乞缽盂、法衣，今有佛陀開許之三衣外剩餘者，當如法施捨。設若三衣不足，依何而住梵行，故莫施捨。何以故？善逝言：『莫施三衣。』」

巳二、施身之方式：

修行正法身，莫為小故傷，

行此眾生願，迅速得圓滿。

我們絕不能為了給他人微不足道的小恩小惠而故意傷害修行正法的身體。倘若愛護奉行正法的這個身體，漸漸地，也能很快滿足眾生的意願。《四百論》中云：「雖見身如怨，然應保護身，具戒久存活，能作大福德。」

悲願未清淨，不應施此身，

今生或他生，利大乃可捨。

「悲願未清淨」是指還沒有進入清淨意樂地之前，切切不可直接布施這個身體，因為這樣做不一定對他眾有利，而且可能導致心生後悔、退失道心而成為善法的障礙。《學集論》中也說：「譬如藥樹見而喜，根等當淨施種子，非享用時當保護，圓佛藥樹亦復然。」對此，有些論中說「意樂平等時可以布施彼」，而普明尊者並沒有這樣來解釋。

倘若有人問：如果不捨身體，那不是與誓言相違了嗎？

並不相違。《釋論》中說：在今生今世或者其他生世中作為成辦眾生大利之因而充當他眾僕人。待到以後意樂已得清淨之時，理所應當布施身體。

辰二、以法饒益：

無病而覆頭，纏頭或撐傘，

手持刀兵杖，不敬勿說法。

對於無病而蒙頭、纏頭、打傘、拄手杖、持兵刃這些無有恭敬心者，一律不要講經說法。

莫示無伴女，慧淺莫言深，

於諸淺深法，等敬漸修習。

（出家的法師）在寂靜的地方不應為單獨的女人講法，對於智慧淺薄的人不能傳講深廣法門及無生空性。對於聲聞小乘與殊勝大乘的法門要同等恭敬而加以修習，否則將導致捨棄正法。如《攝諸法經》中云：「文殊，有者於善逝所說之法作有者善妙、有者惡劣之想，則彼已捨正法。」

於諸利根器，不應與淺法，

不應捨律行，經咒誑惑人。

對於所有堪為廣大法門的根器者不應當傳授淺顯的法門。《寶積經》中云：「於不堪為法器之眾生宣講廣大佛法，乃菩薩之錯；於信解廣大法門之眾生宣說小乘，乃菩薩之錯。」所謂的「行」是說既不能將學處完全棄之一旁，也不能以「只是誦經念咒就能解脫」的欺人之談來蠱惑眾生。

丑三、斷除成為世間不信之行：

牙木與唾涕，棄時應掩蔽，

用水及淨地，不應棄屎尿。

在丟棄不乾淨的牙木、唾液、鼻涕時，要用土等掩蓋起來。不能在可使用的水、草地處解大小便等。

食時莫滿口，出聲與咧嘴，

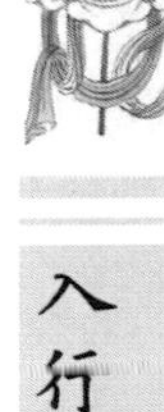

坐時勿伸足，雙手莫揉搓。

進餐時，口中的食物不能滿滿當當，也不要發出「加加」等大的聲音，嘴巴也不可張得過大。安坐的時候，不能伸足，也不能雙手同時搓來搓去。

車床幽隱處，莫會他人婦，

世間所不信，觀詢而捨棄。

無論是出家還是在家人，在同一車乘床墊與房間內幽靜隱蔽之處，不要與他者的女人坐在一起。作為出家僧人切莫與任何女人坐在一處。總而言之，成為世人不起信心的所有行為，自己發現或者請問諸位智者而予以斷除。

單指莫示意，心當懷恭敬，

平伸右手掌，示路亦如是。

在為別人指路時，不應該用左手或單個手指來指示，因為這是對他人輕視或不恭敬的行為。而要滿懷恭敬之心展右手而指點道路。

肩臂莫揮擺，示意以微動，

出聲及彈指，否則易失儀。

僅僅為了區區小事而打手勢，肩臂不能大幅度揮動，要以稍稍動搖、輕輕出聲或彈指來作表示。如果在他人面前，沒有必要的情況下，身語威儀過於粗魯，顯然就成了不嚴謹的行為。如此一來，勢必導致世間俗人不生信心，如果不予以斷除，就不能成辦他利，而成為無義的外緣，《學集論》中云：「彼非應受持，世間侮佛苗（佛子），如灰覆之火，眾生獄等燒。」所以，務必要努力斷除不如法的行為。

丑四、護持睡眠對境之理：

睡如佛涅槃，應朝欲方臥，

正知並決志，覺已速起身。

當初夜結束時，開始入睡，就像怙主佛陀示現涅槃時的吉祥臥一樣右側下臥、以足壓足，右手伸到右臉頰下，左手伸在左腿上。（出家人）身上用法衣蓋好，頭部隨意朝向一方而入眠。在入睡之前要具足正知，懷著為了行善而盡快起床的心態。如《寶雲經》中說：「入眠之時，右臥而眠，足置足上，以身覆法衣而具足正知正念，以起床想與光明想而入眠。」

子二、主要宣說修心：

菩薩諸行儀，經說無有盡，

然當盡己力，修持淨心行。

對於菩薩的所有行為，經中宣說了無量無邊的分類，當然無法一一實行，然而我們一定要盡己所能修持前面所說淨化心地的行為。

子三、淨除成為心之障礙：

晝夜當各三，誦讀三聚經，

依佛菩提心，悔除墮罪餘。

我們力求做到白日三次、夜晚三次，念誦懺悔罪業、隨喜福德、善根迴向菩提的《三聚經》。皈依佛菩薩、依止菩提心、具足四對治力，從而使前面所說的根本墮罪以外的剩餘罪業得以淨除。

癸四（成圓滿學處之支分）分五：一、精勤修學學處；二、修學多種知識；三、刻意修學利他；四、依止善友善知識方式；五、為了知學處而參閱經典等。

子一、精勤修學學處：

為自或為他，何時修何行，

佛說諸學處，皆當勤修習。

我們無論是為了自己還是為了他眾，不管在何時何地所作所為，務必要按照佛陀所說的學處而應時精進學修。

子二、修學多種知識：

佛子不需學，畢竟皆無有，

善學若如是，福德焉不至？

一切佛子沒有任何不需要學習的知識，因為如果不了達任何一法，都不能圓滿利他。《經莊嚴論》中云：「若未通五明，聖者不成佛，為制服攝他，自知而學之[28]。」對於如此詳細了達一切學處且守戒的智者來說，哪還會有不成福德的事呢？

子三、刻意修學利他：

直接或間接，所行唯利他，

[28]唐譯：菩薩習五明，總為求種智，解伏信治攝，為五五別求。

為利諸有情，迴向大菩提。

我們無論是直接還是間接，唯一要做的事就是利益眾生，並且為了有情的利益而將所有善根迴向大菩提。

子四、依止善友善知識方式：

捨命亦不離，善巧大乘義，

安住淨律儀，珍貴善知識。

應如吉祥生，修學侍師規。

縱然為了自己的生命也絕不能捨棄精通大乘教義、清淨守持菩薩戒的珍貴善知識，乘即是指依之能行，所謂的大乘具足七種廣大特點。如《經莊嚴論》中云：「所緣及修行，智慧勤精進，善巧方便法，真實成就大，佛陀事業大，具此七大故，決定稱大乘[29]。」

依止上師的方式：就像《華嚴經》記載吉祥生童子的傳記中依止上師的方式那樣，此經中云：當以不厭承擔一切重擔如大地之心；意樂不退轉如金剛之心；不為一切痛苦所動如鐵圍山之心；不放棄一切所行之事如奴僕之心；遠離貢高我慢如笤帚之心；擔負一切重擔如乘之心；不嗔不怒如犬之心；不厭來來去去如船筏之心；承侍上師如孝子之心而恭敬承侍善知識。善男子，汝當於自己作病人想；於善知識作醫師想；於正法作妙藥想；於精進修行作療病想。

子五、為了知學處而參閱經典等：

[29]唐譯：緣行智勤巧，果事皆具足，依此七大義，建立於大乘。

此及餘學處，閱經即能知，

經中學處廣，故應閱經藏。

對於此論中所說的這些學處以及佛陀所開示的其餘所有學處，通過閱讀經部便能一目了然。所有學處在一切經中都有明顯提及。

首當先閱覽，虛空藏經部，

亦當勤閱讀，學處總集論，

佛子恆修行，學集廣說故。

其中最先要讀閱《虛空藏經》，此經中宣說了墮罪與還淨方法，這些都是需要首先了知的。寂天阿闍黎所著的《學集論》也必定要反覆閱讀。為什麼呢？因為此論中對菩薩常常要行持的事宜闡述得極為詳細。

或暫閱精簡，一切經集論。

亦當偶披閱，龍樹二論典。

或者暫時閱讀寂天菩薩總結所有經典的句義而造的《經集論》。勤奮研讀聖者龍樹菩薩所造的《學集論》與《經集論》。《大疏》中說：之所以在此論中未加以闡述是考慮到彼等論典中有明說。

經論所未遮，皆當勤修學。

為護世人心，知已即當行。

我們應當行持在任何經論中也未遮止的行為，為了避免世人不起信心，而參閱《學集論》等論典以後就要真實付諸實踐。

壬三、略說護持正知之法相：

再三宜深觀，身心諸狀態，

僅此簡言之，即護正知義。

我們務必要以明曉取捨的智慧再三觀察自己的身體、語言以及心的狀態，略而言之，這就是護持正知的法相。

己三、教誡結合相續而精進：

法應恭謹行，徒說豈有益？

唯閱療病方，疾患云何愈？

我們的心身如果沒有實地去修這些應行的修法，而只是空口言說又能有什麼收益呢？比如僅僅讀一讀、看一看藥方，疾病怎麼就會痊癒呢？根本不會痊癒。

不具正知念雙目，聞等身體縱強壯，

亦不能越輪迴地，故智者當護知念。

第五品釋終

第六品　安忍

丁二（安忍）分二：一、當修安忍；二、修持方法。

戊一（當修安忍）分二：一、嗔恨之過患；二、安忍之功德。

己一（嗔恨之過患）分三：一、未見之果；二、已見之果；三、概述。

庚一、未見之果：

一嗔能摧毀，千劫所積聚，

施供善逝等，一切諸福善。

注釋中解釋說：只是生起一個嗔心就足以摧毀千劫中所積累的布施、供養佛陀等三寶以及嚴謹持戒這所有的福德。《文殊遊舞經》中云：「文殊，所謂嗔心能毀百劫所積之善。」

對此從所毀、能毀、摧毀方式三個方面加以闡述。

一、所毀：一般來說，所毀的善法有三種，即未以方便智慧所攝持的隨福德分善、以證悟無我所攝的隨解脫分善以及被方便智慧所攝的大乘善法，這裡指的是其中的第一種。

二、能毀：緣殊勝對境而生起十分猛烈的嗔恨心，後來也無有後悔等對治法。

三、摧毀方式：有人說：「並不是從根本上摧毀種子，而是壓服順次生受業的能力後轉為順後生受業。其原因是較深重罪業的果報也是首先成熟，羅睺羅尊者親言：『業之重果報，若近若串習，若前彼等中，前前將成熟。』」但感受時間改變實際上對隨解脫分善也可以，因此所毀的善根並不固定，摧毀的方式也沒有固定[30]。《說一切有部經》中云：「優波離，大善根亦滅低、淨除、滅盡無餘，是故甚至對木爐亦不能生嗔心，更何況說於有心識之身。」

罪惡莫過嗔，難行莫勝忍，

故應以眾理，努力修安忍。

所有罪惡中再沒有超過嗔心的了，而且艱難的苦行也無有勝過對治嗔心的安忍，因而要依靠眾多道理千方百計努力修忍辱。

庚二、已見之果：

若心執灼嗔，意即不寂靜，

喜樂亦難生，煩躁不成眠。

如果懷有熾灼的嗔恚之心，那麼就會心煩意亂，十分痛苦，不可能處於平靜的心態中，

這樣一來，當然也就難以得到意樂與五根門的從屬安樂，以致於夜不成眠，煩躁不安，身心無法堪能。

縱人以利敬，恩施來依者，

施主若易嗔，反遭彼弒害。

嗔令親友厭，雖施亦不依。

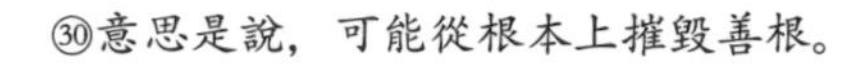

[30]意思是說，可能從根本上摧毀善根。

儘管主人以財產的利益與恭敬的恩惠賜給那些前來依靠他們的僕人，但如果主人易嗔易怒，反而會遭到他們的反抗殺害。嗔心使親友心生厭煩，雖然以布施來攝集有情，但由於被嗔心控制使得一切有情都不與之親近、交往。

庚三、概述：

若心有嗔恚，安樂不久住，

嗔敵能招致，如上諸苦患。

總而言之，由嗔怒導致而不會擁有安樂，因此，嗔恨的敵人會帶來諸如上述今世以及其他的痛苦過患。

己二、安忍之功德：

精勤滅嗔者，享樂今後世。

如果全力以赴摧毀嗔恨，那麼此人無論今生還是他世都會享受快樂。

戊二（修持方法）分二：一、略說；二、廣說。

己一（略說）分二：一、思維所斷因之過患；二、理當遣除。

庚一、思維所斷因之過患；

強行我不欲，或撓吾所欲，

得此不樂食，嗔盛毀自己。

強制性地給我造成不幸、百般阻撓我所希求之事，得到這種不悅意的食物，嗔心的能力就會大大增強，足以毀滅自己。

庚二、理當遣除：

故當盡斷除，嗔敵諸糧食，

此敵唯害我，更無他餘事。

因此，理所應當斷絕自己的這個嗔恨敵人的不悅意「食物」。原因是，這位怨敵除了如此加害我以外再沒有其餘的事情了。

遭遇任何事，莫擾歡喜心，

憂惱不濟事，反失諸善行。

無論遇到任何事，自己都不要擾亂歡喜的情緒而造成心不愉快。即使憂愁苦惱也無濟於事，根本實現不了願望，反而會失毀一切高尚的行為。

若事尚可改，云何不歡喜，

若已不濟事，憂惱有何益？

再者說，假設事情尚有可扭轉的餘地，那麼還有什麼不高興的呢？倘若已經不可救藥，那憂愁苦惱又有什麼用呢？根本無有任何利益，因此悶悶不樂實不合理。

己二（廣說）分二：一、總說嗔恨對境之分類；二、遮破嗔彼。

庚一、總說嗔恨對境之分類：

不欲我與友，歷苦遭輕蔑，

聞受粗鄙語，於敵則相反。

由於仇人使我或我的親友們飽嘗痛苦、遭遇不幸；對我們百般侮辱使我們得不到利養；讓我們聽到惡語中

傷；毀壞名譽的刺耳語言。給我方帶來的是這四種不願意，相反的四種是我們所希望的事。而對我的怨敵則與此相反，讓他們痛苦等是我求之不得的事，他們安樂等是我不願意的，總有此十二種，再加上阻撓十二種願意之事。為此，我才對怨敵生起嗔怒。

庚二（遮破嗔彼）分二：一、遮破於令遭不幸者生嗔；二、遮破於障礙所欲者生嗔。

辛一（遮破於令遭不幸者生嗔）分三：一、破嗔於我造四罪者；二、破嗔於親友造四罪者；三、破嗔於怨敵作四善者。

壬一（破嗔於我造四罪者）分二：一、破嗔令我痛苦者；二、破嗔輕侮我等三者。

癸一（破嗔令我痛苦者）分三：一、忍受痛苦之安忍；二、定思正法之安忍；三、忍耐作害者之安忍。

子一（忍受痛苦之安忍）分四：一、作意輪迴之自性；二、作意出離之因；三、以修習觀察安忍；四、作意功德。

丑一、作意輪迴之自性：

樂因何其微，苦因極繁多。

在輪迴中享受安樂之因的善業等只是偶爾產生，可謂少之又少，而痛苦之因的不善業等無勤中就存在卻多之又多，因此出現痛苦本來就是輪迴的自性[31]，因而應當安忍。

---

[31]即是自然規律。

丑二、作意出離之因：

無苦無出離，故心應堅忍。
苦行伽那巴，無端忍燒割，
吾今求解脫，何故反畏怯？

如果沒有痛苦，就不會對輪迴生起厭離心，如此也就不會有出離輪迴的念頭，因此你這顆心要好好思維而堅定不移地承受痛苦。再者說，對大自在天的王妃天女俄瑪生信者在九月九日等日子裡絕食一天或三天，進而焚燒、割斷自己的身體等等；為了與嘎訥札巴地方的人們競爭竟然忍耐互相用利刃打擊，這般毫無意義的苦受，他們尚且忍耐，那麼我現在是為了解脫，為什麼反而畏縮怯懦呢？

丑三（以修習觀察安忍）分三：一、略說；二、廣說；三、攝義。

寅一、略說：

久習不成易，此事定非有，
漸習小害故，大難亦能忍。

《大疏》中解釋說：久經串習還不變得容易的事無論在哪裡都必定不會有，比如通過長期熏習，具有慳吝者竟然能把痛苦想成快樂。同樣，菩薩修習一切痛苦為安樂想，最終必能獲得《父子相會經》中所說的「諸法變成安樂」的等持。因此，通過逐漸修習而安忍小小的損害，到後來巨大的災難也就能忍受了。

寅二、廣說：

蛇及蚊虻噬，飢渴等苦受，

乃至疥瘡等，豈非見慣耶？

雖然有些注釋中為了表明要串習的小小痛苦，而說「遭受蛇、蚊蠅、飢渴等感受以及疥瘡等無義的痛苦難道不是已經司空見慣了嗎」將喻義連在一起解釋的，但實際上解釋為「既然見過這些無義的痛苦就理當安忍具有意義的痛苦」較為恰當。

故於寒暑風，病縛捶打等，

不宜太嬌弱，若嬌反增苦。

此外，對於嚴寒酷暑、狂風大作等，重病纏身、遭受束縛、被人毆打等，自己不應當過於嬌柔怯弱，如果過於嬌弱反而會更增加痛苦。

有者見己血，反增其堅勇，

有人見他血，驚慌復悶絕，

此二大差別，悉由勇怯致。

再者說，有的人見到自己的血反而會更加堅強勇敢，有的人看見他人的血也會驚慌失措，昏迷不醒。這兩者有如此懸殊的差別完全是由內心堅韌與怯懦所導致的。

寅三、攝義：

故應輕害苦，莫為諸苦毀。

智者縱歷苦，不亂心澄明。

因此，我們要通過修習力而輕視一切損害，不被一切痛苦所害。智者即便歷經千辛萬苦，然而內心仍舊要保持明清，不受干擾。

丑四、作意功德：

奮戰諸煩惱，雖生多害苦，

然應輕彼苦，力克嗔等敵，

制惑真勇士，餘唯弒屍者。

在與一切煩惱進行殊死搏鬥時，雖然會遭受眾多損害，但要不顧一切苦害而力爭摧毀嗔等煩惱仇敵，制服煩惱仇敵的這些人才堪稱為戰勝怨敵的真正勇士，而殺害其他有情之輩就像殺屍體一樣徒勞無益。

苦害有諸德，厭離除驕慢。

悲愍生死眾，羞惡樂行善。

再來說說痛苦的功德：痛苦能讓人們生起厭離心，遣除驕傲自滿的情緒，進而對流轉在痛苦生死輪迴中的眾生萌發惻隱之情，希望他們脫離輪迴，警惕輪迴之因的惡業而樂於奉行對治罪業的善法。

子二（定思正法之安忍）分三：一、遣嗔作害者；二、遣除除嗔不應理之邪念；三、攝義。

丑一（遣嗔作害者）分三：一、作害者身不由己故不應視為嗔境；二、遮破自主之作害者；三、攝義。

寅一（作害者身不由己故不應視為嗔境）分三：一、無有自主；二、無心；三、攝義。

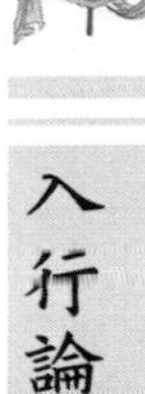

卯一、無有自主：

不嗔膽病等，痛苦大淵藪，
云何嗔有情，彼皆緣所成。
如人不欲病，然病仍生起，
如是不欲惱，煩惱強湧現。

如果有人心裡認為：敵人使我生起痛苦，因此我才嗔恨他。

膽涎等疾病是多重痛苦的大根源，對它們竟然不嗔恨，為什麼唯一嗔怒有心的怨敵呢？

如果認為：膽病等是以外緣不由自主而形成的，因而不該嗔恨。

那些作害者實際上也是以煩惱的外緣而給你造成痛苦，煩惱的外緣也是在不情願中被外緣力所壓迫而湧現的，如同不願意中也會生病一樣。

卯二、無心：

心雖不思嗔，而人自然嗔，
如是未思生，嗔惱猶自生。

若想：膽病等沒有想作害，而怨敵有作害的想法，因而嗔恨他們。

心雖然沒有思維「我要嗔恨」，但人們僅以外緣自然生起嗔恨，而此外緣也未曾思維「我要生起嗔恨」，但嗔心還是同樣會生起。

卯三（攝義）分二：一、不由自主之攝義；二、無心之攝義。

一、不由自主之攝義：

所有眾過失，種種諸罪惡，

彼皆緣所生，全然非自力。

煩惱等所有的過失以及由它引發的各種各樣罪業也都是由外緣力所產生的，而沒有一點自主權。

二、無心之攝義：

彼等眾緣聚，不思將生嗔，

所生諸嗔惱，亦無己生想。

能產生罪過等的形形色色外緣也沒有「要生這些罪業等之果」的念頭。而所產生的這些罪業之果也沒有「我要依靠此外緣而產生」的想法。

寅二（遮破自主之作害者）分二：一、共破神我與主物；二、別破常我。

數論外道與勝論外道等認為我與一切外緣不由自主是不成立的，下文中要講的主物與神我等能自主產生敵人的害心等一切果。下面對此加以破斥：

卯一、共破神我與主物：

縱許有主物，施設所謂我，

主我不故思，將生而生起，

不生故無果。

你們所承許的主物以及所謂的神我作為有法，所謂的「我故意為了加害等而生」於是便產生這一點是不會

有的（立宗），因為不生之故（因），如同石女兒（比喻）。不生的理由是成立的，因為承許這些常有自在的緣故。如果已經產生，顯現就成了無常並隨因緣而轉。周遍：如若尚未產生，就根本不會存在，這一點是一定的（必定成立立宗），如此一來，當時想產生作害等果也就決定不會存在。

卯二（別破常我）分二：一、破享用者；二、破能生果。

辰一、破享用者：

常我欲享果，於境則恆散，

彼執亦不息。

如果對方說：這個神我依靠主物能享用指定的對境。

倘若如此，則神我對於諸如敵人一個對境的執著應成永遠不會消失，並將散亂於諸如敵人的唯一對境中，因為執著它的能取常有之故，原因是神我常有是你們自己承認的。「亦」字的意思是說也不會趨入對境，因為恆常的緣故。

辰二、破能生果：

彼我若是常，無作如虛空。

《大疏》中將這兩句解釋為遮破勝論派所承認的無心常我。（如果你們所謂的常我是恆常的，）那麼這樣的常我顯然就成了起不到害心的作用，原因何在？因為常有之故，如同虛空。

縱遇他緣時，不動無變異。

作時亦如前，則作有何用？

謂作用即此，我作何相干？

若對方說：假設常我遇到其他無常的外緣，就會起作用。此種說法也是不合理的，既然自性無有遷變，依外緣又怎麼會有前所未有的差別呢？根本不會有所不同。如果依靠他緣起作用時，常我也是一如既往未曾改變，那麼外緣的作用對它又造作了什麼前所未有的特徵呢？根本沒有造作。如果自性改變，顯然就失毀了常有。如果說，常我是彼者，而起作用的作者是此者。如此一來，作用與常我這兩者到底有什麼能饒益與所饒益的關係呢？因為恆常的我不可能依外緣而起作用。

寅三、攝義：

是故一切法，依他非自主，

知已不應嗔，如幻如化事。

因此說，所有萬法均是依靠他力而生，一切外緣也是以前前之力而產生，所以它們都是不由自主，而且前面的邊際無窮無盡，自主的任何事都不可能有，我們認識到這一點以後，就不會再嗔恨無實中顯現如幻化般的一切事物。

丑二、遣除除嗔不應理之邪念：

由誰除何嗔，除嗔不如理，

嗔除諸苦滅，故非不應理。

如果說：既然一切如幻化般無有真實性可言，那麼由何人或依靠何種對治來遣除何種嗔心呢？遣除也是不應理的。

答辯：在世俗諦中，承許依靠去除嗔心而息滅依於嗔恨的所有痛苦，因此並無不合理之處。這是善天論師及《釋論》中解釋的。《大疏》對「一切若以緣生則遣除嗔恨不應理」的觀點也作了答覆。

丑三、攝義：

故見怨或親，非理妄加害，

思此乃緣生，受之甘如飴。

因而，當見到仇敵或者親友做非理之事㉜的時候，心裡應當這樣想：他們之所以做出如此不合情理的事完全是身不由己，依外緣而造成的，我不該為此而心煩意亂，而要樂觀接受。

若苦由自取，而人皆厭苦，

以是諸有情，皆當無苦楚。

假設說痛苦是隨意而成的，那麼任何有情都不希望自己痛苦，由此一來，一切眾生都不應當有痛苦了。

子三（忍耐作害者之安忍）分三：一、作害者理應是悲憫之對境；二、不應是嗔恨之對境；三、宣說嗔恨之顛倒理由。

㉜指妄自加害自己。

丑一、作害者理應是悲憫之對境：

或因己不慎，以刺自戳傷，
或為得婦心，憂傷復絕食，
縱崖或自縊，吞服毒害食，
妄以自虐行，於己作損傷。

那些作害者由於被煩惱所控制不加小心當中，自己用荊棘等戳傷自己的身體；或者為了贏得女人的心，得到財物等而憂愁悲傷，甚至絕食等等；有些人自盡、跳崖、服毒、吞下有害食品等等，以非福德行為長期自我虐待。

自惜身命者，因惑尚自盡，
況於他人身，絲毫無傷損。

一旦被煩惱所左右，甚至不顧惜極為珍愛的自己生身性命，自殺身亡，又怎麼會對別人的身體絲毫也不傷害呢？

故於害我者，心應懷慈憫，
慈悲縱不起，生嗔亦非當。

因此對於萌生煩惱而加害我的那些人理當生起悲心，就算生不起悲心，又有什麼理由嗔恨他們呢？實在不該嗔恨他們。

丑二（不應是嗔恨之對境）分二：一、觀察作害者之自性；二、觀察受害者自己之過失。

寅一（觀察作害者之自性）分二：一、觀察本體；

二、觀察害法。

卯一、觀察本體：

設若害他人，乃愚自本性，

嗔彼則非理，如嗔燒性火。

假設說損害他眾是所有凡夫愚者的本性，那麼就更不應該嗔恨他們，否則就像嗔恨燃燒本性的火一樣。

若過是偶發，有情性仁賢，

則嗔亦非理，如嗔煙蔽空。

如果損害等過患只是偶然性的，眾生本性善良，那麼也不應當嗔恨，這種嗔恨就像仇恨自性空無的虛空被滾滾的濃煙遮蔽一樣。

卯二、觀察害法：

棍杖所傷人，不應嗔使者，

彼復嗔使故，理應憎其嗔。

如果敵人使用棍棒與兵刃等來加害，那麼理應嗔恨直接的加害者棍棒（而不應當嗔恨使用棍棒的人）。如果說使用者是敵人，因此對他生嗔，實際上敵人也是由嗔恨心唆使而造業，那理所應當憎恨嗔心了。

寅二（觀察受害者自己之過失）分三：一、說明以往曾害過他人；二、說明自身之過失；三、說明業力之過失。

卯一、說明以往自己曾害過他人：

我昔於有情，曾作如是害，

既曾傷有情，理應受此損。

（在受害之時心裡要這樣想：我之所以受到這樣的傷害）完全是由於我以前曾經對有情如此加害過，既然我曾經害過有情，那麼如今受到這樣損害的報應是天經地義的事。

卯二、說明自身之過失：

敵器與我身，二皆致苦因，

雙出器與身，於誰該當嗔？

敵人的兵刃與我的身體這兩者均是傷痛的來源，既然怨敵使出兵器、自己拿出身體才導致的傷害，應當對二者中的何者生嗔呢？因為這兩者的理由是相同的。

身似人形瘡，輕觸苦不堪，

盲目我愛執，遭損誰當嗔？

身體就像人形的膿瘡一樣，只是輕輕觸碰也是苦不堪言，盲目愚癡的我由於貪愛身體等的我執而遭受一切損害，那麼應當對加害身體的誰生嗔恨心呢？嗔恨他人實不合理。

卯三、說明業力之過失：

愚夫不欲苦，偏作諸苦因，

既由己過害，豈能嗔於人？

譬如地獄卒，及諸劍葉林，

既由己業生，於誰該當嗔？

愚昧的凡夫本不想受苦，卻偏偏造痛苦之因的惡業

並貪戀身體，既然由於自己所造痛苦之因、執著自身的過患才招致損害的，怎麼能憎恨他人呢？無有理由憎恨他人。例如，眾生地獄的看守與劍葉林等完全是由地獄眾生自己的業力所感召的。同樣，既然是由自己的業力所感遭受這些傷害，那又該對其他誰人生嗔心呢？對誰也不應生嗔。

丑三、宣說嗔恨之顛倒理由：

宿業所引發，令他損惱我，
因此若墮獄，豈非我害他？

由令自己受害的往昔業力牽引而導致他眾加害損惱我，如果依此而令那些作害者墮入眾生地獄，豈不是我毀了那些作害者嗎？

依敵修忍辱，消我諸多罪，
怨敵依我者，墮獄久受苦。
若我傷害彼，敵反饒益我，
則汝粗暴心，何故反嗔彼？

再者說，依靠這些作害者修安忍可消除我的眾多罪業，可是敵人卻由於加害我而長期墮落於地獄中受苦，這樣一來，我反而成了加害怨敵的人，而那些敵人卻是饒益我的人，如此這般顛倒，為什麼粗暴的心你反而對他生嗔呢？顯然不應理。

若我有功德，必不墮地獄，
若吾自守護，則彼何所得？

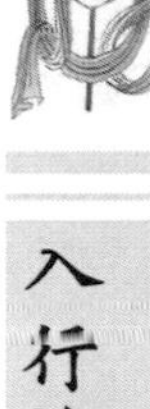

若有人想：以他人的罪業為緣使我也墮入地獄。如果我具有安忍的功德，則絕不會下墮地獄。倘若認為：同為作害不應該有墮不墮入地獄的差別吧？應該有差別，如果以我的功德而防止我墮入地獄，那麼他們怎麼會得到這種防護呢？不會得到的。

若以怨報怨，則更不護敵，

吾行將退失，難行亦毀損。

如果說：那麼，你以安忍來保護你自己，而不保護饒益你的那位怨敵，顯然已成了不知報恩或無有悲心。

以我的安忍尚且無法保護他，如果我無有安忍那又能以什麼來保護他們呢？如果我以牙還牙進行報復，那只能更增長他們的罪業而已，根本不可能保護他們，這樣一來，我的沙門四行也將失毀，結果最殊勝的苦行安忍也會毀於一旦。

癸二（破嗔輕侮我等三者）分三：一、輕侮等無害故不應嗔恨；二、不應嗔成為利養之違緣者；三、不應嗔令他人不信者。

子一、輕侮等無害故不應嗔恨：

心意無形體，誰亦不能毀。

若心執此身，定遭諸苦損，

輕蔑語粗鄙，口出惡言辭，

於身既無害，心汝何故嗔？

如果說：由於敵人傷害心意或身體，因而對他生

嗔。第一傷害心意不合理，因為心意不具形體，所以誰也無法用兵刃等對它加以摧毀。

如果對方說：由於心貪執身體，身體是能夠以痛苦加害的，傷害身體實際上就等於加害身心二者了。既然口出輕侮粗語以及刺耳之詞也不會對身體有傷害，更何況說對心了，心你為什麼極度嗔恨這些呢？

謂他不喜我，然彼於現後，

不能毀損我，何故厭譏毀？

如果說：由於通過輕視等態度造成其他眾生不喜歡我，為此生起嗔恨。既然今生或他世中這對我不會造成損害，我又何必討厭、譏諷、詆毀他們呢？

子二（不應嗔成為利養之違緣者）分三：一、嗔罪嚴重；二、利養無有實質；三、遮破有實質之妄念。

丑一、嗔罪嚴重：

謂礙利養故，縱我厭受損，

吾利終須捨，諸罪則久留。

如果說：由於輕蔑等使他人對我不起信心，這樣一來，就對我得到利養造成不良的影響，因此我不願意受到輕辱。縱然我獲得利養，但最終畢竟要留在今世，不可能跟隨到後世，而為了他而嗔恨的罪業則要在未感受果報之前一直恆久穩固留存。

寧今速死歿，不願邪命活，

苟安縱久住，終必遭死苦。

因此，寧願我無有利養當下死亡，也不願意通過害他的途徑來邪命養活、苟且偷生長久存活，因為我即便能長久留住人世，但終究擺脫不了死亡的痛苦，並且死後以邪命的果報還將受苦。

丑二、利養無有實質：

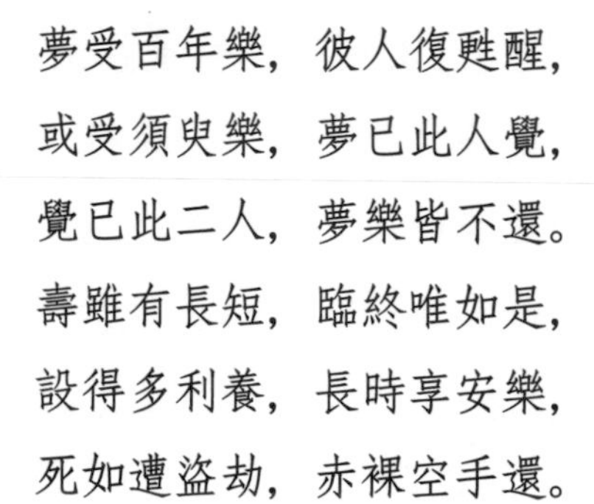

夢受百年樂，彼人復甦醒，
或受須臾樂，夢已此人覺，
覺已此二人，夢樂皆不還。
壽雖有長短，臨終唯如是，
設得多利養，長時享安樂，
死如遭盜劫，赤裸空手還。

有人在夢中百年享受快樂，醒來以後會是怎樣的一番情景呢，另有人於夢境中只是在頃刻間感受安樂，醒來後又會是怎樣的呢？很顯然，清醒後的這兩者，夢中擁有的快樂在醒覺時都是一去不復返。同樣的道理，長壽短命這兩種人，在死亡時以前享受的快樂均不會再現，都會消失得無影無蹤。再者，即便獲得豐厚利養能長時間盡情享樂，可是在死亡的時候就像遭受強盜搶劫一般，絲毫也無權帶到後世，最終只能是赤手空拳、赤身裸體而離開人世。因此，利養等無有實質。

丑三、遮破有實質之妄念：

謂利能活命，淨罪並修福，
然為利養嗔，福盡惡當生。

若為塵俗活，復因彼退墮，

唯行罪惡事，苟活義安在？

若有人說：利養是生活的順緣，具足利養後可以長久存活，並能滅盡罪業、增長福德，如云：「行法乃至長生存，期間極增善相續。」因而利養意義頗大，為此才嗔恨對利養作違緣的人。如果為了利養而嗔恨對利養製造障礙者，那麼豈不是會滅盡福德、增長罪業嗎？為了存活的目的而使福德失毀，唯一以造罪業苟活塵世有什麼意義呢？根本無有實義。

子三、不應嗔令他人不信者：

謂謗令他失，故我嗔謗者，

如是何不嗔，誹謗他人者？

如果說：由於會使其他眾生對我退失信心，為此才嗔恨那些誹謗我的人。那麼，你為什麼不同樣嗔恨誹謗其他人的人呢？因為這也會使人對他退失信心。

謂此唯關他，是故吾堪忍，

如是何不忍，煩惱所生謗？

若說：因為這只關係到別人對他信不信的問題，（所以我可以接受）當然別人對他有沒有信心，這還取決於他本身有無功德與可信處。如果對他人無有信心這一點你可以忍受，那為什麼不能安忍誹謗自己的人呢？因為這也是由於別人心生煩惱而誹謗你的。

壬二（破嗔於親友造四罪者）分二：一、因於對境無害而止嗔；二、破嗔於受害者造罪之人。

癸一、因於對境無害而止嗔：

於佛塔像法，誹詆損毀者，

吾亦不應嗔，因佛遠諸害。

對於佛像、佛塔、正法信口開河說些非理誹謗之詞並加以毀壞的人，我理應生起悲心才對，不該反而生嗔心，因為這於對境的佛陀等不會有絲毫損害，並且作害者本是該悲憫的對象。

癸二（破嗔於受害者造罪之人）分三：一、深思法理之安忍；二、不畏損害之安忍；三、修承受痛苦之安忍。

子一、深思法理之安忍：

於害上師尊，及傷親友者，

思彼皆緣生，知已應止嗔。

其實，加害上師親朋好友等也都是依靠以前如是一切外緣等造成的，我們一定要認識到這一點，進而制止嗔恨。

子二（不畏損害之安忍）分三：一、怨敵不應為嗔恨之對境；二、是故斷除嗔彼；三、為斷嗔而除貪。

丑一（怨敵不應為嗔恨之對境）分三：一、與無情損害相同；二、與嗔者罪業相同；三、害由業生故不應嗔敵。

寅一、與無情損害相同：

情與無情二，俱害諸有情，

云何唯嗔人？故我應忍害。

如果有情與無情對眾生同樣損害，那麼為何單單對有情懷有仇恨呢？因此，我們理當安忍損害。

寅二、與嗔者罪業相同：

或由愚行害，或因愚還嗔，

此中孰無過？孰為有過者？

如果有些仇敵是由於愚昧而作加害，有些因為愚癡而以怨報怨，那麼這兩者誰無有過失，誰具有過失呢？很明顯，兩者同等具有過失。

寅三、害由業生故不應嗔敵：

因何昔造業，於今受他害？

一切既依業，憑何嗔於彼？

你昔日為什麼要造下損害眾生的業，以致於如今遭受他眾的加害？既然一切損害均來源於自己的業力，那我憑什麼仇恨這位怨敵呢？

丑二、是故斷除嗔彼：

如是體解已，以慈互善待，

故吾當一心，勤行諸福善。

這般認清損害是由業力所致等道理以後務必要盡心盡力斷除互相之間的嗔恨心，彼此仁慈善待。為此，我應當集中精力、一心一意勤修福德。

丑三、為斷嗔而除貪：

譬如屋著火，燃及他屋時，
理當速移棄，助火蔓延草。
如是心所貪，能助嗔火蔓，
慮火燒德屋，應疾厭棄彼。

例如，房屋失火，當火勢燃向其他房屋，這時主人按理來說要將能助燃的草木等轉移出去。同樣的道理，由於心貪執所需的物品，別人對此作違緣能使嗔心之火蔓延，因此唯恐嗔恨的烈火焚燒福德的宅室，一定要當機立斷，厭惡地拋棄貪執。

子三、修承受痛苦之安忍：

如彼待殺者，斷手獲解脫，
若以修行苦，離獄豈非善？

如果說：敵人使我帶來巨大的痛苦，因而我對他實在無法容忍。

舉個例子來說，一個將要遭殺的人假設只是被砍斷手而免於一死，那難道不是值得慶幸嗎？當然值得慶幸。同樣的道理，如果僅僅以人類的這一痛苦或者安忍現在的這種苦難就遠離地獄，那豈不是很好？

於今些微苦，若我不能忍，
何不除嗔恚，地獄眾苦因？

現在的這一點點苦如果我都不能忍受，那為什麼還不遣除地獄苦因的嗔恨呢？理當遣除。

為欲曾千返，墮獄受燒烤，

然於自他利，今猶未成辦。

由於貪執欲妙而為了達到目的，我以嗔恨曾經成千上萬次墮入地獄受燒烤的煎熬，或者按《大疏》中所說「為了嗔恨而曾經……」儘管幾度飽嘗過這般劇烈的痛苦，可是如今我仍然沒有成辦自利與他利。

安忍苦不劇，復能成大利，

為除眾生害，欣然受此苦。

只是承受現在的痛苦這並不是大的危害，而且依靠安忍還能成辦廣大利益，因此理應歡欣喜悅地承受能遣除一切眾生損害的危難或痛苦。

壬三（破嗔於怨敵作四善者）分三：一、破嗔讚譽怨敵者；二、破嗔令怨敵安樂者；三、破嗔成辦怨敵利養者。

癸一（破嗔讚譽怨敵者）分三：一、堪為自樂之因故當取受；二、是他樂之因故不應捨棄；三、宣說顛倒取捨之理。

子一、堪為自樂之因故當取受：

人讚敵有德，若獲歡喜樂，

意汝何不讚，令汝自歡喜？

假設說他人讚評怨敵具有功德，從而讚歎者獲得了隨喜他人功德的安樂，那麼心意你不應當對此忍受不了，你為什麼不讚歎敵人而令自己像其他讚歎者一樣滿懷喜悅之情呢？

如是所生樂，唯樂無性罪，
諸佛皆稱許，復是攝他法。

你隨喜別人的功德而讚歎他這種安樂絕對是快樂的源泉，而無有罪業，並具有功德，也是諸佛等聖賢一致高度讚許的，由此別人知道你無有嫉妒，會起信心，因此又是攝受他眾的殊勝方便。

子二、是他樂之因故不應捨棄：

謂他獲樂故，然汝厭彼樂，
則應不予酬，此壞現後世。

假設說因為讚歎他人而使他獲得喜樂，然而你厭惡稱讚他人的快樂，那麼由於付給工作人員薪水等也會使對方安樂，所以也應當剝奪不給，如此一來，眼見的今世當中事業等、未見的後世中感受布施之果報等都將毀壞。

子三、宣說顛倒取捨之理：

他讚吾德時，我亦欲他樂，
他讚敵功德，何故我不樂？

當別人讚歎自己的功德時，希望他也獲得讚揚我功德的快樂，而當他稱讚別人的功德時，我為什麼不希望他獲得讚說別人的欣樂，這實屬顛倒錯亂。

癸二、破嗔令怨敵安樂者：

初欲有情樂，而發菩提心，
有情今獲樂，何故反嗔彼？

最初以欲求一切有情獲得安樂的意樂而發菩提心，如果眾生不需要我幫助自己獲得快樂，為什麼反而嗔恨他們呢？實不應理。

癸三（破嗔成辦怨敵利養者）分二：一、不應以得利養等之因而嗔他；二、理當以未得之因而嗔己。

子一（不應以得利養等之因而嗔他）分二：一、因實現自之願望故不應生嗔；二、因不加害我故不應生嗔。

丑一、因實現自之願望故不應生嗔：

初欲令有情，成佛受他供，
今見人獲利，何故生嫉惱？

當初承諾說希望一切有情成就三界供養處的佛果，如今見到他們只是擁有微薄的利養恭敬，為什麼要生起妒忌而損惱他呢？

所應恩親養，當由汝供給，
彼今已自立，不喜豈反嗔？

比如，你的親人本該由你來撫養，按理來說，你要給予他食物等，如果那位親人不需要你施捨，獨自而謀得生計，那麼你怎麼會不歡喜雀躍反而嗔怒呢？

不願人獲利，豈願彼證覺？
妒憎富貴者，豈有菩提心？

如果連別人獲得暫時的這點利養也不願意，那麼，又怎能願意眾生證得菩提呢，根本不可能。善天尊者解釋為，倘若不願意讓敵人獲得這麼一點點利養，那麼……對他人的財富憎恨者怎麼會具有菩提心呢？根本不會具有。

丑二、因不加害我故不應生嗔：

若已從他得，或利在施家，
二俱非汝有，施否何相干？

如果怨敵從施主那裡獲得受用，或者他沒有得到，那些財物仍舊留在施主家中，不管怎樣都不會到你手中，無論施給與否，受用或破立的行為與你又有什麼瓜葛呢？根本毫不相干。

子二、理當以未得之因而嗔已：

何故棄福善，信心與己德？
不守已得財，何不自嗔責？

假設嗔恨敵人的利養而過分希求自己獲得，那麼自己得到利養的因是以往的福德、施主的信心以及自己暫時的功德，既然如此，為什麼要以嗔恨力丟棄這些呢？本是自己沒有把握住得到利養的這些因，那為何不嗔恨自己，理當自我譴責才對。

於昔所為惡，猶無憂愧色，
豈還欲競勝，曾培福德者。

此外若有人想：既然自己沒有利養，以後他人也無有才好。你非但對自己得不到利養之因——往昔所造的罪惡無有羞愧後悔之意，居然還想與培植利養之因——

福德的他眾攀比，這麼做實不應當。

辛二（遮破於障礙所欲者生嗔）分二：一、破嗔於怨敵造罪作障者；二、破嗔於自己與親友行善作障者。

壬一（破嗔於怨敵造罪作障者）分二：一、敵人痛苦於己不利；二、願敵痛苦之心有害。

癸一、敵人痛苦於己不利：

縱令敵不喜，汝有何可樂？

唯盼敵受苦，不成損他因。

即便仇敵悶悶不樂，痛苦不堪，你又有什麼值得高興的呢？即使你值得高興，但只是以想降伏敵人（盼望他們受苦）的願望而並不能成為損害敵人的因，所以無有實義。

癸二、願敵痛苦之心有害：

汝願縱得償，他苦汝何樂？

若謂滿我願，招禍豈過此？

若為嗔漁夫，利鉤所鉤執，

陷我入獄鑊，定受獄卒煎。

縱然你讓怨敵痛苦的想法如願以償，你又有什麼可歡喜的呢？如果說這樣一來就滿了我的心願，那麼還有比此更嚴重的禍害嗎？

一旦被煩惱發心的漁夫所投下帶有願別人痛苦之誘餌十分銳利的鐵鉤所擒，必定使我在眾生地獄的鑊裡受獄卒們煎煮。

壬二（破嗔於自己與親友行善作障者）分二：一、破嗔於世間法作障者；二、破嗔於福德作障者。

癸一（破嗔於世間法作障者）分二：一、阻礙讚譽者並非有害；二、將阻礙讚譽者視為有益。

子一（阻礙讚譽者並非有害）分二：一、讚譽無有利樂；二、不應喜之。

丑一、讚譽無有利樂：

受讚享榮耀，非福非長壽，

非力非免疫，非令身安樂。

讚歎與名譽的榮耀既不能成為有利於未來的福德，也不能成為今生安樂之因的長壽，又不會使自己身強力壯，也不能帶來健康無病、身體舒適。

若吾識損益，讚譽有何利？

若唯圖暫樂，應依賭等酒。

如果分析成不成為我自利的是心識，那麼讚歎與名譽對此能談得上什麼自利呢？根本無有利益。假設說依此能舒心悅意。如果只是貪圖暫時的愜意，那麼就應該去賭博、去喝酒、去交往美女佳人等等。

若僅為虛名，失財復喪命，

譽詞何所為，死時誰得樂？

如果毫無意義僅僅為了慷慨布施的虛有名聲而傾家蕩產，為了英雄的稱號而奔赴戰場，自己也會有喪命等危險，那名聲又有什麼用呢？自己死亡時，又有誰依靠名譽而得到安樂了呢？

沙屋傾頹時，愚童哀極泣，

若我傷失譽，豈非似愚童？

如果沙屋倒塌了，那些愚昧無知的孩童就會極度傷心哭泣。同樣，如果我因失去了稱讚與名譽而傷心，難道不是與幼稚的孩童一模一樣了？這實在不應理。

丑二、不應喜之：

聲暫無心故，稱譽何足樂？

若謂他喜我，彼讚是喜因？

受讚或他喜，於我有何益？

喜樂屬於彼，少分吾不得。

偶爾的讚歎聲原本無心，因而不可能有「要稱讚我」的想法，對此有什麼值得歡喜的呢？因讚譽而欣喜若狂實不應理。如果認為令其他讚歎的人喜歡我，宣揚我名聲的他人歡喜就是我歡喜的因，那麼無論是讚歎敵人還是褒揚我，讚者的歡喜對我又有什麼利益呢？歡喜是讚歎者擁有的，我從中一點也不會得到。

他樂故我樂，於眾應如是，

他喜而讚敵，何故我不樂？

如果說：我是菩薩，因此讚歎者快樂我也快樂。那麼，一切有情安樂也同樣需要歡喜。為什麼當其他人歡喜稱讚你的仇敵而快樂時我卻鬱鬱寡歡呢？理當歡喜快樂。

故我受讚時，心若生歡喜，

此喜亦非當，唯是愚童行。

因此，當我受到他人讚揚時，生起歡喜也同樣是不合理的，這種歡喜只是喜歡無義之事的愚童行為罷了。

子二、將阻礙讚譽視為有益：

讚譽令心散，損壞厭離心，

令妒有德者，復毀圓滿事。

讚揚名聲等能使自己的心散亂於善法所緣之外，它也會毀壞對輪迴的厭離心，並且為了它會嫉賢妒能，對他人的圓滿怒火中燒，這以上是《大疏》與《釋論》中解釋的。《普明論》中將其解釋為：以嗔恨心毀壞他人的圓滿。

以是若有人，欲損吾聲譽，

豈非救護我，免墮諸惡趣。

因此，如果有人想毀壞我的名譽等，那難道不是依靠他們的力量救護我，使我免於墮入惡趣了嗎？為此更不該嗔恨。

吾唯求解脫，無需利敬縛，

於解束縛者，何故反生嗔？

此外，我唯一追求的是從輪迴中解脫，不應當被成為解脫障礙的利養恭敬所束縛，有人從中作梗而使我解開輪迴的束縛，我怎麼能反而嗔恨他呢？

如我欲趣苦，然蒙佛加被，

閉門不放行，云何反嗔彼？

正如我想以讚譽的罪業趨入惡趣中時，蒙受佛陀的加持，通過障礙利養的方式不放行我到惡趣中而緊閉惡趣之門，我怎麼能反而嗔恨他呢？實在不應憎恨。

癸二（破嗔於福德作障者）分三：一、嗔恨是福德之障；二、作害是順緣；三、故當消除嗔恨而恭敬。

子一、嗔恨是福德之障：

謂敵能障福，嗔敵亦非當，
難行莫勝忍，云何不忍耶？

如果說：敵人是福德的障礙者（因而嗔恨）。嗔恨障礙福德者也不應理，如果再沒有與安忍相提並論的苦行，那麼我為什麼不安忍呢？理當安忍，而安忍要依賴敵人。

若我因己過，不堪忍敵害，
豈非徒自障，習忍福德因？

假設我因為自己的過失而不能忍受這位怨敵，難道不是我自己對福德之因的安忍作障礙了嗎？

子二、作害是順緣：

無害忍不生，怨敵生忍福，
既為修福因，云何謂障福？
應時來乞者，非行布施障，
授戒阿闍黎，亦非障出家。

某一法如果不存在，就不會生果，某一法如果存在就會生果，那麼這一法就是此果的因。既然安忍也是隨怨敵而生，那為什麼說仇人障礙福德呢？實際上怨敵正是安忍之因，譬如布施時，前來乞討者是布施的因而絕不是布施的障礙；賜予出家戒律的授戒阿闍黎等絕不會被稱為障礙出家者。

子三（故當消除嗔恨而恭敬）分三：一、以眾生自之功德當恭敬；二、信仰佛陀故當恭敬；三、觀察果當恭敬。

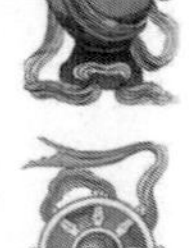

丑一（以眾生自之功德當恭敬）分二：一、是成就我菩提之助緣故當恭敬；二、建立眾生與佛相同。

寅一（是成就我菩提之助緣故當恭敬）分二：一、恭敬之因成立；二、斷除於彼迷惑。

卯一、恭敬之因成立：

世間乞者眾，忍緣敵害稀，
若不外植怨，必無為害者。

世間的乞者與怨敵同是福德之因，然而在世間中乞丐多不可數，而作害者卻少得可憐，這其中的原因是：如果未加害對方，不結下怨恨，必定不會有反過來加害的人。

故敵極難得，如寶現貧舍，
能助菩提行，故當喜自敵。

由於安忍是最大的福德，因而敵人恩德頗大，難得難遇，如同未經辛勤勞作而在自己家中出現寶藏一般，成為菩提行即成佛的助伴，因而我應當喜愛敵人才是。

敵我共成忍，故此安忍果，

首當奉獻彼，因敵是忍緣。

敵人與我共同修成安忍，我們二者都屬於安忍的因，為此果報正法甘露首先理當獻給這位怨敵，因為他是安忍的真正因。

卯二、斷除於彼迷惑：

謂無助忍想，故敵非應供，

則亦不應供，正法修善因。

假設說：敵人並沒有助我修成安忍的想法，雖然他是安忍的因，但並非是應供。

那麼，你為什麼要供養修成善法之因的正法呢？（它也同樣沒有助修成善法的念頭，）所以也不該成為應供。

謂敵思為害，故彼非應供，

若如醫利我，云何修安忍？

假設說：這兩者全然不同，正法無有害心，而敵人卻有要害這個人的心態，因而他不是應供。

倘若敵人也像醫生一樣精勤利益我，那肯定不是安忍的對境，依靠他我怎麼能成就安忍呢？

既依極嗔心，乃堪修堅忍，

故敵是忍因，應供如正法。

既然依於具有極度的嗔心者才能生起忍耐之心，所以說敵人才是安忍的因，理當猶如正法一樣供養。

寅二（建立眾生與佛相同）分二：一、安立教證；二、教義成立。

卯一、安立教證：

本師牟尼說，生佛勝福田。

能仁本師釋迦牟尼佛在《攝正法經》中說：由於從有情中產生善法，因此眾生之田與佛陀福田中出生佛法，此中云：「眾生之田即佛之田，由佛田中獲得諸佛法，於其倒行逆施不應理。」

卯二（教義成立）分二：一、真實宣說；二、遣除爭論。

辰一、真實宣說：

常敬生佛者，圓滿達彼岸。
修法所依緣，有情等諸佛，
敬佛不敬眾，豈有此道理？

如果有人認為：由於這一教義沒有依據的理證，因而不是可信之處。

有理可依，經常令眾生歡喜者，能獲得圓滿波羅蜜多的佛果。因此，從依靠眾生與佛陀成就佛果的正法這一角度來說是相同的。對佛陀恭敬而不恭敬眾生，這是何道理？根本沒有理由。

辰二、遣除爭論：

非說智德等，由用故云等，
有情助成佛，故說生佛等。

假設有人認為：這兩者功德截然不同，因而不應當同等恭敬。

這裡並不是從自心功德的角度安立為同等的，而是從依靠眾生與佛陀二者能成就佛果這一點而安立平等的。因此，與佛陀相同，一切眾生也具有助成佛果的功德，為此說眾生與佛同等。

懷慈供有情，因彼尊貴故，
敬佛福德廣，亦因佛尊貴。

此外，供養從一緣慈心等持中出定者，現世中也會獲得福德，原因是眾生尊貴，如果無有眾生的對境，那麼也就無有福德可言，對佛陀起信的福德也是由於佛陀是尊貴無比的福田。

助修成佛故，許眾生佛等，
然生非等佛，無邊功德海。

總而言之，由於同樣是助修成佛，因而承許眾生與佛平等，然而任何眾生的功德不可能與無邊功德海的諸佛平等。

唯佛功德齊，於具少分者，
雖供三界物，猶嫌不得足。

不僅如此，而且圓滿具足一切殊勝功德的唯一補特伽羅就是佛陀，為了供養具足佛陀少分功德者，即使獻上整個三界也是微不足道的，因此功德不同。

有情具功德，能生勝佛法，

唯因此德符，即應供有情。

然而，從能生起殊勝佛法的角度而言，一切眾生也具有，僅以這一點相符，就理應供養眾生。

丑二（信仰佛陀故當恭敬）分二：一、佛將眾生作為我所；二、佛將眾生作為我。

寅一（佛將眾生作為我所）分二：一、當恭敬之理由；二、懺悔不敬之過。

卯一、當恭敬之理由：

無偽眾生親，諸佛唯利生，
除令有情喜，何足報佛恩？

對於無有虛偽狡猾、作為一切有情之至親的諸佛與菩薩，所行所為唯一就是饒益無邊眾生，因而除了令眾生歡喜以外，何以回報佛菩薩的深厚恩德？

利生方足報，捨身入獄佛，
故我雖受害，亦當行眾善。

只有利益眾生方可報答為了眾生捨棄身體入於無間地獄的佛陀之恩，因此我無論遭受再大的損害，三門的一切行為都要善妙，唯一行持利益他眾之事。

諸佛為有情，尚且不惜身，
愚癡我何故，驕慢不侍眾？

眾生的主尊——佛陀尚且為了群生不惜捨棄自己的身體，而愚昧無知的我怎麼能貢高我慢、不行侍候眾生的事情呢？

眾樂佛歡喜，眾苦佛傷悲，
悅眾佛愉悅，犯眾亦傷佛。

眾生安樂，諸佛才會歡喜，傷害眾生，佛陀也會悲傷，令眾生歡喜，諸佛自然會欣悅，冒犯加害這些有情，佛陀就會傷心，因此等於傷害佛陀。

遍身著火者，與欲樂不生，
若傷諸有情，云何悅諸佛？

譬如，周身燃火之人，不會以所求的一切功德而心情快樂。同樣，如果傷害眾生，（憑什麼取悅諸佛？）那麼顯然無有其他令大悲諸佛歡喜的方法。

卯二、懺悔不敬之過：

因昔害眾生，令佛傷心懷，
眾罪我今悔，祈佛盡寬恕。

我因為曾經加害眾生而令大慈大悲的諸佛不悅傷心，今日對所造的一切罪業分別懺悔，祈求諸佛原諒寬恕。

為令如來喜，止害利世間，
任他踐吾頂，寧死悅世主。

從今以後，為了使諸位善逝歡欣喜悅，一定要制止損害眾生，作為世人的奴僕，任憑芸芸眾生腳踏在我的頭頂，寧死也不反抗，以此令所有世間的怙主喜悅。

寅二、佛將眾生作為我：

大悲諸佛尊，視眾猶如己，

生佛既同體，何不敬眾生？

悲憫一切有情的尊主佛陀，證悟法界等性並以自他相換的方式視眾生為自己，這一點毋庸置疑。既然了達眾生的本體就是怙主佛陀，我為什麼還不恭敬眾生呢？理當恭敬。

丑三（觀察果當恭敬）分三：一、宣說取悅眾生是諸善之因；二、以此方式教誡勤奮；三、攝義。

寅一、宣說取悅眾生是諸善之因：

悅眾令佛喜，能成自利益，

能除世間苦，故應常安忍。

取悅有情能令善逝欣喜，也能真實成辦自己的利益，又能遣除一切世間的痛苦，所以我要時時刻刻修行安忍。

寅二、以此方式教誡勤奮：

譬如大王臣，雖傷眾多人，

謀深慮遠者，力堪不報復，

因敵力非單，王勢即彼援，

故敵力雖弱，不應輕忽彼。

打個比方來說，國王的某位大臣傷害眾多民眾，然而深謀遠慮、高瞻遠矚的人們，想到以後的利害，儘管當時力所能及也不進行報復，因為他們明白表面看來對方似乎只是孤身一人，無有兵旅，勢單力薄，其實不然，國王的強大勢力就是他的援兵。因此，作害者雖然

力量薄弱，但也絕不能不屑一顧、等閒視之。

悲佛與獄卒，吾敵眾依怙，
故如民侍君，普令有情喜。

同樣，地獄的看守與大慈大悲的佛陀就是我這些怨敵的依怙靠山，獄卒會反過來對我進行報仇加害，佛陀會不悅悲傷。就像百姓對暴君做小小的錯事也會大禍臨頭，因而應當如同民眾百般取悅君王一樣令所有眾生皆大歡喜。

暴君縱生嗔，不能令墮獄，
然犯諸有情，定遭地獄害。
如是王雖喜，不能令成佛，
然悅諸眾生，終成無上覺。

儘管使殘暴的君主勃然大怒，但也不致於像使眾生不悅那樣遭受地獄的損害。同樣，即便令國王心花怒放，也不可能賜予像取悅眾生那樣獲得佛果。因此，喻義二者利害並不相等。

寅三、攝義：

云何猶不見，取悅有情果，
來生成正覺，今世享榮耀。
生生修忍得，貌美無病障，
譽雅命久長，樂等轉輪王。

為什麼還見不到令眾生喜悅的果報呢？暫且不說未來成就正覺，就是今生今世也會享受豐厚財富、美名遠揚的快樂，不僅是現世，而且身處輪迴中時，其他生世中也會因為安忍而感得相貌端嚴、健康無病、名聲榮譽、長壽百年等等，擁有轉輪王的圓滿安樂。

於無始害恩德者，受苦成就大樂因，
觀察能所嗔不成，莫嗔焚心諸智者。

第六品釋終

第七品　精進

丁三（精進）分二：一、以承上啟下方式教誡精進；二、宣說應當精進。

戊一、以承上啟下方式教誡精進：

忍已需精進，精進證菩提，

若無風不動，無勤福不生。

具有安忍以後就需要勇猛精進。有了精進才能證得菩提，如同無風萬物不會動搖一般，無有精進就不會生起作為菩提之因的福德與智慧。

戊二（宣說應當精進）分三：一、認識精進本體；二、斷除其違品；三、增上對治。

己一、認識精進本體：

進即喜於善。

若問：到底精進指的是什麼呢？所謂的精進即是由喜愛善法之業而產生。

己二（斷除其違品）分二：一、宣說所斷懈怠；二、斷除方法。

庚一、宣說所斷懈怠：

下說其違品：同惡散劣事，

自輕凌懶惰。

如果廣說精進的違品懈怠的分類，則有三種，也就是，行持相違善法的同惡懶惰；貪執惡事不善無記法的耽著惡事懶惰；聲稱自己無有能力行善而懈怠的自輕凌懶惰。

庚二（斷除方法）分三：一、斷除同惡懶惰；二、斷除耽著惡事懶惰；三、斷除自輕凌懶惰。

辛一（斷除同惡懶惰）分二：一、認識因；二、斷除彼。

壬一、認識因：

貪圖懶樂味，習臥嗜睡眠，

不厭輪迴苦，頻生強懈怠。

不精進善法，而貪圖舒適快樂的感受，過分貪愛睡眠以致於不厭離輪迴，屢屢生起強烈的懈怠。或者按照《大疏》中解釋：由於不厭離輪迴的痛苦從而沉湎於懶惰的快樂享受中，並由此貪愛睡眠。

壬二（斷除彼）分二：一、生起精進之意樂；二、以加行修持。

癸一（生起精進之意樂）分二：一、思維今生無常；二、思維後世痛苦。

子一（思維今生無常）分二：一、決定無常；二、思維迅速死亡而勸勉。

丑一、決定無常：

云何猶不知，身陷惑網者，

必囚生死獄，正入死神口。

為什麼仍然還不覺知：身體已陷入煩惱的網罟中，

被控制束縛，由此必定被困入生死的牢獄當中，正在一步步進入死神的口中。

漸次殺吾類，汝豈不見乎？

然樂睡眠者，如牛見屠夫。

自己同類的人們漸漸被死主所殺戮，你難道還沒有見到嗎？就像視而不見一樣。然而，愛好睡眠不行善法的人如同逐漸被屠夫宰殺還在沉睡中的牛一樣愚笨。

通道遍封已，死神正凝望，

此時汝何能，貪食復耽眠？

通行之路普遍已被封鎖，死神正在目不轉睛地凝視著要殺的物件，此時此刻你如何還能愛戀吃吃喝喝、酣酣沉睡呢？如《本生傳》中云：「諸道已被死主封，無所顧慮享極樂，置身如是處境眾，無有畏懼真稀奇！」

丑二（思維迅速死亡而勸勉）分二：一、略說；二、廣說。

寅一、略說：

死亡速臨故，及時應積資，

屆時方斷懶，遲矣有何用？

如果有人想：雖說必定死亡，但接近死時行善就可以。

正如《親友書》中所說：「壽命多害即無常，猶如水泡為風吹，呼氣吸氣沉睡間，能得覺醒極稀奇。」我們很快就會邁向死亡，因而在有生之年要及時積累資

糧，等到死亡臨頭時才斷除懈怠已為時過晚，已經不是能行持善法的時候了，到那時才斷除懶惰有何用呢？無有任何實義。

寅二、廣說：

未肇或始作，或唯半成時，

死神突然至，嗚呼吾命休！

當這件事尚未做完或者剛剛開始，或者僅僅做到一半時，死神會突如其來，到那時不禁會想：嗚呼！死亡摧毀了我，我命休矣！

因憂眼紅腫，面頰淚雙垂，

親友已絕望，吾見閻魔使，

憶罪懷憂苦，聞聲懼墮獄，

狂亂穢覆身，屆時復何如？

第七品　精進

由於即將與我分離的憂愁之心而導致雙目紅腫，淚流滿面，親友們都已斷絕了我存活的希望，當我見到能將我引入地獄的閻羅獄卒的面孔，回想起自己的所有罪業，不由得憂惱萬分，聽到地獄的哀號聲，想到我也會墮落其中，驚恐不已，不淨糞不由自主地流漏，染污全身，被痛苦所迷惑之時，又能行持什麼善法呢？根本不會行持。

子二、思維後世痛苦：

此生所懷懼，猶如待宰魚，

何況昔罪引，難忍地獄苦。

你今生死亡時所懷有的畏懼就像待宰的活魚在熱沙中輾轉翻滾一般，那更何況說昔日造罪的果報後世直接感受地獄那難以堪忍的痛苦呢？因此理當懼怕。如云：「即便見聞地獄圖，憶念讀誦或造形，亦能生起怖畏心，何況真受異熟果？」

如嬰觸沸水，灼傷極刺痛，

已造獄業者，云何復逍遙？

地獄的痛苦如同滾燙沸騰的水觸及嬰兒柔嫩的肌膚上極度灼熱一般，曾經造了轉生地獄之業的人為何還這般逍遙自在呢？

不勤而冀得，嬌弱頻造罪，

臨死猶天人，嗚呼定受苦。

無有精勤行善的因而奢望獲得安樂的果，忍耐力微弱，而頻繁造作損害之事，明明已被死主擒捉，卻還想如天人一般長久留住，唉！這些人得到的下場必定是不幸臨頭，被痛苦所毀。因此作者以悲憫的心情發出嗚呼之感歎。

癸二、以加行修持：

依此人身筏，能渡大苦海，

此筏難復得，愚者勿貪眠。

請依靠人身的船隻渡過痛苦的大海，這個人身船筏以後很難再次得到。因此，作者以悲哀的語氣說：愚昧的人們呀，在需要精進的時候萬萬不要貪戀睡眠，以此為例，勸誡斷除一切懈怠。

辛二、斷除耽著惡事懶惰：

棄捨勝法喜，無邊歡樂因，

何故汝反喜，散掉等苦因？

為什麼捨棄無邊喜樂之因妙法的殊勝歡喜，而樂於身心散亂、說笑歌唱等痛苦之因？實在不應當喜歡這些。

辛三（斷除自輕凌懶惰）分二：一、略說；二、廣說。

壬一、略說：

勿怯積助緣，策勵令自主，

自他平等觀，勤修自他換。

比如，諸位國王通過四大軍隊而取得勝利。同樣，菩薩勝伏所斷，一開始就要做到毫無怯懦，披上精進盔甲，具備下文中要講的四種助緣，再以正知正念直接加以破立取捨，接著集中精力以對治法主宰自己的三門，最後精勤觀修自他平等與自他相換。

壬二（廣說）分二：一、修思維因無有能力而懈怠之對治；二、修緣難成而懶惰之對治。

癸一、修思維因無有能力而懈怠之對治：

不應自退怯，謂我不能覺，

如來實語者，說此真實言：

所有蚊虻蜂，如是諸蟲蛆，

若發精進力，咸證無上覺。

我們絕不能以所謂的「我怎麼能獲得菩提」而退縮懈怠，善逝是唯一的真實語者，說了此諦實語：蠅蜂、蚊虻、昆蟲，如果發起精進力，都能獲得難得的無上菩提。《妙臂請問經》中云：「此外，菩薩如是真實隨學，成為獅、虎、犬、狼、鷹、鶴、烏鴉、鴟梟、昆蟲、蜜蜂、蚊蠅、虻之彼等亦將成就無上菩提佛果。我想，轉為人時，縱遇命難而為何失毀獲得菩提之精進？」《宣說夢境經》中云：「功德無論如何微，以勝心攝得菩提。」

沉我生為人，明辨利與害，
行持若不廢，何故不證覺？

（一切眾生均能成佛）的理由也是因為一切眾生都具有佛性的緣故。一般來說，佛性有兩種，一種是自性住佛性，一種是修增長（也叫實修生）佛性，其中自性住佛性是指心的法性，修增長佛性則指垢染如應清淨或存留於心中的善習氣，第一自性住佛性周遍於一切眾生，《寶性論》中云：「佛身能現故，真如無別故，具種故眾生，恆具如來藏。」何況我已轉生為人，明辨利益與損害，如果沒有斷然放棄菩薩行，那麼我怎麼會不獲證菩提呢？

癸二（修緣難成而懶惰之對治）分二：一、無有怯懦之因；二、有歡喜之因。

子一（無有怯懦之因）分二：一、斷除難行之畏懼；二、斷除長期之厭煩。

丑一（斷除難行之畏懼）分二：一、宣說邪念；二、斷除邪念。

寅一、宣說邪念：

若言我怖畏，須捨手足等。

如果說：為了菩提需要施捨手足等，因而我對此害怕。

寅二（斷除邪念）分二：一、以觀察而斷；二、以修習而斷。

卯一、以觀察而斷：

是昧輕與重，愚者徒自畏。

無量俱胝劫，千番受割截，

刺燒復分解，今猶未證覺。

只是由於對輕重的差別未加觀察而不知取捨才導致愚癡的你如此畏懼。正因為從來沒有為菩提而歷經苦行，結果才造成於無數俱胝大劫在輪迴中身體屢屢遭受砍截、棒擊、焚燒、剖割等痛苦，但通過這些苦難如今仍舊未能證得菩提。

吾今修菩提，此苦有限期，

如為除腹疾，暫受療割苦。

我今為了修成菩提所受的這一痛苦是有期限的，由於它微不足道，因而能夠忍受。比如，為了去除腹部的疾患，身體暫時足能忍受醫療所致的創傷痛苦。

醫皆以小苦，療治令病除，

為滅眾苦故，當忍修行苦。

所有醫生治病救人都是以小小的治療痛苦去除疾病，既然這樣的苦痛也需要忍受，那麼為了摧毀惡趣等眾多劇苦就更應當安忍苦行的微小痛苦。

凡常此療法，良醫皆不用，

巧施緩藥方，療治眾痾疾。

雖然具有這樣一般治療痛苦的方法，但最高明的醫生——佛陀是不使用的，而是善巧採用極為溫和的措施即簡便易行的方法來根除一切煩惱的重症。慧源與普明論師解釋說：這是指布施身體的苦行對於初學者來說是不能行持的意思。

卯二、以修習而斷：

佛陀先令行，蔬菜等布施，

習此微施已，漸能施己肉。

若問：需要施捨自己的肉等怎麼是溫和的措施呢？為了令以前未曾修習過的人能發放布施，佛陀首先讓人們布施些蔬菜等少量低等的物品，經過一番串習以後逐漸連自己的肉也能施捨。

一旦覺自身，卑微如蔬菜，

爾時捨身肉，於彼有何難？

通過特別串習，一旦對自己的身體也能像低劣的蔬

菜等一樣看待，生起無有耽著之心，到那時捨施自己的身肉等對他來說又有什麼困難呢？

丑二、斷除長期之厭煩：

身心受苦害，邪見罪為因，
惡斷則無苦，智巧故無憂。

如果有人認為：乃至在輪迴中時需要為了他眾而苦行，被痛苦折磨得憂心忡忡。

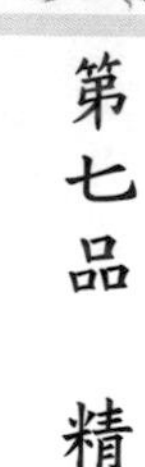

事實並非如此，內心之所以遭受傷害就是因為這樣的邪分別念使得過分耽著自己等，而身體所感受的損害是由罪業所產生的痛苦。而依靠利他苦行則可斷除罪惡，因而身體無苦無痛，又由於精通所知的實相，是故心裡也會無憂無慮。

福德引身適，智巧令心安，
為眾處生死，菩薩豈疲厭？

如果了知不僅無有痛苦，並且以福德的果報而感召身體舒適、內心安樂，那麼為了利益他眾住於生死輪迴中，慈悲為懷的菩薩怎麼會厭煩呢？

子二、有歡喜之因：

以此菩提心，能盡宿惡業，
能聚福德海，故勝諸聲聞。

菩薩依靠菩提心的力量能滅盡痛苦之因往昔所造的罪業，攝集快樂之因如海福德。因而遠遠勝過一切聲聞。慧源與善天尊者講解為比聲聞成就菩提要迅速。

故應除疲厭，駕馭覺心駒，
從樂趨勝樂，智者誰退怯？

因此，我們應當遣除一切疲厭駕馭菩提心的駿馬從安樂之處駛向安樂之處，了知功過的智者誰會懈怠退怯呢？

己三（增上對治）分二：一、略說；二、廣說。

庚一、略說：

勤利生助緣，信解堅喜捨，
畏苦思利益，能生希求力。
故斷彼違品，以欲堅喜捨，
實行控制力，勤取增精進。

有些人解釋說為了成辦眾生利益與摧毀所斷之怨敵的助緣為信解，但《大疏》中說：「希求」在這裡是嚮往善法之義。邦譯師說：梵語的版本中也有希求之義。我們要將這裡所謂的信解理解成希求之義。助緣有四，即信解善法、開始著手後不退的堅毅、更加增上的歡喜、有大必要時的放捨。其中信解之因：畏懼惡業之果報痛苦，通過思維它的功德而生起信解。為了斷除違品懈怠、增上精進，我們一定要奮發努力。

如果有人問：依靠什麼方法增上精進呢？

通過具足信解、自信即堅毅、歡喜、放捨的助緣而勤奮取捨，主宰身心來增上精進。

庚二（廣說）分三：一、具備助緣；二、依助緣精進修持；三、主宰自己。

辛一（具備助緣）分四：一、信解；二、自信；三、歡喜；四、放捨。

壬一（信解）分三：一、無信解之過；二、信解之功德；三、以宣說因之方式生起信解。

癸一（無信解之過）分三：一、思維未行信解之事；二、安立理由；三、宣說思維於法無信解之過而不應捨棄。

子一、思維未行信解之事：

發願欲淨除，自他諸過失，

然盡一一過，須修一劫海。

我已經發了菩提心，因此就必須要淨除摧毀自他的無量過患，然而就算是盡毀這些過失的每一種，也需要在如海劫期間精進努力。

若我未曾有，除過精進分，

定受無量苦，吾心豈無懼？

如果明明見到自己不具備少分能滅盡罪業的精進，那麼就成了無量痛苦的器皿，我怎麼能對此無動於衷、毫不懼怕呢？

發願欲促成，自他眾功德，

成此一一德，須修一劫海。

然我終未生，應修功德分，

無義耗此生，莫名太希奇！

同樣，我本該擁有促成自他（成佛）的眾多功德，當然即使要成辦每一分功德也需要在如海劫中修習。然而，我始終沒有生起應該修行的這些功德部分。本來，有幸擁有了難得的此生，而毫無意義地白白空耗，實在是莫名其妙，也是件非常遺憾的事！

子二、安立理由：

吾昔未供佛，未施喜宴樂，
未曾依教行，未滿貧者願，
未除怖者懼，未與苦者樂，
吾令母胎苦，唯起痛苦已。

《普明論》中解釋說：所謂的「無義耗此生」只是起到連接上下文的作用。《大疏》中也有其他講法。因為我從來沒有供養過佛陀，也沒有給予眾生大喜宴的安樂，又沒有遵循教規依教奉行，也不曾滿足貧困者的心願，未曾賜予怖畏者無畏，這以上是指沒有發放法、財、無畏施。慧源與普明論師將「供佛」解釋為供養佛堂。也沒有給痛苦可憐的眾生帶來安樂，我只是給母胎帶來了痛楚而已，根本就沒有體現出獲得暇滿人身的價值。

子三、宣說思維於法無信解之過而不應捨棄：

從昔至於今，於法未信解，
故遭此困乏，誰復捨信解？

我從以前的世代直至現在的今生，對正法沒有信解

欲樂，因而才遭遇如此乏少安樂的困境，此義是按《大疏》中解釋的。具有智慧者誰會捨棄信解正法呢？

癸二、信解之功德：

佛說一切善，根本為信解。

所有善法的根本就是信解，《慧海請問經》中云：「諸善之本即信解。」《文殊剎土莊嚴經》中也云：「諸法由緣生，住於意樂上。」

癸三（以宣說因之方式生起信解）分三：一、略說；二、廣說；三、攝義。

子一、略說：

信解本則為，恆思業因果。

若問：那麼如何生起信解呢？信解的根本就是要恆常思維、觀修善有善報、惡有惡報的因果規律。

子二（廣說）分二：一、總說黑白業果；二、廣說彼等特殊之果。

丑一、總說黑白業果：

痛苦不悅意，種種諸畏懼，

所求不順遂，皆從昔罪生。

五根門的從屬痛苦以及意識的從屬意苦受，還有種種恐怖、所有不幸，這一切果報均是由昔日造罪之因中產生。

由行所思善，無論至何處，

福報皆現前，供以善果德。

以欲樂心引發而奉行善法的人，不管轉生於何處，福報都會現前獻上善妙的供品。

惡徒雖求樂，然至一切處，
罪報皆現前，劇苦猛摧殘。

造罪之人雖然希求安樂，可是無論到哪裡，罪惡的果報都會現在其前，被罪業所感的劇苦兵刃猛烈摧殘，如《教王經》中云：「死亡來臨國王去，受用親友不跟隨，士夫無論行何處，業如身影隨其後。」

丑二（廣說彼等特殊之果）分二：一、善業特殊之果；二、罪業特殊之果。

寅一、善業特殊之果：

因昔淨善業，生居大蓮藏，
芬芳極清涼，聞食妙佛語，
心潤光澤生，光照白蓮敞，
托出妙色身，喜成佛前子。

因為昔日的清淨善業而感，生處殊勝、飲食殊勝、身體殊勝及生後殊勝。生處殊勝：即往生到比狹窄臭惡的胎生更為殊勝散發妙香涼爽的廣大蓮花蕊中；飲食殊勝：在那裡遠遠勝過以涎液漏水食物維生而依靠佛陀妙音說法的美食令自己光彩奪目；身體殊勝：超勝生的狹窄痛苦而以能仁佛光普照蓮花綻開，從中生出勝妙身體；生後殊勝：出生後勝過士夫攝受而住於無量光佛等前，蒙受佛法的庇護。具足這般殊勝而成為佛子，這完全是由不同尋常的善法所感召的。

寅二、罪業特殊之果：

因昔眾惡業，閻魔諸獄卒，

剝皮令受苦，熱火熔鋼液，

淋灌無膚體，炙燃劍矛刺，

身肉盡碎裂，紛墮燒鐵地。

由於昔日造罪，由自己業力形成的閻羅獄卒剝盡皮膚，苦不堪言，並且被極度熾熱的烈火熔化的沸騰銅汁澆灌體無完膚的身上，又再度被燃燒的劍矛刺入，肉碎百瓣，紛紛墜落在極其熾燃的鐵地上，這些都是以造無間罪等眾多彌天大罪所感召的。

子三、攝義：

故心應信解，恭敬修善法。

因此，應當信解希求善法，恭敬誠信取捨善惡，棄惡修善。

壬二（自信）分二：一、宣說生起自信；二、宣說趨入自信。

癸一、宣說生起自信：

執以金剛幢，行善修自信。

首當量己力，自忖應為否，

不宜暫莫為，為已勿稍退。

《華嚴金剛幢之六——迴向品》中云：「譬如，天子日輪升起不為天盲及不平之群山等所退，普照堪為對

境之一切。同理，菩薩為利他而現世，不為眾生種種過失所退，令堪為所化之眾生成熟、解脫。」我們應當按照此中所說的儀軌，修持能自始至終成辦善根的自信。在行事之初，要反覆思量、認真觀察自己是否具有成辦這件事的能力，如果有能力就著手進行，如果無能為力，則暫時放棄不做。假設力所不及，還是不做為好，如果開始以後就不應該半途而廢。

退則於來生，串習增罪苦，

他業及彼果，卑劣復不成。

如果半途而廢，那麼以等流果感召後世中也將屢屢退失誓言，士用果增上罪業，異熟果增加痛苦。放棄此事再做其他事，則做時及果時的這兩件善業都會有頭無尾，最終將一事無成。

癸二（宣說趨入自信）分二：一、略說；二、廣說。

子一、略說：

於善斷惑力，應生自信心。

對於善業、摧毀煩惱以及能力這三者，自己應當充滿信心。

子二（廣說）分三：一、業之自信；二、力之自信；三、滅惑之自信。

丑一、業之自信：

吾應獨自為，此是業自信。

為自他的一切善業，我獨自便能行持的這種心態即是業之自信。

世人隨惑轉，不能辦自利，
眾生不如我，故我當盡力。

如是思維的理由：為煩惱左右身不由己而行事的人們在這個世界上，連成辦自利也力所不及，由於眾生不能像我這樣成辦自他一切利益，因此我應當行持利益自他的一切事。

他尚勤俗務，我怎悠閒住？
亦莫因慢修，無慢最為宜。

如果其他人尚且認為不充當低劣之事的助伴而去負起其他重任等庸俗之事，那麼我怎麼不做利他的助伴而悠閒自得？這是不合理的。也不要以「那件事低劣、我是上等者」的這種傲慢而做那件事，無有傲慢是最好不過的，因此這種傲慢也要斷除。

丑二（力之自信）分四：一、理當依自信；二、對治之自信自性；三、呵責所斷之傲慢；四、讚歎對治之自信。

寅一、理當依自信：

烏鴉遇死蛇，勇行如大鵬，
信心若怯懦，反遭小過損。

譬如，在遇到死蛇時，烏鴉也會像大鵬鳥一樣對牠顯露出輕蔑的行為。同樣，倘若我表現出軟弱無能，那

麼小小的墮罪也會加害於我。

怯懦捨精進，豈能除福貧？

自信復力行，障大也無礙。

倘若一想到斷除煩惱，就具有一種怯懦畏縮的心理，放棄精勤，如此又怎麼能去除福德的貧窮呢？永遠也不能擺脫這種貧窮。如果生起一種自信，並且勵力行持，那麼所斷再大也難以妨害阻礙你。

故心應堅定，奮滅諸罪墮，

我若負罪墮，何能超三界？

所以內心應當堅定奮勇毀盡一切墮罪，我如果被墮罪擊敗，那麼如何能超離三界呢？想超勝三界顯然就成了可笑之處。

寅二、對治之自信自性：

吾當勝一切，不使惑勝我，

吾乃佛獅子，應持此自信。

作為人中獅佛陀之子的菩薩，我理當勝伏一切所斷煩惱，絕不能讓所斷煩惱戰勝我，要持有這種自信的傲慢。

寅三、呵責所斷之傲慢：

以慢而墮落，此惑非勝慢，

自信不隨惑，此信制惑慢。

眾生往往以具有功德等而自居的傲慢摧毀自己，這種傲慢是染污性的，而不是殊勝的自信，具有殊勝自信

心並非如此，真正的自信不隨煩惱敵人所轉，而（能制服）那些被煩惱敵所轉的傲慢㉝。

33

此句藏文原義是：而一般染污性的的傲慢隨著煩惱敵所轉。

因慢生傲者，將赴惡趣道，
人間歡宴失，為僕食人殘，
蠢醜體虛弱，輕蔑處處逢。

如果有人心想：隨煩惱轉又有什麼過失呢？

以煩惱的傲慢而生起驕傲自滿之心，結果就會將被這種傲慢帶入惡趣，即便轉生為人也是毀滅喜宴，心不歡喜，成為他人使用的奴僕，愚昧無知，相貌醜陋，身體虛弱，隨時隨地被人凌辱、歧視。

傲慢苦行者，倘入自信數，
堪憐寧過此？

再者，以傲慢而苦行者本來是染污性的傲慢，如果把它列在自信當中，那麼還有比這更值得悲憫的對境嗎？

寅四、讚歎對治之自信：

為勝我慢敵，堅持自信心，
此乃勝利者，英豪自信士。
若復真實滅，暗延我慢敵，
定能成佛果，圓滿眾生願。

為了勝伏煩惱的慢敵而滿懷對治的自信，這才是真正的自信者、勝利者，也堪稱為真勇士。只有這樣的人才必能毀盡傲慢之敵，也能圓滿成辦眾生一切所欲暫時與究竟佛陀的果位。

丑三、滅惑之自信：

設處眾煩惱，千般須忍耐，
如獅處狐群，不遭煩惱害。

如果處於眾多煩惱的群體中，一定要經常千方百計地忍辱負重，加以對治，就像獅子不為狐狸群所害一般不會被任何煩惱所害。

人逢大危難，先護其眼目，
如是雖臨危，護心不隨惑。

當人遭遇極大恐怖處於危急時刻，最先要集中精力保護眼目。同樣，當遇到猛烈的煩惱外緣危難時，也要全力以赴爭取做到不被煩惱控制。如果按照本頌的翻譯來看，意思是很明顯的，但慧源與善天尊者譯為「人逢大危難，如眼不見味」，並解釋道：「如眼不取味一般，遇到再大困難，也根本不被煩惱左右。」

吾寧被燒殺，甚或斷頭顱，
然終不稍讓，屈就煩惱賊。
一切時與處，不行無義事。

我寧願被燒死或被砍斷頭顱，但無論如何也絕不向煩惱的敵人屈服。有些論中說「『一切時與處，不行無義事』並不是阿闍黎寂天菩薩所說」，但由於難以分析，因而按原文保留為妙。

壬三（歡喜）分二：一、略說；二、廣說。

癸一、略說：

如童逐戲樂，所為眾善業，

心應極耽著，樂彼無饜足。

正如喜歡玩耍的孩童希求遊戲的樂果一樣，菩薩對所應奉行的善業執為所取，理當歡喜彼事永不滿足。

癸二（廣說）分三：一、理當行善本體安樂；二、理當不饜足異熟安樂；三、是故歡喜奉行。

子一、理當行善本體安樂：

世人勤求樂，成否猶未定，

二利能得樂，不行樂何有？

世間人為了自己安樂而做事，結果會不會安樂尚且無有定準，而為了眾生，事情也安樂、果報也安樂，不行如此之事如何能得到安樂呢？《大疏》中解釋說：想要後世安樂的人不行成為安樂之事，如何能得安樂呢？

子二、理當不饜足異熟安樂：

如嗜刃上蜜，貪欲無饜足，

感樂寂滅果，求彼何需足？

對於如同粘在刀刃上的蜂蜜一般利益微薄、過患嚴重的一切妙欲，尚且貪得無厭，那麼對於能感得暫時增上生、究竟決定勝的安樂怎麼會滿足呢？

子三、是故歡喜奉行：

為成所求善，歡喜而趣行，

猶如日中象，遇池疾奔入。

為了使所做之事善始善終，就要像春季正午時酷熱所逼的大象遇到湖泊立即會進入湖中般以歡喜的心情奉行善事。

壬四（放捨）分二：一、無力為之暫時放捨；二、完成後徹底放捨。

癸一、無力為之暫時放捨：

身心俱疲時，暫捨為久繼。

如果當下體力衰退、身心疲憊不堪而不具備成辦此事的能力，那麼為了將來能成辦，應當暫時擱置下來。

癸二、完成後徹底放捨：

事成應盡捨，續行餘善故。

如果前面的事已經圓滿完成，想成辦後後更為殊勝之事的人理應捨棄前面之事。

辛二（依助緣精進修持）分三：一、精進修持對治之方法；二、斷除罪過之方法；三、成辦同品之事。

壬一（精進修持對治之方法）分二：一、勤持不放逸；二、勤持正念。

癸一、勤持不放逸：

沙場老兵將，遇敵避鋒向，

如是迴惑刃，巧縛煩惱敵。

譬如，在沙場上久經百戰、經驗豐富的老將不會與敵人針鋒相對，以避免利刃擊中自己，再反過來摧毀對方。同樣，應當迴避煩惱利刃，巧妙縛住一切煩惱，使其無法再度加害。

癸二、勤持正念：

戰陣失利劍，懼殺疾拾取，

如是若失念，畏獄速提起。

例如，在戰場上失落鋒利的劍時，驚恐萬分會疾速拾起。同樣，如果喪失正念的兵器，就會忘失對治，當想起地獄的恐怖便會迅速拾起正念的利刃。

壬二（斷除罪過之方法）分二：一、不應出現罪業；二、出現罪業則制止。

癸一、不應出現罪業：

循血急流動，箭毒速遍身，

如是惑得便，罪惡盡覆心。

如果不慎中毒，那麼毒就會依靠血流而遍及全身，同樣，微乎其微的煩惱過失得到機會，依靠它深重的罪惡將逐漸彌漫內心。

如人劍逼身，行持滿缽油，

懼溢慮遭殺，護戒當如是。

比如手持寶劍者讓人攜帶裝滿芥子油的器皿上路，並威脅他說：如果途中一滴油溢出，就要殺死你。當時提油者由於畏懼而必須要全神貫注。同樣，具戒者護持戒律也務必要如此小心謹慎。

癸二、出現罪業則制止：

復如蛇入懷，疾起速抖落，

如是眠懈至，警醒速消除。

如果稍稍出現過患，就會導致嚴重的危害發生，因此應當像懷中進入毒蛇急不可待站起抖掉一樣，出現懈怠睡眠等時，要迅速加以制止。

每逢誤犯過，皆當深自責，

屢思吾今後，終不犯此過。

雖然這般努力，但假設出現少許過患，那麼每當犯錯誤之時，都應當自我譴責，並屢屢思維：無論如何我從今以後要盡心盡力做到不犯罪業。

壬三、成辦同品之事：

故於一切時，精勤修正念，

依此求明師，圓成正道業。

盡可能不出現罪業，當出現的時候立即予以制止，總之於一切時分，依靠所謂精勤修習對治這一正念之心的此因來值遇彼因——善知識，或者圓滿完成正道的大業。關於正道，《大疏》中解釋為獲得正道業，意思是說以通過善知識教誡，為了從墮罪中解脫，根除罪業，而欲求修成正道。

辛三、主宰自己：

為令堪眾善，應於行事前，

憶教不放逸，振奮歡喜行。

如絮極輕盈，隨風任來去，

身心若振奮，眾善皆易成。

不管做任何一件善事，首先要具備精進行持這所有善法的能力，並要憶念不放逸的一切言教，自己振作精神，極為歡喜而行持。其必要是，就像極其輕飄的柳絮隨風駕馭而來來去去一樣，心喜善法而運用自如駕馭身體與語言，如此一來，所有善法輕而易舉即可成辦。

第七品釋終

第八品　靜慮

丁四（靜慮）分三：一、以連接方式教誡修禪；二、斷除違品；三、謹持對治。

戊一、以連接方式教誡修禪：

發起精進已，意當住禪定，

如是通過聞思等途徑對入定方法等發起精進心，之後心應入定於一緣專注的等持中。如《學集論》中云：「當聞所受法，後住森林間。」

戊二（斷除違品）分二：一、略說；二、廣說。

己一、略說：

心意渙散者，危陷惑牙間。

身心若寂靜，散亂即不生，

故應捨世間，盡棄諸俗慮。

若問：如果不安住於等持中，後果將如何呢？心思旁騖外散之人住於煩惱的利齒之間，顯然很快就會被它所毀。

若又問：那麼，依靠什麼才能斷除散亂呢？身心寂靜就不會產生散亂的現象，因此應當捨棄俗世的憒鬧而使身寂靜，完全拋棄欲望等妄念從而使心寂靜。

己二（廣說）分二：一、離俗世；二、棄妄念；

庚一（離俗世）分二：一、從過患角度教誡遠離憒鬧；二、從功德角度教誡依止靜處。

辛一（從過患角度教誡遠離憒鬧）分二：一、生起當斷之心；二、修持斷除之法。

壬一、生起當斷之心：

貪親愛利等，則難捨世間，
故當盡棄彼，隨智修觀行。
有止諸勝觀，能滅諸煩惱，
知已先求止，止由離貪成。

由於貪戀有情、愛著利養等而不能捨棄紅塵俗世，想要斷除煩惱的智者一定要拋棄這些貪愛，如是而修行止觀。如《經莊嚴論》中云：「依於真安住，法性住心中，抉擇正法故，即是止與觀㉞。」具足一緣安住心之法性的寂止，由彼所生或與之雙運現證法性的勝觀能從根本上摧毀煩惱，了知這一道理後首先應當尋求寂止，而寂止也是依靠不貪世間且以歡喜心成就的，並不是依靠其他成就的。

壬二（修持斷除之法）分三：一、斷除貪執內有情；二、斷除貪執外資具；三、斷除貪無能為力之他利。

癸一（斷除貪執內有情）分二：一、貪執之過患；二、所貪對境之過患。

子一、貪執之過患：

自身本無常，猶貪無常人，
縱歷百千生，不見所愛人。

㉞唐譯：安心於正定，此即名為止，正住法分別，是名為觀相。

自身本來就是無常的本性，反而還要貪執無常的親人，以這種貪執導致，縱然歷經成百上千生世也見不到所喜愛的人，因為惡業必將產生不欲的果報。

未遇則不喜，不能入等至，
縱見不知足，如昔因愛苦。

如果沒有親眼看見所愛之人，就會心情憂鬱，不能入定，即使見到也心不滿足，依然如故因為貪愛他而遭受折磨。

若貪諸有情，則障實性慧，
亦毀厭離心，終遭愁歎苦。
若心專念彼，此生將虛度。

如果貪著有情，則會遮障現見真實義，並且能毀滅厭離心，被與之最終分離的憂愁所逼而哀歎苦惱。如果一門心思專注在親人身上而消磨時光，不修持善法，結果將毫無意義地虛度此生。

子二（所貪對境之過患）分二：一、耽著凡夫非為所依；二、如何相應時機而交往。

丑一（耽著凡夫非為所依）分三：一、略說；二、廣說；三、攝義。

寅一、略說：

無常眾親友，亦壞真常法。
行為同凡愚，必墮三惡趣，
令入非聖境，何需近凡愚？

善天尊者解釋說：無常的親密友人也能毀壞作為永恆解脫之因的正法。所謂「凡愚」有與老者、聖者與智者相對立的三種，這裡是指後兩者，其中最主要是指後者。因為行為如果與凡夫愚者同流合污，必將墮入惡趣，令我們與聖者緣分不同，也就是使我們不能跟隨聖者而被引領到他道，那麼依止凡愚又有何用呢？

寅二（廣說）分二：一、我於彼無利；二、彼於我無利。

卯一、我於彼無利：

剎那成密友，須臾復結仇，
喜處亦生嗔，凡夫難取悅。

凡夫人彼此一瞬間成為親密朋友，頃刻間也會反目成仇，甚至對於歡喜之處奉行善法也會嗔恨，因此凡夫實在難以取悅。

忠告則生嗔，反勸離諸善，
若不從彼語，嗔怒墮惡趣。

對他宣說有利的正法，他也生嗔，非但不接受，反而令自己離開有利的正法，如果不對他們言聽計從，便會怒氣沖沖，以此他們也會墮落惡趣中。

卯二、彼於我無利：

妒高競相等，傲卑讚復驕，
逆耳更生嗔，處俗怎得益？

對比自己高的人妒心大發，與自己平起平坐的人奮

力競爭，在不如自己的人面前，就擺出一副盛氣凌人的架勢；受到讚歎，就會驕傲自滿，如果聽到逆耳之語，便會生起嗔恚。交往凡夫能得到什麼收益呢？

伴愚必然生，自讚毀他過，

好談世間樂，無義不善事。

非但得不到利益，而且如果與凡夫愚者相處，那麼必定會產生自讚毀他、喜愛輪迴、貪執輪迴的閒言碎語等不善業。

寅三、攝義：

是故近親友，徒然自招損，

彼既無益我，吾亦未利彼，

故應遠凡愚。

由此可見，交往親友等他眾只能毀壞自己而已。他們未曾利益我，我也未能饒益他們，因而我們應該遠離凡夫。如《本生傳》中云：「殊勝之我勸君你，永不見聞諸凡愚，永遠不與彼交談，不受交凡生憂苦。」

丑二、如何相應時機而交往：

會時喜相迎，亦莫太親密，

善繫君子誼。

當相遇之時，要以欣喜的姿態令他高興，與他人的關係不過於親密，只是平平淡淡，最好結成不親不怨的君子之交。

猶如蜂採蜜，為法化緣已，

如昔未謀面，淡然而處之。

就像蜜蜂採蜜不貪戀花而從中取出蜂蜜一般，除了為正法善說或修法的法行等外出化緣之外，與所有人都以素昧平生的方式淡然相處。

癸二（斷除貪執外資具）分二：一、由貪生苦；二、貪境無實質。

子一、由貪生苦：

吾富受恭敬，眾人皆喜我，

若持此驕傲，歿後定生懼。

我如果懷有「我備受人們的恭敬愛戴，擁有豐厚的利養，眾人都喜歡我」的傲慢心態，那麼以此為因死後必然會生起怖畏，《彌勒獅吼經》中云：「以利養恭敬、親友、施主、智者或賢者這四緣生起驕慢，則為速墮地獄之因。」

故汝愚癡意，無論貪何物，

定感苦果報，千倍所貪得。

故智不應貪，貪生三途怖。

因此，愚昧的心你無論貪執利養等什麼事物，最終都將感受千倍於所貪之利等總和的痛苦。所謂「合計」的意思是說利養等成為痛苦與痛苦之因。因而智者對一切都無所貪執，因為貪執中會生畏懼之故。

子二（貪境無實質）分二：一、利養等無常；二、喜讚憂毀不合理。

丑一、利養等無常：

應當堅信解，彼性本應捨。

縱吾財物豐，令譽遍稱揚，

所集諸名利，非隨心所欲。

我們要對利養等的自性確定無疑是所該捨棄的事物這一點堅信不移，徹底認清。縱然我利養豐富，美名遠揚，名聞利養樣樣齊全，但並不能隨心所欲地支配，死亡的時候這些也不能跟隨自己。

丑二、喜讚憂毀不合理：

若有人毀我，讚譽何足喜？

若有人讚我，譏毀何足憂？

如果有他人詆毀我，那麼某人的讚歎有什麼令我歡喜的呢？因為有障礙歡喜的事物存在著。如果有其他人稱讚我，那麼某人的譏毀又有什麼令我不悅憂傷的呢？因為有障礙憂傷的事物存在著。

癸三、斷除貪無能為力之他利：

有情種種心，佛亦難盡悅，

何況劣如我，故應捨此慮。

有情的信解千差萬別，甚至佛陀也無法一一取悅，如善星比丘等，那更何況說像我這樣惡劣的人了，因此我們一定要放下交往俗人的念頭。

睥睨窮行者，詆毀富修士，

性本難為侶，處彼怎得樂？

《大疏》中解釋說：凡愚如何難以取悅呢？一切凡夫眾生，對於無有利養的清貧行人藐藐輕視，對於財產豐厚的富裕行者也是說刺耳的話加以詆毀，無論如何也不滿意，自性本來難以相處的這些凡夫人，他們的歡喜心怎麼會依靠我而生起呢？

如來曾宣示，凡愚若無利，
鬱鬱終寡歡，故莫友凡愚。

不交往凡愚的原因何在呢？

一切善逝都曾經這樣開示說：作為凡夫，如果自己沒有勝過他眾，心中就會悶悶不樂，因此切莫與任何凡夫為友。《入諸善逝行境經》中云：「如處猛獸中，永無歡喜心，如是依凡愚，亦永不欣樂。」

如果有人認為，這樣一來，就與所說的菩薩唯一行利眾之事相違了。

並不相違。前面是從不失毀自己而利他的角度而言的，這裡則是從與之相反的方面來說的，雖然不能直接利益他眾，但以利他的意樂奉行善法實際上也沒有捨棄利他。如云：「雖無力利他，彼意樂恆行，何者具彼心，彼實行利他。」

辛二（從功德角度教誡依止靜處）分三：一、於靜處生歡喜；二、斷除於彼不喜之因；三、教誨依止靜處。

壬一（於靜處生歡喜）分四：一、嚮往靜處之友

伴；二、嚮往靜處之住所；三、嚮往靜處之受用；四、嚮往心之功德。

癸一、嚮往靜處之友伴：

林中鳥獸樹，不出刺耳音，

伴彼心常樂，何時共安居？

寂靜的林間有親密的友伴飛禽走獸及茂密樹林，這些不會發出刺耳的聲音，與它們相依為伴，將安樂無比，什麼時候才能與它們共同居住呢？對此心中羨慕不已。

癸二、嚮往靜處之住所：

何時住樹下，岩洞無人寺，

願心不眷顧，斷捨塵世貪？

什麼時候才能居於岩洞或空無一人的殿堂或者樹下，拋棄以往的家庭等塵世，不再眷戀？

何時方移棲，天然遼闊地，

不執為我所，無貪恣意行？

什麼時候我才能義無反顧、無有掛礙居住在誰也未執為我所、天然廣闊的地方，不依賴任何人而自由自在、無牽無掛地修行？

癸三、嚮往靜處之受用：

何時居無懼，唯持缽等器，

匪盜不需衣，乃至不蔽體？

什麼時候我才能居住在靜處，只是持有土粉製成的缽盂等菲薄資物，身著眾人均不需要的糞掃衣，不必顧及身體，甚至對這些受用未作隱藏，不遮掩身體，也無所畏懼？

癸四、嚮往心之功德：

何時赴寒林，觸景生此情：

他骨及吾體，悉皆壞滅法。

什麼時候我才能去往尸陀寒林而如是觀想並通達：他人以前的骨骼與我的這個身體一模一樣均是最終壞滅的有法？

壬二、斷除於彼不喜之因：

吾身速腐朽，彼臭令狐狼，

不敢趨前嘗，其變終至此。

不喜歡靜處的原因就是貪著自他，所以要斷除它。我的這個軀體最終必將變成這副情形：腐爛不堪，散發出的臭氣甚至尋肉的狐狸也不願趨近跟前，更何況他眾了。因而身體不是我們該貪執的對境。

孑然此一身，生時骨肉連，

死後各分散，何況是他親？

與生俱來骨肉相連的這個獨立身體最後尚且也會支離破散，其他親友相互別離更不必說了，最終與這兩者都將分離。

生既孤獨生，歿復獨自亡，

苦痛無人攤，親眷有何益？

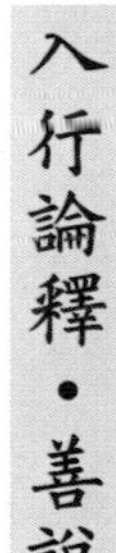

初生之時自己是孤身一人降生，死亡之際也將孤零零獨自死去，我的痛苦他人無法代受，障礙善法的親友有什麼利益呢？這一偈說明親友於己無有利益。

如諸行路客，不執暫留舍，
如是行有道，豈應戀生家？

譬如，行途中的旅客們都是離開一個住處又執著另一個住舍，不會貪著暫時的落腳處。同樣，踏上三有道路的眾生也將離開一個生處而取另一個處所，身體與親友也都不固定是我所，因此要斷除對這一切的貪執。

壬三、教誨依止靜處：

迨及眾親友，傷痛及哀泣，
四人捐吾體，屆時赴林間。

如果有人問：有教誡說在還沒有到世間親友等悲痛傷心，四人將自己的身體從家裡抬到尸陀林之前一定要去往林間。前往那裡有何必要呢？

無親亦無怨，隻身隱山林，
先若視同死，歿已無人憂。
四周既無人，哀傷或為害，
故修隨念佛，無人擾令散。

與誰人也不親，與誰也無怨，隻身一人居於寂靜處，親戚朋友等看待我好像早已死去了，這樣一來，即使在真正死亡的時候也無人憂傷，又沒有人在跟前被死亡的憂愁傷害，如此我也不會有因為見到憂傷者而心情不悅的現象，以此可行持隨念佛陀等一切善法，對此也不會有人攪擾得心煩意亂。

故當獨自棲，事少易安樂，

靈秀宜人林，止息眾散亂。

宣說完靜處功德後，接下來教誨居於林間靜處：因此應當隻身一人住在環境幽雅、瑣事鮮少、舒心悅意、能息三門一切散亂的林間。

庚二（棄妄念）分二：一、略說；二、廣說。

辛一、略說：

盡棄俗慮已，吾心當專一，

為令入等至，制惑而精進。

心除了思維善法以外放下一切，如云：「他我迷亂否，或他作未作，皆不應觀察，觀自入定否。」只是一心一意、千方百計使我的菩提心增上，為了以寂止入定、以勝觀調柔必須百般精進。

辛二（廣說）分二：一、於欲妙生起厭煩；二、於靜處生起歡喜。

壬一（於欲妙生起厭煩）分三：一、觀察果報可怕；二、觀察本體不淨；三、觀察因有害。

癸一、觀察果報可怕：

現世及來世，諸欲引災禍，

今生砍殺縛，來世入地獄。

無論對於今生或來世，欲妙都會帶來災難，今生中

依靠欲妙之因而遭殺、被縛、受害，來世也是墮入地獄等處。《勝月女授記經》中云：「欲妙之奴遭剖剁，砍頭挖眼斷手足，貪欲令墮眾生獄，令轉餓鬼與旁生。」《方廣莊嚴經》中云：「我知妙欲諸過患，爭論懷恨憂苦根，如同可怖之毒葉，如火亦如利劍刃。」

癸二（觀察本體不淨）分二：一、以同離命故觀彼不淨；二、觀察具命而觀彼不淨。

子一（以同離命故觀彼不淨）分六：一、無有所貪之法；二、以貪而視不應理；三、以嫉妒保護不應理；四、恭敬供養不應理；五、欣喜接觸不應理；六、以貪擁抱不應理。

丑一、無有所貪之法：

月老媒婆前，何故屢懇求？
為何全不忌，諸罪或惡名？

為什麼以前為了逢遇女人而百般懇求男女媒人，全然不顧及所有罪業或惡名？

縱險吾亦投，資財願耗盡，
只為女入懷，銷魂獲至樂。
除骨更無餘，與其苦貪執，
非我自主軀，何如趣涅槃？

哪怕是有喪命等危險的地方我也要進入並為此蕩盡財產，如此而做只是為了懷抱盡情享樂的女人。實際上這些女人也只是一堆骨鎖而已，別無其餘。與其如此貪戀並不能成為我自主與我擁有的這個女身，何不趨向涅槃呢？《念住經》中云：「女人禍害因，毀今生來世，若欲利己者，故當棄女人。」《大疏》中解釋說：「只為女入懷……」這是從貪執其他女人而言，下文中的女人是從自己妻子方面來說的。

丑二、以貪而視不應理：

始則奮抬頭，揭已羞垂視，

葬前見未見，悉以紗覆面。

《大疏》中解釋說：最初為了看清她的容顏，而努力使她向上抬頭，然而她卻羞澀地向下垂視，在送往尸林（天葬）之前，死時的新媳婦無論他人見或未見，都是用面紗遮住她的臉，這是就印度大多數種姓的傳統而言的。

昔隱惑君容，今現明眼前，

鷲已去其紗，既見何故逃？

昔日希望見到而迷惑你的那張面孔，如今明明擺在面前，尸林中的鷹鷲已扯去了她的面紗，既然已經見到，為何要驚慌失措逃跑呢？

丑三、以嫉妒保護不應理：

昔日他眼窺，汝即忙守護，

今鷲食彼肉，吝汝何不護？

以前，即便其他男士目視一眼你也竭力守護的那一身體，如今正在遭受啃食，此時此刻吝嗇的你為何不加以保護呢？

丑四、恭敬供養不應理：

既見此聚屍，鷲獸競分食，

何苦以花飾，殷獻鳥獸食？

既然眼見這具骨肉聚合的屍體正被鷹鷲、豺狼等競相吞食，你何苦以花鬘旃檀裝飾品等供奉給別人的食物喲？

丑五、欣喜接觸不應理：

若汝見白骨，靜臥猶驚怖，

何不懼少女，靈動如活屍？

如果見到尸林中的白骨紋絲不動也令你如此驚恐害怕，那麼為何不畏懼活著時起屍般由某種動機而行動的活屍呢？

丑六、以貪擁抱不應理：

昔衣汝亦貪，今裸何不欲？

若謂厭不淨，何故擁著衣？

從前即便是用衣服遮掩皮膚也對此貪執的你為何對裸體而露的肌膚不欲求呢？如果說討厭沒有遮掩的不淨裸露的身體，那麼為什麼要擁抱衣服包裹的身體呢？

子二（觀察具命而觀彼不淨）分三：一、髒物現前；二、以推理決定；三、破彼清淨相。

丑一（髒物現前）分二：一、貪分別之髒物不應理；二、譴責具迷亂者。

寅一（貪分別之髒物不應理）分三：一、破貪口水；二、破貪所觸；三、破貪身肉。

卯一、破貪口水：

糞便與口涎，悉從飲食生，
何故貪口液，不樂臭糞便？

如果說：喜愛女人的口水。

實際上糞便與口水都是由飲食這同一因產生的，既然如此，為何不喜愛這兩者中的糞便而單單喜歡女人的口液呢？

卯二、破貪所觸：

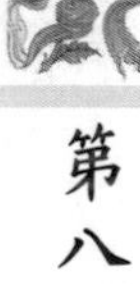

嗜欲者不貪，柔軟木棉枕，
謂無女體臭。彼誠迷穢垢。
迷劣欲者言：棉枕雖滑柔，
難成鴛鴦眠。於彼反生嗔。

如果說：喜愛女人的柔軟所觸。

既然如此，為何不貪執柔軟的木棉枕。

如果說：之所以不喜歡接觸有柔和感的木棉枕是由於它不會像女人一樣散發出惡臭體味。

具貪欲者的你為什麼對不淨物竟然如此癡迷？

愚昧惡劣的具貪者這樣說道：接觸木棉枕雖有柔滑的感覺，卻不能成為共用美眠者。由於對木棉枕甚至會起嗔怒，因此你貪執的根本不是所觸，只是貪戀不淨物而已。

若謂厭不淨，肌腱繫骨架，

肉泥粉飾女，何以擁入懷？

假設說對不淨物沒有貪戀，那麼你為什麼將骨骼連成、肉泥敷面的其他女人擁入懷抱中呢？

汝自多不淨，日用恆經歷，

豈貪不得足，猶圖他垢囊？

你自己的身體本來就具有許多不淨物，對此你恆常享用，為何還要貪婪地希求其他女人的骯髒臭皮囊呢？

卯三、破貪身肉：

若謂喜彼肉，欲觀並摸觸，

則汝何不欲，無心屍肉軀？

如果說：我不喜歡木棉枕等，而喜愛這個女人的柔嫩身肉。

假設只是想觸摸觀看她的肉，那你為何不希求死後無心自性的屍體肉呢？

所欲婦女心，無從觀與觸，

可觸非心識，空擁何所為？

如果說：由於屍體無有心，因而不希求。

看來你所欲求的是心，而並不是所觸與色相，所以無法觸摸與觀看，因為能接觸與觀看的那個身軀並不是心識，你擁抱實際不存在的軀體有什麼用呢？

寅二、譴責具迷亂者：

不明他不淨，猶非希奇事，

不知自不淨，此則太希奇！

不了解他人身體是不淨的本性倒也沒有什麼值得大驚小怪的，而不知道自己的身體為不淨的真相實在太稀奇了。

汝執不淨心，何故捨晨曦，

初啟嫩蓮花，反著垢穢囊？

如果說：身體雖然具有不清淨的部分，但對於具足圓滿顏色、形狀、味道、所觸這些方面才貪執。

這樣一來，離雲的陽光所開啟的新鮮蓮花也具足這些，你為何捨棄它反而以貪執不淨的心態去喜愛骯髒的皮囊呢？

丑二（以推理決定）分三：一、以因果決定不淨；二、以作用決定不淨；三、以比喻決定不淨。

寅一（以因果決定不淨）分二：一、真實宣說；二、呵責貪彼。

卯一、真實宣說：

若汝不欲觸，糞便所塗地，

云何反欲撫，泄垢體私處？

身體是不淨之因：如果你不願意接觸糞便等不淨物所染污的地方，那麼為何反而願意觸摸產生不淨物的身體私處呢？

若謂厭不淨，垢種所孕育，

穢處所出生，何以摟入懷？

身體是不淨之果：如果說對不淨物沒有貪執，那麼你為何要將不淨的母胎中出生、由父母不淨種子精血孕育出來、依靠母親所吃食物等骯髒物而形成的其他女身摟抱入懷呢？

糞便所生蛆，雖小尚不欲，

云何汝反欲，垢生不淨軀？

由骯髒糞便中生出的不淨蛆蟲雖然很小，但你卻不希求，為什麼反而欲求許多不淨物自性污穢身體所生出的龐大身軀呢？

卯二、呵責貪彼：

汝自不淨身，非僅不輕棄，

反因貪不淨，圖彼臭皮囊。

如果說：我自己的身體也本是如此，為何不希求她呢？就像夜叉與食子一樣。

你本該輕視自己的不淨身體，可是非但不輕視，反而由於貪戀你自己的骯髒臭皮囊還要欲求其他的臭皮囊，這實在不應理。

寅二、以作用決定不淨：

宜人冰片等，米飯或蔬菜，

食已復排出，大地亦染污。

無論是合意的冰片等還是可口的米飯、蔬菜這些清淨的東西吃進口中後再排泄出來就連大地也會被污染，更何況說導致如此後果的身體了。

寅三、以比喻決定不淨：

垢身濁如此，親見若復疑，

應觀寒尸林，腐身不淨景。

如果親眼目睹身體這般不清淨仍舊生起懷疑，那麼就應當去觀看扔在尸林中不淨屍體的場面。

皮表迸裂屍，見者生大畏，

知已復何能，好色生歡喜？

見到表皮裂開也會生起極大畏懼的人們知道（這一真相）後怎麼還能對不淨的軀體生起歡喜心呢？

丑三（破彼清淨相）分三：一、以他功德貪身不合理；二、身體本性不應貪執；三、喜彼不應理。

寅一、以他功德貪身不合理：

塗身微妙香，旃檀非她身，

何以因異香，貪著她身軀？

如果說：由於女人具有旃檀等薰染的芳香，因而貪戀她的身體。

塗在身體上的香氣是旃檀等的功德而不是她身的功德，為何要以其他物品的香味而貪戀女人的身體呢？

身味若本臭，不貪豈非善？

貪俗無聊輩，為何身塗香？

假設貪執氣味，那麼這個身體自性本是臭惡的，不貪戀它難道不是最好嗎？貪愛無聊庸俗之事的人們為何偏偏要在身體上塗抹香水呢？

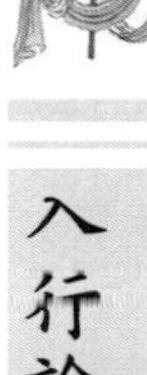

若香屬旃檀，身出乃異味，

何以因異香，貪愛女身軀？

如果說：儘管本來不具有芳香，但塗抹後會變得香氣撲鼻，因而貪戀她。

如果那香味是屬於旃檀的，身體又怎麼會散發出香氣呢？根本不會散發。既然不會散發，你為什麼以他物的氣味而貪執女人的身體呢？

寅二、身體本性不應貪執：

長髮污修爪，黃牙泥臭味，

皆令人怖畏，軀體自本性，

如傷己利刃，何故勤擦拭？

假設對身體的本來面目絲毫不做修改，就是長長的亂髮、修長的指甲、具有污垢的黃黃牙齒、汗泥染污的赤裸可怖的身軀，為何要苦苦貪著它呢？這就像擦拭傷害自己的兵器一樣，為什麼要苦苦地清潔、修飾自己的身體呢？

寅三、喜彼不應理：

自迷癡狂徒，嗚呼滿天下！

可悲啊！由於癡迷自己的不淨身體而毫無意義地為了它的清潔付出辛苦，被煩惱迷醉的瘋狂之輩充斥遍滿了整個大地。

寒林唯見骨，意若生厭離，

豈樂活白骨，充塞寒林城？

如果這些人見到尸林中的唯一白骨而生起厭離，那麼由這樣的動機驅使，還會喜歡活動的骨鎖遍布的尸林城嗎？根本不應當喜歡。

癸三（觀察因有害）分二：一、略說；二、廣說。

子一、略說：

復次女垢身，無酬不可得，
今生逐塵勞，彼世遭獄難。

如此污濁不堪的女人無有資本也是得不到的，為了她要奔波積財，即生中也是忙得團團轉，搞得精疲力竭，來世還要遭受地獄等痛苦的災難。

子二（廣說）分二：一、無有享用欲妙之機會；二、與他罪相聯。

丑一、無有享用欲妙之機會：

少無生財力，及長怎享樂？
財積壽漸近，衰老欲何為？

孩提時代沒有能力積攢獲得女人的錢財，到了壯年時沒有得到又怎麼能享樂呢？之後一直為了財產等辛苦奔波，在這期間人生將至盡頭，等到老態龍鍾以後，欲妙又有什麼用呢？那時根本無力享受。

多欲卑下人，白日勞力竭，
夜歸精氣散，身如死屍眠。

再者，有些具有欲望的下劣之輩白天忙忙碌碌，疲憊不堪，到了晚上回到家中後疲勞的身體就像屍體一般

睡臥下去，根本無法享受欲樂。

或需赴他鄉，長途歷辛勞，

雖欲會嬌妻，終年不相見。

有些人由於長途跋涉而折磨得心身憔悴，遠離自己的家鄉，苦不堪言，雖然想念嬌柔的妻子，卻常年不能相見，更何況說享受欲樂了。

丑二（與他罪相聯）分六：一、獲得身苦；二、阻礙解脫機會；三、以比喻說明過患；四、空耗暇滿；五、痛苦無義；六、痛苦無法比擬。

寅一、獲得身苦：

或人為謀利，因愚賣身訖，

然利猶未得，空隨業風去。

本想自己得利，但由於對方法一竅不通，而為了妻子、生計等販賣自己的身體，實際上並沒有從中獲利，對自己沒有其他利益，只是隨著妻子等業風不由自主而去，今生來世都極為痛苦。

或人自售身，任隨他指使，

妻妾縱臨產，荒郊樹下生。

有些人自己的身體出賣給別人當奴僕，身不由己地受他人役使，即便是妻子臨產時，也沒有自己的家，而是在樹下荒郊野處等隨處而生，飽嘗苦痛。

欲欺凡夫謂：求活謀生故，

慮喪赴疆場，為利成傭奴。

被欲望所欺惑的愚夫說：「為了生存，我必須要去戰爭，這樣才能養家糊口。」於是他們一邊擔憂送命一邊赴往戰場。還有的人為了謀利而去做他人的奴傭。

為欲或喪身，或豎利戈尖，

或遭短矛刺，乃至火焚燒。

此外，貪欲之因使那些欲壑難填的人，有的身體被斬斷，有的被穿在利戈尖端上，有些被短矛所刺，有些被烈火焚燒，這些也是隨處可見的。

寅二、阻礙解脫機會：

積護耗盡苦，應知財多禍，

貪金渙散人，脫苦遙無期。

以積累、守護、耗盡的苦惱所害，為此，我們一定要認識到財產是無邊禍殃的根源，貪財散亂的人們無有從三有痛苦中解脫的機會。

寅三、以比喻說明過患：

貪欲生眾苦，害多福利少，

如彼拖車牲，唯得數口草。

對於具有貪欲者來說，上述的過患可謂多如牛毛，而福利卻微乎其微，就像拉車的牲畜只能得到幾口草料。

寅四、空耗暇滿：

彼利極微薄，雖畜不難得，

為彼勤苦眾，竟毀暇滿身。

輕而易舉可以辦到的微薄之利，牲口來辦也不成問題。《致弟子書》中云：「善逝依道引眾生上路，具大心力之人能獲得，天龍非天大鵬持明者，人耶非耶㉟大腹不得彼。」正如這其中所說，具有能修持菩提的圓滿功德並且來之不易的暇滿人身，往往被那些由往昔業力所牽而不知取捨的人們白白地浪費掉。

寅五、痛苦無義：

諸欲終壞滅，貪彼易墮獄，
為此瞬息樂，須久歷艱困。

欲望自之本體必將壞滅，並具有能使人墮落地獄等過患，為了毫無大利、只是瞬間安樂的它居然要恆時飽經痛苦折磨的莫大艱辛。

彼困千萬分，便足成佛道，
欲者較菩薩，苦多無菩提。

如果把為了欲望的這份艱辛千百萬分之一用在修持正法上，也足可以成就佛果，然而具貪欲者所受的痛苦要比行持菩薩行者大得多，卻並沒有依此而成就菩提果的。

寅六、痛苦無法比擬：

思維地獄苦，始知諸欲患，
非毒兵器火，險地所能擬。

㉟人耶非耶：即人非人，天龍八部化作人形在佛前聽法，似人而非人，故而得名。

如果思維貪欲的果報地獄等痛苦，那麼兵刃、毒害、烈火、險地以及怨敵這一切都無法比擬。

壬二（於靜處生起歡喜）分二：一、略說連接文；二、廣說。

癸一、略說連接文：

故當厭諸欲，欣樂阿蘭若。

綜上所述，我們必須對欲妙生起厭煩之心而對寂靜處生起歡喜之情。

癸二（廣說）分二：一、圓滿之特點；二、安樂之特點。

子一、圓滿之特點：

離諍無煩惱，寂靜山林中，
皎潔明月光，清涼似檀香。
傾瀉平石上，如宮意生歡。
林風無聲息，徐徐默吹送。
有福瑜伽士，踱步思利他。

既沒有外界的爭論，也沒有內心的煩惱，又無有盜匪等威脅的寂靜林間，有緣的菩薩就像國王在檀香塗敷的王宮中散步，或者伴著皎潔的月光、檀香散發出的清涼，在寬闊平坦、舒心悅意的石洞宮殿裡，享受別人揮動有寶柄之扇子的悠閒一般。林中悄無聲息，柔和的林風徐徐吹送，具有福德的瑜伽行者一邊緩緩踱步，一邊心中思維利益他眾之事。

子二、安樂之特點：

空舍岩洞樹，隨時任意住，

盡捨護持苦，無忌恣意行。

在空無一人的房室、樹下、岩洞中可以隨心所欲而安住，遠離執著守護欲妙的痛苦，無憂無慮、悠然自得而修行。

離貪自在行，誰亦不相干，

王侯亦難享，知足閒居歡。

隨自己的心願自由自在行持，對一切資具無有貪執，與任何眾生都無有牽連，享受知足少欲的快樂，這樣的快樂恐怕連帝釋天王也難以得到。如《致弟子書》中云：「皎潔圓滿月輪作莊嚴，山腰飄帶雨雲層層現，山頂森林之中無貪著，如風飄動終生大緣分，森林野獸成群而棲息，美麗悅意之地遍快樂，如此歡喜林園天界中，自然石板妙處豈具有？」前面講述了對身寂靜生起歡喜心，這裡講述了對心寂靜生起歡喜，因而不會有重複的過失。

戊三（謹持對治）分三：一、總說連接文；二、修世俗菩提心；三、修勝義菩提心。

己一、總說連接文：

遠離諸塵緣，思彼具功德，

盡息諸分別，觀修菩提心。

以上述等方式思維靜處功德後，接下來就要息滅一

切欲望等分別妄念，觀修菩提心。

己二（修世俗菩提心）分三：一、自他平等；二、自他相換；三、共同之事宜。

庚一（自他平等）分三：一、教誡修自他平等；二、廣說修法；三、攝義。

辛一、教誡修自他平等：

首當勤觀修，自他本平等。

世俗菩提心分為二，首先要集中精力修自他平等。如果不具備自他平等的菩提心，就無法生起利他的清淨心。

辛二（廣說修法）分二：一、真實宣說修法；二、功德。

壬一（真實宣說修法）分三：一、略說；二、廣說；三、攝義。

癸一、略說：

避苦求樂同，護他如護己。

眾生與我同等理當護持，因為希求快樂、不願受苦這一點眾生與我一模一樣。

癸二（廣說）分二：一、能生起平等心；二、理當生起。

子一、能生起平等心：

手足肢雖眾，護如身相同，
眾生苦樂殊，求樂與我同。

手足等分類雖然眾多，但將它們執為一身而盡力愛護這一點完全相同。同樣，儘管一切有情千差萬別，然而他們由於耽著自己一身而想離苦得樂這一點與我完全相同。

雖我所受苦，不傷他人身，
此苦亦當除，執我難忍故，
如是他諸苦，雖不臨吾身，
彼苦仍應除，執我難忍故。

如果有人問：自他的痛苦互相無害，因此如何能生起這樣的心呢？《大疏》中對此回答道：「雖說自己所生的痛苦不會傷及他眾的身體，但實際上這樣的痛苦也就是自己的痛苦，因為自己有我執而無法忍受彼苦之故。同樣的道理，儘管他人的痛苦不會降臨到自己的頭上，然而，如果將他執為我，那麼他的痛苦也就是我的痛苦，因為他以我執而難以堪忍彼苦之故。」實際上是說，應當生起了知將他執為我則他的痛苦與自己的痛苦也就無有差別這一智慧。

子二（理當生起）分二：一、安立因；二、成立周遍。

丑一（安立因）分二：一、對境苦樂相同；二、有境意願相同。

寅一、對境苦樂相同：

吾應除他苦，他苦如自苦，

吾當利樂他，有情如吾身。

其他眾生的痛苦，我理當遣除，是痛苦之故，如同我的痛苦一般；其他眾生，我理當饒益，是眾生故，如同我的身體一般。

寅二、有境意願相同：

自與他雙方，求樂既相同，

自他何差殊？何故求獨樂？

自與他雙方，惡苦既相同，

自他何差殊？何故唯自護？

任何時候自己與他眾都同樣希求快樂，自己與他眾又有什麼差別呢？為何不顧他眾而只熱衷於獨自一人安樂呢？同理，任何時候，自己與他眾都同樣不願痛苦，自己與他眾又有什麼差別呢？為何不顧他眾而只愛護自己呢？這裡是從希求相同的角度而言的，因此在取捨上沒有差別。《大疏》中將此二偈頌安立前推理的能遍㊱而講解的。

丑二（成立周遍）分二：一、真實宣說成立周遍；二、斷罪之答辯。

寅一（真實宣說成立周遍）分二：一、一異無實故互不護持之過；二、故當斷除我執。

卯一（一異無實故互不護持之過）分二：一、時間

㊱能遍：因明術語，概括眾多部分概念的總體，如瓶，是概括金瓶、瓷瓶等一切瓶類的能遍，亦即金瓶、瓷瓶的總概念。

相異之苦不護之過；二、對境相異之苦不護之過。

一、時間相異之苦不護之過：

謂彼不傷吾，故不護他苦，
後苦不害今，何故汝防護？
若謂當受苦，此誠邪思維，
亡者他體故，生者亦復然。

如果說：我的痛苦對自己有害，因此我當保護，他眾遭受的痛苦對我無害，所以不保護他。

那麼，未來的惡趣痛苦也沒有損害到今生，你為何要保護呢？因為它明明對今生無害之故。

如果對方認為：那一痛苦雖然對今生無害，但我後來要感受，因此要防護。

這種將今生後世之蘊執為一體的分別念純屬是顛倒的，因為死亡以後今生顯然也就成了他體，今生相對後世是他體，因而乃至前後剎那之間都可同樣依此類推。

二、對境相異之苦不護之過：

若謂自身苦，應由自防護，
足苦非手苦，何故手護足？

如果說：任何時候，自身的痛苦應當由自己來保護，而不是由他者來保護。

既然如此，腳的痛苦，為何要用手來保護呢？因為它不是手的緣故。

卯二、故當斷除我執：

若謂此非理，執我故如此，

執自他非理，唯當極力斷。

如果說：雖然這種做法不合理，但由於我執串習而有今生護後世、以手護足的心態才這麼做的。

有些注釋中對此回答說：實際上，無論是自己還是他眾，不應理的地方都要盡心盡力予以斷除。

寅二、斷罪之答辯：

相續與蘊聚，假名如軍鬘，

本無受苦者，誰復感彼苦？

既無受苦者，諸苦無分別。

如果說，雖然手、足，前、後世同是異體，但自己的前後世是同一相續，手足等是同一蘊聚，彼此保護的其他眾生並非如此，因而不保護他們。

所謂的一相續實際上就像許多顆珠子穿在一起稱一串念珠一樣，所謂的一蘊聚也只不過像許多士兵聚集一起叫軍隊等一樣虛妄，沒有獨立成實的本性。

再者，如若認為這些對境、時間雖然是異體，但能感受的人是一個，因此加以保護。既然受苦者不存在，那麼誰在主宰這一痛苦呢？感受痛苦者無有，自他一切均無有差別，因而區分自他防不防護顯然是不應理的。

癸三（攝義）分二：一、真實宣說攝義；二、遣除爭論。

子一、真實宣說攝義：

苦故即當除，何需強區分？

不應有此諍，何需除他苦？

欲除悉應除，否則自如他。

因為是痛苦，故而他眾的痛苦也需要遣除，只消除自己的痛苦而不解除他苦這般強制區分有何用呢？只願意遣除自己痛苦的對方不應該爭論說：痛苦與痛苦者都不存在，因而為何要遣除一切眾生的痛苦？如果要解除自己的痛苦，那麼理所應當解脫一切痛苦，原因是若不解除他眾的痛苦，則自己的痛苦也如其他眾生的痛苦一樣不應解除。安樂也可依此類推。

子二、遣除爭論：

悲心引眾苦，何苦強催生？

若愍眾生苦，自苦云何增？

如果有人問：以悲心將其他眾生的所有痛苦作為我所，如此一來，不是具有許多痛苦了嗎？為何要策勵激發這種痛苦呢？

作答：如果想到眾生的地獄等痛苦，那麼觀待它而生悲憫，怎麼會增多痛苦呢？絕不會增多。

一苦若能除，眾多他人苦，

為利自他故，慈者樂彼苦。

妙花月雖知，國王有害意，

然為盡眾苦，不惜殉自命。

即便是稍有痛苦，但慈悲者的一個痛苦能換來其他眾生不受更多的痛苦，那麼為了自己與他眾，仁慈的菩薩必會欣然承受這一痛苦。例如，妙花月菩薩明知國王的害心，但沒有去解除自己的痛苦而是毅然決然前往危險之處，依此而消除了許多眾生的痛苦。《三摩地王經》中記載：善逝寶蓮月現聖王教法末期，有一名為妙花月比丘與七千菩薩一同居於名為普賢林苑中。他以神通觀察，結果發現若前去勇施國王珍寶皇宮說法，則數多含生將獲得善趣與解脫，若未說法，則不得善趣與解脫。雖然明知國王會殺害自己，但他仍舊去往該處，於七日內不食，夜間轉繞具善逝指甲之佛塔，白日前往宮中講經說法，將數多那由他眾生安置菩提，最終自己被國王所殺。事後國王也追悔莫及，將其遺骨作為靈塔供養。

壬二、功德：

如是修自心，則樂滅他苦，
惡獄亦樂往，如鵝趣蓮池。

如此在相續中串修自他平等之人樂於息滅他眾的痛苦，因此一經發現有息苦的方法，便會像天鵝喜愛蓮花池一般趣入，縱然是無間地獄，也會前往。

有情若解脫，心喜如大海，
此喜寧不足？云何唯自度？

若問：解脫是大樂，因此我想自我解脫，而利他的快樂並不是大樂，為何要欣然趣入呢？

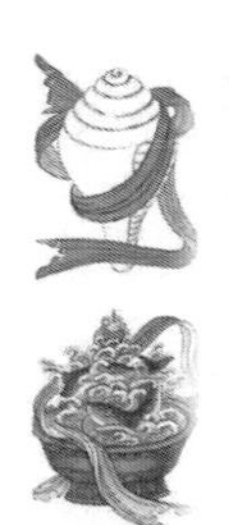

作答：如果能令一切有情從痛苦中解脫，那麼這種喜樂如同無邊大海一般，難道以如此的喜樂還不滿足嗎？只求獨自解脫與之相比實在無有樂味，單是希求自我解脫有什麼用呢？有些注釋中也明示說：遠離味道的安樂有何用呢？依靠利他的安樂，解脫也會順便獲得。如云：「現行眾生利，善逝自然得，由他轉汝德，略說彼詩人。」

故雖謀他利，然無驕矜氣，
一心樂利他，不望得善報。

因此，雖然菩薩行持利他之事，但無有自以為是、執為稀奇的心態，菩薩一心一意熱衷於利他，而並不圖異熟果報。

辛三、攝義：

微如言不遜，吾亦慎防護，
如是於眾生，當習悲護心。

對於自身，縱然是微不足道出口不遜的區區小事，我也加以防護，同樣，對於他眾也應修習這種愛護心與悲憫心。

如親精卵聚，本非吾自身，
串習故執取，精卵聚為我。
如是於他身，何不執為我？

如果認為：無法做到這樣。《大疏》中駁斥說：就像以串習之力而將父母精卵聚合本不存在我的物質執為我一樣，如果經過串修，為何不能對他眾的身體執為我呢？完全能夠執為我。

庚二（自他相換）分二：一、略說；二、廣說。

辛一、略說：

自身換他身，是故亦無難，

自身過患多，他身功德廣，

知已當修習，愛他棄我執。

如此一來，自身相換他身也無有困難，《大疏》中將這兩句頌詞攝於自他平等的範疇內，而此處是按照善天尊者的觀點在自他相換中講解。因此，了知自己或愛重自己的過患以及他眾或愛重他眾的如海功德後應當修習拋棄我執，而珍愛取受他眾之苦。

辛二（廣說）分二：一、宣說法相；二、宣說事宜。

壬一（宣說法相）分五：一、代受他苦；二、捨棄自己；三、自他為主之功過；四、自他不相換之過患；五、攝義。

癸一（代受他苦）分三：一、代受他苦應理；二、退失不應理；三、攝義。

子一（代受他苦應理）分四：一、理當代受；二、能夠代受；三、彼之功德；四、教誡代受。

丑一、理當代受：

眾人皆認許，手足是身肢，

如是何不許，有情眾生分？

如果認為將許多不同的眾生執為一我是不合理的。其實這是合理的，就像本是身體支分的手等許多肢體承許為一身一樣，有情是一切眾生的分支，因此為何不將他們許為眾生一體而一取一捨呢？道理相同之故。

丑二、能夠代受：

於此無我軀，串習成我所，

如是於他身，何不生我覺？

若想：道理雖然相同，但生不起來這樣的心。既然由於長久串習，對本來無我的這個身體也能執為我而產生是我的概念，如是對他眾的身體串習為何不能生起是我的念頭呢？

丑三、彼之功德：

故雖謀他利，然無驕矜氣，

如人自餵食，未曾盼回報。

如果對其他眾生起我的概念，那麼雖然行持利他之事，也不會產生自以為是、洋洋自得的傲氣，就像自己吃食物不會希求回報一樣也不會有圖報之心。

丑四、教誡代受：

微如言不遜，吾亦慎防護，

如是於眾生，當習悲護心。

從道理與功用方面來說他眾均具有功德，縱然是微乎其微如出言不當的事，我也要小心翼翼慎重防護，同樣，對於他眾也要這樣來修愛護心與慈悲心。《釋論》中說：悲心與護心重複，因而此處應該是說要修習慈護心。

怙主觀世音，為除眾怖畏，
湧現大悲心，加持自聖號。

由於極度串習慈悲心，怙主觀世音菩薩以大悲心甚至為了消除眾生小至在輪迴中害怕的恐懼感，也是加持自己的名號，使得僅僅聽聞到此名號，便能得到庇護。《華嚴經》中云：「憶念三次我之名號者，願彼於輪迴中無有恐怖感。」

子二、退失不應理：

聞名昔喪膽，因久習近故，
失彼竟寡歡，知難應莫退。

若想：雖說功德巨大，也有能力，但還是極為困難。

我們不應當因難而退，如果長久串習，那麼就會變得輕而易舉。因為通過如此的串習力，甚至與曾經聞名喪膽的眾生朝夕共處，久而久之，一旦失去也會鬱鬱寡歡、悶悶不樂。

子三、攝義：

若人欲速疾，救護自與他，
當修自他換，勝妙秘密訣。

想迅速救護自己與他眾脫離一切痛苦之人應當修行

自他相換這一對非法器保密的勝妙竅訣。

癸二（捨棄自己）分二：一、現世生怖畏故當捨棄；二、後世生痛苦故當捨棄。

子一、現世生怖畏故當捨棄：

貪著自身故，小怖亦生畏。

於此生懼身，誰不似敵嗔？

由於貪執自己的身體，以致於對微乎其微的險處也生起恐懼，因此對於產生一切畏懼的自身，具有智慧者誰不像怨敵一樣嗔恨呢？

子二、後世生痛苦故當捨棄：

千般需療除，飢渴身疾者，

捕殺魚鳥獸，伺機劫道途。

或為求利敬，乃至殺父母，

盜取三寶物，以是焚無間。

有誰聰智者，欲護供此身？

誰不視如仇，誰不輕蔑彼？

有人為了解除自身的飢渴、治療疾病等而捕殺飛禽走獸以及水中魚類等，潛伏途中伺機搶劫別人的財產。或者，為了得到利養恭敬甚至殺害父母雙親、盜取三寶財物，依此導致在無間地獄中被焚燒。作為智者，誰還會由於喜愛身體而想保護它呢？誰還能不視之如仇、藐視輕蔑呢？理當視之如仇、藐視輕蔑。

癸三（自他為主之功過）分二：一、相之差別；

二、果之差別。

子一、相之差別：

若施何能享？自利餓鬼道，

自享何所施？利他人天法。

聲稱「若施給他眾自己享用什麼」只考慮自利的人實際上是餓鬼的做法。「若自己享用，布施什麼」這種考慮他利的念頭正是善妙的天界法規。

子二（果之差別）分三：一、分別宣說；二、攝義；三、以實例說明。

丑一、分別宣說：

為自而害他，將受地獄苦，

損己以利他，一切圓滿成。

如果為了自己而傷害他眾，結果將在地獄等處遭受苦難；如果為了他眾而損害自己，則能獲得一切圓滿之事。

欲求自高者，卑愚墮惡趣，

迴此舉薦他，受敬上善道。

只求自己凌駕於他人之上的人最終將一落千丈，墮入惡趣，成為種姓低賤、相貌醜陋、愚蠢之輩；相反，如果將高位讓與他人，則投生善趣並受到敬仰承侍。

為己役他者，終遭僕役苦，

勞自以利他，當封王侯爵。

為了自己而差使他眾的人，將感受被奴役當差的痛

苦；如果為了利他而自己勞作，將獲得擁有眷僕的君主達官之位。

丑二、攝義：

所有世間樂，悉從利他生，

一切世間苦，咸由自利成。

總而言之，凡是世間的安樂都是由希望他安樂而生，世間的所有痛苦均來源於貪圖自樂。

丑三、以實例說明：

何需更繁敘？凡愚求自利，

牟尼唯利他，且觀此二別。

何需要更多繁多冗長地講述此等理由，只要看一看凡夫愚者謀求自利、能仁佛陀唯一利他這二者的差別（便可一清二楚）。

癸四（自他不相換之過患）分二：一、真實宣說；二、教誡斷除彼因。

子一（真實宣說）分三：一、未見之過患；二、可見之過患；三、攝義。

丑一、未見之過患：

若不以自樂，真實換他苦，

非僅不成佛，生死亦無樂。

如果沒有以自己的安樂真實相換他者的痛苦，那麼非但不能成就佛果，就是在輪迴中也無法獲得善趣的安樂。

丑二、可見之過患：

後世且莫論，今生不為僕，
雇主不予酬，難成現世利。

暫且不說後世不得安樂，就是在即生中，僕人不做事情、主人不給薪水，也無法成辦現世的衣食和所需之事。

丑三、攝義：

利他能成樂，否則樂盡失，
害他令受苦，愚者定遭殃。

對苦樂之因愚昧不知、捨棄成辦今生來世一切安樂之因——自他相換的人顯然已拋棄了一切圓滿快樂，而以害他的痛苦之因取受今生後世的難忍之苦。

子二、教誡斷除彼因：

世間諸災害，怖畏及眾苦，
悉由我執生，此魔我何用？

世間中所有的損害、災難、畏懼、痛苦都來自於我執，既然如此，那麼造成一切傷害的這一大魔對我來說又有什麼用途呢？理當遣除它。

我執未盡捨，苦必不能除，
如火未拋棄，不免受灼傷。

如果我執沒有完全擯棄，就無法徹底斷除痛苦，就像沒有拋棄火就不可能解除被焚燒的危險一樣。

癸五（攝義）分二：一、意樂；二、行為。

子一、意樂：

如為止自害，及滅他痛苦，

捨自盡施他，愛他如愛已。

珍愛執著自己是自他諸多損害與痛苦的根源，所以為了制止自己的危害、滅除他眾的痛苦，將自己施捨予他，愛重他如同珍愛自己一般。

意汝定當知，吾已全屬他，

除利有情想，切莫更思餘。

心意你一定要知道：我已經完全歸其他眾生所屬，從現在開始，你除了利益一切有情之外不要再胡思亂想其餘之事。

子二、行為：

不應以他眼，成辦自利益，

亦莫以眼等，邪惡待眾生。

具有上述這種意樂的補特伽羅，眼等諸根萬萬不能只是著重成辦自利，因為自己已經歸屬於他眾的緣故。有些注釋中將「眼」解釋為手。眼或手等不能邪惡對待他眾，因為已經施予他利。

故當尊有情，己身所有物，

見已咸取出，廣利諸眾生。

為此，我們應當以眾生為主，見到自己的身體衣裝等所欲之物要全部取出，盡己所能廣利他眾。

壬二（宣說事宜）分二：一、意樂；二、行為。

癸一（意樂）分三：一、略說；二、廣說；三、攝義。

子一、略說：

易位卑等高，移自換為他，

以無疑慮心，修妒競勝慢。

為了斷除前面所說的對高者嫉妒、對平等者競爭、對下者傲慢的三種過失，而將低於自己等三者觀為自己而將自己觀成其餘三者，以無有懷疑妄念之心再對低者修妒忌、對平等者競爭、對高者修我慢。

子二（廣說）分二：一、真實修法；二、彼之原因。

丑一（真實修法）分三：一、修嫉妒；二、修競爭心；三、修我慢。

寅一（修嫉妒）分二：一、於世間法嫉妒；二、於功德法嫉妒。

卯一、於世間法嫉妒：

蒙敬彼非我，吾財不如彼，

受讚他非我，彼樂吾受苦。

工作吾勤苦，度日彼安逸。

（將自己觀想成高於自己之人，來修嫉妒心：）這位菩薩受到世人恭敬，而我卻沒有，我的財產也不如他，他被人讚歎，我卻遭人譴責，他享受快樂，我卻遭受痛苦。

我兢兢業業做事，而他卻悠閒自在度日，他作為

我、我作為他應當對他嫉妒。在修此等法時「自他」的一切名稱交換都應如此了知。

卯二、於功德法嫉妒：

世間盛讚彼，吾之身名裂，
無才何所為？才學眾悉有，
彼較某人劣，吾亦勝某人。

世人都稱揚這位菩薩功德廣大，我低劣無德，身敗名裂，既然無有功德、才學，又能做什麼呢？其實沒有欲求我也具有眾人所擁有的功德，因為具有自性功德如來藏，所以並非無有功德。此外，《大疏》中解釋道：殊勝也是觀待低下而安立的，因此與具大功德者相比，這位菩薩也是低劣，與某位下劣者相比，我也更為殊勝，因而高低不能一概而論。若問：既然這裡是將自己看成低劣，那麼觀待何者而安立殊勝呢？雖然沒有比一切下劣者都下劣的，但將自己看作下劣中個別人來修持，由於當時觀待處成立，因此無有過失。

戒見衰退等，因惑而非我，
故應悲濟我，困則自取受。

如果說從戒律失毀、見解退失等方面來看你比這位菩薩低劣。戒律與見解以及「等」字所包括的生活衰敗，這些實際上都是由煩惱所感召的，並非受我控制，你既然承認是具有悲心者，因此應當竭盡全力救濟我脫離這些衰敗。如果已經救助了，那麼為此而歷經的艱難

險阻我也甘願承受。

然吾未蒙濟，竟然反遭輕，

彼雖具功德，於我有何益？

然而，我卻並沒有成為這位菩薩所救助的對境，他既然不能救濟我，又為何自以為是賢善的菩薩而輕蔑我呢？他雖然具有功德，但若不能救護我，那對我來說他的功德又有什麼用呢？因為這位菩薩自己雖是具功德者，卻於我無益。

不愍愚眾生，危陷惡趣門，

向外誇己德，欲勝諸智者。

此外該如是心懷嫉妒地說：對於由罪惡所牽趨近惡趣之門住於毒蛇、猛獸等口中的眾生竟然無有悲憫之心，具有這種過患非但不承認是過患，反而向外炫耀自己是具功德者，還想與諸位智者抗衡，這實在不合理。因此說，你非但無有功德，反而具有許多過失。

寅二、修競爭心：

為令自優勝，利能等我者，

縱諍亦冀得，財利與恭敬。

關注與自己平等者而為了自己在利養等方面勝他一籌，縱然是依靠爭論等手段也要從這位菩薩手中將財利恭敬等搶奪過來。

極力稱吾德，令名揚世間，

克抑彼功德，不令世間聞。

無論如何，都要盡力使自己的功德光顯於整個世間，而使誰也聽不到他所具有的功德。

復當隱吾過，受供而非他，
令我獲大利，受敬而非他。

想方設法隱瞞自己的過失，而暴露這位菩薩的所有過失，我試圖自己受到眾人供養，而對他並非如是，我獲得豐厚利養，而令他一無所得，我受到眾人恭敬，而不讓他受到愛戴。

吾喜觀望彼，淪落久遭難，
令受眾嘲諷，競相共責難。

我懷著幸災樂禍的心態觀瞧著這位菩薩長期遭受痛苦，使他受到一切眾生冷嘲熱諷、交相譴責。

寅三、修我慢：

據云此狂徒，欲與吾相爭，
財貌與慧識，種姓寧等我？

將自己看作高者後觀想：據說這個煩惱深重的低劣之輩竟然想與我比試高低、一爭雌雄，這個人無論從見聞、智慧、容貌、種姓、財產方面能與我平起平坐嗎？

故令聞眾口，齊頌吾勝德，
毛豎心歡喜，渾然樂陶陶。

要讓他聽到所有世界都在交口稱讚我的功德遠遠勝過他，我因而汗毛豎立，心生歡喜，完全沉浸在這種歡樂之中。

彼富吾奪取，若為吾從僕，

唯予資生酬，其餘悉霸取。

令彼乏安樂，恆常遇禍害。

雖然努力制止，但也無法阻擋，就算此人成為擁有利養等的富翁，但假設他無有我慢而甘願為我做事，那麼我也只給此人僅能維生的薪水，剩餘的全部霸占為己有。這以上是有些注釋中解釋的。還要讓這個人失去安樂，不僅如此，而且我要讓他恆常災難臨頭、痛苦不堪。

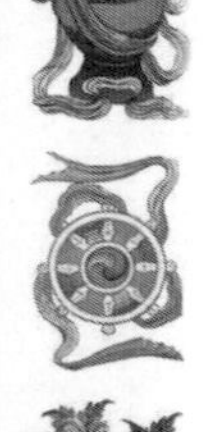

丑二、彼之原因：

彼為墮生死，百般折損我。

如果問他：我為何這般憎恨這個人呢？

因為此人在輪迴中於漫長的歲月、眾多的地方曾經百般折磨、損害過我。

子三（攝義）分三：一、不修自他相換之過患；二、修自他相換之功德；三、是故教誡修自他相換。

丑一、不修自他相換之過患：

汝雖欲自利，然經無數劫，

遍歷大劬勞，執我唯增苦。

心意你只追求自利，結果以前歷經了無數劫，為了成辦自利付出過何等的艱辛，你只是飽嘗痛苦而已，因而理當斷除自私自利的念頭。

這以下「自他」的名稱都歸回原位。

丑二、修自他相換之功德：

是故當盡心，勤行眾生利，

牟尼無欺言，奉行必獲益。

因此，一定要通過自他相換的方式行持利他。釋迦牟尼佛的教言無有欺惑地講述了自他交換的功德，很明顯，依此而行以後必能獲得聖者果位。

若汝自往昔，素行利生事，

除獲正覺樂，必不逢今苦。

假設你在以往就能奉行自他相換的事，那麼，不可能得不到佛陀圓滿安樂而落到感受如今痛苦的這般地步。

丑三、是故教誡修自他相換：

故汝於父母，一滴精血聚，

既可執為我，於他亦當習。

因此，就像你對於由父母的精血聚合物說是自己的身體執為我一樣，對於其他眾生也要如此修習。

癸二（行為）分二：一、行為修法；二、以行為主宰心。

子一（行為修法）分三：一、當利他；二、斷除珍愛自己；三、攝義。

丑一、當利他：

應為他密探，見己有何物，

悉數盡盜取，以彼利眾生。

我應當作為他眾的大密探，觀察自己在做什麼，作為偵探以後就要看自身有什麼所需的物品，全部搶奪過來，你應當以此利益他眾。

丑二（斷除珍愛自己）分三：一、以意樂自我嫉妒；二、以行為代他苦；三、以心行置低位。

寅一、以意樂自我嫉妒：

我樂他不樂，我高他卑下，

利己不顧人，何不反自妒？

我快樂無比，他悶悶不樂，我高高在上，他低三下四，我行持為一己私利的善業，而全然不顧及他眾，為什麼不反過來妒忌自己呢？

寅二、以行為代他苦：

吾當離安樂，甘代他人苦。

我應當遠離安樂，甘心情願代受他眾的所有痛苦。

寅三、以心行置低位：

時觀念起處，細察己過失。

他雖犯大過，欣然吾頂替，

自過縱微小，眾前誠懺悔。

時時應當觀自己的心念處於什麼狀態，捫心自問自己犯了什麼罪過，觀察自己的過失，縱然他人犯了罪，也要轉為自己的過失，即使自己只是做了一件微不足道的錯事也要在大庭廣眾前誠心懺悔承認說「我有此種罪過」。

顯揚他令譽，以此匿己名，

役自如下僕，勤謀眾人利。

特別宣揚他的功德聲譽，以此埋沒自己的名聲，隱含不露，自己像下等僕人一樣無有我慢精勤為他們的所有利益當差役使。

此身過本多，德寡奚足誇？

故當隱己德，莫令他人知。

自己本身具足多種過失，偶爾性的功德微乎其微，何足讚歎？因此就算是小小的功德也應當盡量隱藏，不讓他人知曉。

丑三、攝義：

往昔為自利，所行盡害他，

今為他謀利，願害悉歸我。

總而言之，往昔為了私利，你所作所為均是有損他眾的害行，從今以後，為了利益眾生，願以往這所有的損害全部落到自己的頭上。

莫令汝此身，猛現頑強相，

令如初嫁媳，羞畏極謹慎。

不要讓自己的這個身體過於頑固不化，現出一副趾高氣揚的神態，應當如同新媳婦的姿態那樣具有羞澀畏罪、謹慎約束、自重自愛等行為。

子二（以行為主宰心）分三：一、以對治主宰；二、視為所斷違品；三、精通對治方便。

丑一（以對治主宰）分二：一、略說；二、廣說。

寅一、略說：

堅持利他行，切莫傷眾生，

妄動應制止，逾矩當治罰。

應當以利他的意樂行持利他的行為，千萬不能有自私自利的意樂行為，如此以對治法主宰這顆心，也就是說如果它逾越了取捨，就要用對治來懲罰它。

寅二、廣說：

縱已如是誨，汝猶不行善，

眾過終歸汝，唯當受治罰。

儘管這般諄諄教誨，如果「心」你仍舊屢教不改，不依此而行，那麼將來一切罪過都必然歸咎於你，到那時你也只能甘願受懲罰而已。

昔時受汝制，今日吾已覺，

無論至何處，悉摧汝驕慢。

如果想：實在做不到這樣。由於你這顆心只求自利，使我一敗塗地，當時是未見到罪過的以前，並非是見到你是罪魁禍首的此時，現在我已發現你的本性與罪過，因此無論你去往何處，我一定要讓你無處可去，將你自私自利的所有驕傲摧毀無遺。

今當棄此念，尚享自權益。

汝已售他人，莫哀應盡力。

如今你必須放棄「我應有自己的權益」這一念頭，

我已將你出售給他眾，因此要無有厭倦竭盡全力饒益其他眾生。

丑二、視為所斷違品：

若吾稍放逸，未施汝於眾，

則汝定將我，販與諸獄卒。

假設我隨心所欲放逸無度，沒有把你施予一切有情，那麼你一定將我賣給地獄的獄卒們。

如是汝屢屢，棄我令久苦，

今憶宿仇怨，摧汝自利心。

你往昔也曾經屢次將我送給獄卒們，讓我久經痛苦，現在想起你的那一怨仇，必然要摧毀你謀求自利的心。

丑三（精通對治方便）分二：一、略說；二、廣說。

寅一、略說：

若汝欲自喜，不應自愛執，

若汝欲自護，則當常護他。

如果你想自己永遠歡喜快樂，那麼就千萬不要貪執自我歡喜，假設你想免遭痛苦，那就應該恆常愛護他眾。

寅二（廣說）分二：一、斷除貪身；二、善用此身之方法。

卯一（斷除貪身）分二：一、貪執之過患；二、貪

執不合理。

辰一（貪執之過患）分二：一、真實宣說；二、旁述知足之功德。

巳一、真實宣說：

汝愈獻殷勤，護此不淨身，

彼愈趨退墮，衰朽極脆弱。

其實，你越是對這個身體百般珍愛護持，它就越會軟弱無力，腐朽不堪。如果沒有絲毫欲妙，也會產生劇大痛苦，以致於墮落。

身弱欲愛增，大地一切物，

尚且不饜足，誰復愜彼欲？

逐欲未得足，生惱復失意。

如果有人想：只要成辦所有欲妙就不會產生痛苦了。如此墮落下去，那麼它的欲望無有止境，無法滿足，即便整個大地上的所有財物還不能使它得以滿足，那誰能滿足它的所有貪欲呢？如云：「大地盡糧食，黃金畜無病，皆不足一人，當息如是心。」或者「我乳國王統轄四洲，與帝釋天王平起平坐仍不滿足……」本來沒有成辦欲妙的能力卻異想天開，依此而倍加苦惱、疲憊至極、滿懷嗔恨等等，由於事與願違或者因為不滿足而大失所望，生起憂愁。

巳二、旁述知足之功德：

若人無所求，彼福無窮盡，

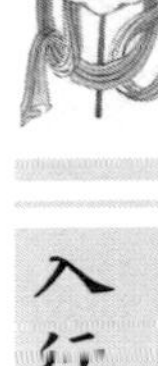

樂長身貪故，莫令有機趁，

不執悅意物，厥為真妙財。

任何人，如果對身體受用一無所求，那麼他的圓滿快樂無窮無盡。對自身的貪欲只會越來越增長，因此絕不要讓它有機可乘。任何人，不將悅意的事物看得很重，那麼他的受用最初容易獲得，中間不會產生貪執的痛苦，最終不會出現耗盡的苦惱，因此才稱得上是最妙的財物。如《親友書》中云：「佛說一切財產中，知足乃為最殊勝，是故應當常知足，知足無財真富翁。」

辰二（貪執不合理）分二：一、由於低劣故貪不合理；二、由於不知利害故貪不合理。

巳一、由於低劣故貪不合理：

可怖不淨身，不動待他牽，

火化終成灰，何故執為我？

若想：雖然不應耽著受用，但貪執身體是理所應當的事。

事實並非如此，這個身體終將化為灰跡，並且自己獨立並不能行動，要依靠心的牽引才能活動，為什麼要將如此骯髒的色法執為我呢？

無論生與死，朽身何所為？

豈異糞等物？怎不除我慢？

無論是活還是死，這個虛妄的身體又能對我做什麼呢？難道與糞便等物品有什麼差別嗎？嗚呼！為什麼不遣除將這個身體執為我與我所的慢心呢?

奉承此身故，無義集諸苦，

於此似樹身，何勞貪與嗔?

由於聽從自身的指使而毫無意義積聚痛苦，對於樹木般的這個身體，為何貪執嗔恨呢? 它根本不是貪嗔的對境。

巳二、由於不知利害故貪不合理:

細心極愛護，或棄鷲獸食，

身既無貪嗔，何苦愛此身?

其實自己如此精心珍愛保護或者被鷹鷲所食的這個身體既無貪心也無嗔心，為何要苦苦貪愛它呢?

何毀引身嗔? 何讚令身喜?

身既無所知，殷勤何所為?

何者詆毀能令嗔恨，何者讚歎能令喜悅，既然身體無有心識，那麼自己何必要為了身體而費力取捨讚毀呢? 如是而為實在是徒勞無義。

若人喜我身，則彼為吾友，

眾皆愛己身，何不愛眾生?

假設說: 身體雖然不知道這些，但有人喜愛這個身體，使它變得可愛，能使別人成為我的朋友而喜歡它。那麼，所有眾生都貪愛各自的身體，我為什麼不喜愛所有的眾生呢? 理當同等喜愛。

卯二、善用此身之方法:

故應離貪執，為眾捨己身，

此身雖多患，善用如工具。

貪執自身可謂過患無窮，為了使自己能夠做到無有貪執而利益眾生，一定要將這個身體捨給眾生作為僕奴或資具。如果能對他眾有利，雖說這個身體有累累過患，但也要像工具一樣善於運用。

庚三（共同之事宜）分二：一、遣除教誡之障；二、精勤對治。

辛一、遣除教誡之障：

愚行足堪厭，今當隨聖賢，

憶教不放逸，奮退昏與眠。

修自他平等與自他相換大有必要，如今貪執愚夫無義的行為已足夠了，實在沒有意義，我務必要追隨智者佛菩薩們的足跡，修持菩提心。憶念本論中的第四品、第七品以及《學集論》等中所說的一切不放逸教言，斷除昏沉、睡眠等三摩地的五障。《親友書》中云：「掉舉後悔與害心，昏睡貪欲及懷疑，當知此等五種障，乃奪善財之盜匪。」應當遣除這五種障礙。

辛二、精勤對治：

如佛大悲子，安忍所當行，

若不恆勤修，何日得出苦？

就像所有大慈大悲的佛菩薩們那樣斷絕一切罪過，並為以後不再就犯而堅忍不拔地奉行對治的善法，夜以繼日精勤不怠，倘若沒有精進努力，那麼自己的痛苦何時才能完結呢？永無終止。

己三、修勝義菩提心：

為除諸障故，迴心避邪途，

並於正所緣，恆常修三昧。

鑒於前述原因，為了遣除貪欲等煩惱障以及非煩惱性的分別念所知障，使心避開欲望分別等邪道，專注真實善法所緣，恆常修持禪定。

第八品釋終

第九品　智慧

丁五（智慧）分三：一、連接文教誡生起智慧；二、生智慧之方法；三、以智慧所得之事。

戊一、連接文教誡生起智慧：

此等一切支，佛為智慧說，
故欲息苦者，當啟空性慧。

發心至靜慮之間的分支均是智慧之因的資糧，這一切，佛陀是為了讓有情生起智慧而宣說的，佛在《攝正法經》中說：「意入定而如實見真性……」關於此義，《學集論》中亦云：「入定知真性，此乃能仁說。」因此，想要息滅自他痛苦的人務必要生起智慧。輪迴的一切痛苦均來源於有漏的業惑，業惑也是由實執中產生，《六十正理論》中云：「若許有實法，則生大貪嗔。」證悟空性的智慧可以斷除這種實執，從而息滅一切痛苦，《攝集經》中云：「以智慧遍知法之自性後，真實超離一切三界。」如果自己證悟了空性，那麼也就可以為他眾宣說空性，從而解除痛苦。《菩提心釋》中云：「如是瑜伽士，若修習空性，內心喜利他，決定無困難。」

戊二（生智慧之方法）分三：一、認識智慧之自性；二、深入對境無我；三、破除所斷實執。

己一（認識智慧之自性）分二：一、抉擇對境二諦；二、修行有境正道。

庚一（抉擇對境二諦）分二：一、安立二諦之自性；二、遣除爭論。

辛一（安立二諦之自性）分三：一、分類；二、本體；三、能量彼之慧差別。

壬一、分類：

世俗與勝義，許之為二諦。

世俗是指能障礙真實義的一切迷亂分別法，由於在分別心前成立，因此為世俗諦。《入中論》中云：「癡障性故名世俗，假法由彼現為諦，能仁說名世俗諦，所有假法唯世俗。」勝義是指聖者的無現智慧，由於是聖者所證悟的意義，故稱為勝義。如《辨中邊論》中云：「聖者行境故。」以上世俗與勝義二種被承許為二諦。

壬二、本體：

勝義非心境，說心是世俗。

關於勝義，誠如《宣說二諦經》中云：「天子，勝義諦若成身語意之對境，則不成勝義，而成世俗諦……勝義諦亦超離遍知智慧之對境。」

善天論師講解說：所謂的「成為心之行境」並不是指從肯定的方面成立，由於心能障礙現見勝義，因而承許心是世俗。慧源論師與普明尊者說心是分別念、是無明，因此勝義不是它的對境。此處依照《辨中邊論》中所說的「非真實妄念，心心所三界」，心是指三界的心

與心所，因此說勝義不是如來的對境與是聖者智慧所證的對境這兩者並不相違。經中所說的「亦非佛智之對境」密意是說勝義中一切均不成立。由於不成立一切，因此可以說沒有什麼可證悟的，但以無現智慧不執一切可以安立為證悟勝義。如《未生怨王懺悔經》中云：「大王，未見一切法，即是真實之現見，大王，真實之見即無見。」所以，（證悟勝義與勝義無可證悟）這兩者也不矛盾。

壬三（能量彼之慧差別）分三：一、補特伽羅之分類；二、妨害之次第；三、能害之理。

癸一、補特伽羅之分類：

世間見二種，瑜伽及平凡。

有些注釋中解釋道：見到運用這二諦的世間——補特伽羅有兩種，也就是具有止觀等持的瑜伽行者與不具備止觀等持的平凡人。實際上以具不具備三智慧如應抉擇無我之義來分更為合理。

癸二、妨害之次第：

瑜伽世間破，平凡世間者，
復因慧差別，層層更超勝。

兩種世間中所有平凡世間將身體視為一體、將心看作常有等等，對此以瑜伽世間的「身體非一體、具多部分故，心乃無常法，變成他法故」等理證可以遮破。說外境的有部經部以及唯識、中觀三種瑜伽也根據智慧是否符合所知實相的差別而上上超勝下下。

其中說外境的有部與經部將所取無分微塵、能取剎那心識看作是勝義。對此，以唯識宗的「以六同時合，極微成六分，六分若一位，丸亦成微塵」等理證可以遮破。由於所積的微塵不成立，因而微塵積聚的粗大物質當然也就不成立，既然它不成立，那麼這兩者也就不成立實有。唯識宗將無有能取所取自明自知的心識視為勝義。對此，正如中觀宗在本論中所說的「破自證」等理證遮破的那樣。

癸三、能害之理：

以二同許喻。

善天尊者解釋說：運用雙方一致承認並且是共所周知的比喻來建立所立而不需要觀察。

如果有人問：由於世間人的分別心前這樣顯現，因此這些對境並不成立為無實，這樣一來，他的心又怎麼成立為虛妄呢？

對此，普明尊者認為：以平凡人與瑜伽行者均承認無實的幻術等比喻可以說明這一點，有實宗的瑜伽行者心前雖然顯現，但是通過遮破實有尚且能證明在他們心前成立是虛幻，那何況說是平凡者呢？以此作為基礎，再進一步展開「為果不觀察……」的辯論。

辛二（遣除爭論）分二：一、遣除世俗之爭論；二、遣除勝義之爭論。

壬一（遣除世俗之爭論）分五：一、遣除不行道之諍辯；二、遣除於境不諍之辯；三、遣除以量有害之諍；四、遣除與教相違之諍；五、遣除太過。

癸一、遣除不行道之諍辯：

為果不觀察。

如果對方說：假設一切法均無實有，那麼就不能依靠布施等獲得菩提，因此也就不必為菩提而布施經歷六度萬行了。

駁：勝義中雖然無有，但在未經觀察的世俗中卻是存在的，因而為證菩提果發放布施等無有相違之處。

癸二、遣除於境不諍之辯：

世人見實法，分別為真實，

而非如幻化，故諍瑜伽師。

如果有人問：既然有實法在瑜伽師與平凡人二者前均顯現，那麼他們還對此爭論什麼呢？

雖然同樣顯現，但是平凡世間者見到色等有實法並執著為真實，並沒有認識到它如幻的本性，而瑜伽師了知此理，因此瑜伽師與世間平凡者之間便產生了爭議。

癸三、遣除以量有害之諍：

色等現量境，共稱非智量，

彼等誠虛妄，如垢謂淨等。

如果對方說：色等現量成立，因此與虛妄相違。

實際上並不相違，因為色等現量成立只不過是世間共同稱說的，在正量面前並不真實，就像對於本是不淨、無常等的身體人們共稱為清淨等一樣虛妄，如《三摩地王經》中云：「眼耳鼻非量，舌身意亦非，若諸根為量，聖道復益誰？」

癸四、遣除與教相違之諍：

為導世間人，佛說無常法，
真實非剎那。豈不違世俗？
瑜伽量無過，待世謂見真，
否則觀不淨，將違世間見。

如果有人問：假設一切法無有自性，那麼佛陀為何說有實法是剎那無常的自性？

這是有密意的，佛的用意是指顯現分，必要是為了次第引導耽著有實法的世人，怙主佛陀才說有實法無常。如云：「佛說我我所，所說依密意，蘊界以及處，亦以密意說。」當然，從真如本性來說這些有實法剎那也無實有，因為以遮破剎那的理證有妨害的緣故。

如果對方說：由於剎那於世人前不顯現，因而安立世俗也相違。

儘管在平凡者前不顯現，然而在只是見到人無我的諸位瑜伽者前顯現，因此是世俗諦，並沒有過失。

如果對方說：這樣一來，難道不是與佛說「見剎那即見真如」這一道理相違了嗎？

善天尊者對此回答說：並不相違，實際上是觀待世

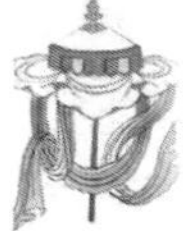

間人看作常有等，才將瑜伽行者見刹那安立為見真如的，因為刹那只是相似的勝義。否則，如果觀待瑜伽行者，平凡人所見是真實的，那麼對於瑜伽行者真正所了悟的女身為不淨，以世間執為清淨反而可以妨害了。

癸五（遣除太過）分四：一、破除不得福德之諍；二、破除不能結生之諍；三、破除無有善惡之諍；四、破除奉行無義之諍。

子一、破除不得福德之諍：

供幻佛生德，如供實有佛。

如果對方說：倘若一切法無實，那麼佛陀也成了虛妄，因此供佛也不會獲得福德。

就像你們自己承認供養實有的佛陀能獲得實有的福德一樣，供養如幻的佛陀也同樣能獲得如幻的福德，因而無有過失。

子二、破除不能結生之諍：

有情若如幻，死已云何生？
眾緣聚合已，雖幻亦當生，
云何因久住，有情成實有？

若問：如果有情如幻，那麼死後怎麼能再生呢？

只要生的眾緣聚合，也就是說在因緣聚合期間，即便是虛幻也能產生，眾生與幻物同樣是無實，但都能產生。因此，怎麼能僅僅以相續長久，將有情執為實有呢？否則的話，根據持續時間的長短幻化也應成了實有或無實。

子三、破除無有善惡之諍：

幻人行殺施，無心無罪福，

於有幻心者，則生幻罪福。

如果對方說：如此一來，眾生殺害眾生或供養眾生，幻人殺害幻人或供養幻人等在有無福德、罪業方面都成了一模一樣。

幻人殺害或供養幻人等，由於作者無有心，也就無有善惡可言。如果具有如幻之心的眾生如此而行，那麼由於作者具有仁慈、嗔恨等心，因此也會相應產生福德、罪業。

咒等無功能，不生如幻心，

種種因緣生，種種如幻物，

一緣生一切，畢竟此非有。

之所以取決於有無心的差別，是因為幻咒等無有發心的能力，也就不會有幻心產生，而有情存在這種因。雖然是虛妄，但果不同完全是觀待因的不同，各種各樣的外緣所生的幻物也是形形色色，而單獨一種外緣產生一切果，這在哪裡也是不會有的。

子四、破除奉行無義之諍：

勝義若涅槃，世俗悉輪迴，

則佛亦輪迴，菩提行何用？

諸緣若未絕，縱幻亦不滅，

諸緣若斷絕，俗中亦不生。

如果有人問：勝義中一切有情自性即涅槃，而他們在世俗中仍然流轉輪迴，以同等理可知，從顯現的角度而言佛陀也成了流轉輪迴，這樣一來，菩提行還有什麼用呢？

善天論師對此回答說：如果眾緣沒有斷絕，那麼即使是幻象也不會消失，同樣，眾生流轉的因緣沒有斷絕，那就是輪迴，由於佛陀流轉的諸緣已經滅絕，因此輪迴的自性在世俗中也不會產生。「亦」字是說何況是勝義。

或者解釋說：佛陀示現出世是以願力而顯現的，並不是因為流轉輪迴之緣沒有中斷，所以不會有你們所說的這種過失。

慧源尊者解釋說：如果外緣未斷，那麼不僅是輪迴就是幻象也不會消失，如果流轉之緣已斷，那麼在世俗中也不可能存在輪迴，由於通過修習真如而次第滅盡了無明等十二緣起，因而佛陀不會流轉輪迴。

普明尊者講解說：佛陀的幻象觀待眾生的福德因緣，如果眾生有福德因緣，佛陀才會出現；假設不具備眾生的福德因緣，那麼世俗中佛陀也不會現世。

壬二（遣除勝義之爭論）分二：一、破除若無迷識則無執著之過失；二、破除若迷基不成則無輪迴之過失。

癸一（破除若無迷識則無執著之過失）分二：一、辯諍；二、答辯。

子一、辯諍：

亂識若亦無，以何緣幻境？

唯識宗論師說：不管什麼時候，倘若迷亂的心識不存在，那麼當時以什麼來緣如幻的顯現呢？

子二（答辯）分三：一、同等辯論；二、遮破辯答；三、結合時義。

丑一、同等辯論：

若許無幻境，心識何所緣？

反問：不管什麼時候，如果按照你們唯識宗的觀點，如幻的所取分不存在實有，那麼當時心識又緣什麼所取境呢？（能取、所取）這兩者實際上是相同的。

丑二（遮破辯答）分二：一、遮破承許顯現為心；二、遮破境心非二之有實。

寅一（遮破承許顯現為心）分二：一、立宗；二、破彼。

卯一、立宗：

所緣異實境，境相即心體。

對方說：所緣境雖然無實有，但心識真實存在，顯現所緣境的形象實際上就是心的本體，因此可以緣。

卯二（破彼）分三：一、破除妨害勝義自證；二、無有根據；三、破除妨害遮破。

辰一（破除妨害勝義自證）分二：一、真實破除；二、遣除迷亂。

巳一、真實破除：

幻境若即心，何者見何者？

世間主亦言，心不自見心，

猶如刀劍鋒，不能自割自。

假設心本身與所取境幻象是一實體，那麼當時能見所見無有二致，又以什麼來見什麼呢？世間怙主佛陀在《楞伽經》中說：「猶如劍自刃，不能斬自鋒，指不觸自尖，心不見自心。」《寶髻經》中亦云：「如劍鋒不能斬劍鋒，手指不能接觸自尖，自心不能見自心。」因此，就像劍鋒自己不能斬自己一樣，心不能見心。

巳二（遣除迷亂）分二：一、比喻不成立；二、意義不相同。

午一（比喻不成立）分二：一、破燈火之比喻；二、破藍色之比喻。

未一、破燈火之比喻：

若謂如燈火，如實明自身。

燈火非所明，其無暗蔽故。

對方說：就像燈火自己能真實照明自身一樣，心本身也能證知自心。

燈火並不是本身所照明的物件，為什麼呢？所明一定是指以前不明的東西，而燈火本體無有不明的黑暗遮蔽。如《中論》中云：「燈中自無暗，住處亦無暗。破暗乃名照，無暗則無照。」

未二、破藍色之比喻：

如晶青依他，物青不依他，

如是亦得見，識依不依他。

非於非青性，而自成青性。

對方繼續說：比如青色也有兩種，水晶一類的青色必須要依靠他物才能見到它的青色，而藍琉璃的藍色不依靠他物，因此白水晶變成青色觀待他物，藍琉璃的藍色作為藍色並不觀待他物。同樣，覺知瓶子等某些物體觀待他法，而像燈火、苦樂無觀待獨立也可以覺知。

藏地的某些智者對此駁斥說：實際上並非如此，藍琉璃自然就成立藍色，並非是本為非藍色物自己將自己造作成藍色的，因此不能作為自明自知的比喻。

慧源尊者是這樣駁斥的：青色成為青色本身也並非不觀待他法，要觀待因的緣故。假設不是由自己的因中產生藍色，那麼可以說不觀待他緣而形成藍色，需要自己將自己造成藍色這是絕對不可能的，因為自己對自己起作用相違。

午二、意義不相同：

若謂識了知，故說燈能明。

自心本自明，由何識知耶？

如果說在名言中燈火能照明自己是由心識來了知

的，那麼說「勝義中心自明自知」是以什麼來了知的呢？因此你們用的比喻也不符合意義。

辰二（無有根據）分二：一、無有現量根據；二、無有比量根據。

巳一、無有現量根據：

若識皆不見，則明或不明，

如石女女媚，說彼亦無義。

如果說勝義中自證他證均不成立，任何識也沒有其他識來覺知，那麼說什麼明不明的差別顯然也無有實義，這就像談論石女的女兒姿態嬌媚不嬌媚一樣。

巳二、無有比量根據：

若無自證分，心識怎憶念？

心境相連故，能知如鼠毒。

對方說：倘若自證不存在，那麼心識如何能回憶往事呢？根本無法回憶，因此以憶念的理由可以證明自證成立。

這也是不一定的，雖然自己未曾感受到，但與感受過其他色法等對境相聯繫，從中可以憶念，就像未曾發覺染上鼠毒，然而遇到雷聲的外緣而覺察到疾病，通過推理而回想起來。

辰三、破除妨害遮破：

心通遠見他，近故心自明。

然塗煉就藥，見瓶不見藥。

對方說：具有等持等他緣者對遠處的他心也能察知，因此明了近處自己的心是合理的。

這一點也不一定，舉個例子來說，在眼睛上塗抹煉就成功的眼藥者，雖然能看見遠在地下的瓶子，卻不能見到近在眼上的藥物。此種說法與任何解釋都不同，但我認為這就是寂天阿闍黎的密意。

（藏文中此處有科判三，但前文中無有，請觀察：）

見聞與覺知，於此不遮除。

此處所遮者，苦因執諦實。

對方說：假設自證不存在，那麼他證也不存在，如此一來，見聞覺知也都不復存在了。

此等見聞覺知與顯現分並不是這裡所要遮破的物件，此處所破的是妄執這些實有的分別念，因為它是痛苦的根源。如《入真如經》中云：「由執實有過，自生貪等敵，如若遣除彼，彼等豈能生？」

寅二、遮破境心非二之有實：

幻境非心外，亦非全無異。

若實怎非異？非異則非實。

對方說：如幻的所取並不是除了這顆心以外的外境，也不能完全安立為與心相同的他法，而是一種既不能說是心也不能說是與心不同的有實法。

如若它是有實法，怎麼會是除了心之外既不是心又不是他法的法呢？要麼是心，要麼是他法，如果說既不

是心也不是他法，那它也就成了無實法，而不可能存在這樣的有實法。

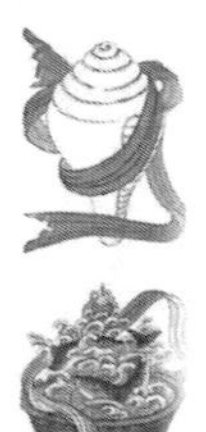

丑三、結合時義：

幻境非實有，能見心亦然。

你們唯識宗的觀點也是如此：如幻的所取境雖然不是實有，卻是所見，同樣心識雖然無實有，但名言中顯現為能見。

癸二（破除若迷基不成則無輪迴之過失）分二：一、辯論；二、破彼。

子一、辯論：

輪迴依實法，否則如虛空。

對方說：能取所取的輪迴要依於迷基無二心識這一實法，否則，二取輪迴倘若是實有法以外的他法，就如同虛空一樣顯現二取有實法也將化為烏有。

子二、破彼：

無實若依實，云何有作用？

汝心無助伴，應成獨一體。

若心離所取，眾皆成如來。

施設唯識義，究竟有何德？

駁：如果二取依賴於有實法，那怎麼能具有顯現二取有實法的作用呢？顯然就成了不具有這種作用，因為（二取）是無實法。可見，你們宗派所承認的心無有所取的助伴，實際上就成了獨一無二的心識。什麼時候，心遠離了所取，那麼當時一切眾生都已變成了佛陀，如此一來，將二取輪迴的所依真實安立為唯識又有什麼必要呢？因為輪迴根本不成立。

庚二（修持有境正道）分二：一、了知世俗如幻而修道；二、了知勝義空性而修道。

辛一、（了知世俗如幻而修道）分三：一、真實宣說；二、所修道之自性；三、修道之果。

壬一、真實宣說：

雖知法如幻，豈能除煩惱？

如彼幻變師，亦貪所變女。

對方辯爭：縱然通曉萬法如幻，又怎麼能遣除一切煩惱呢？因為魔術師有時候對他所幻變出的女人也生貪心。

幻師於所知，未斷煩惱習，

空性習氣弱，故見猶生貪。

若久修空性，必斷實有習，

由修無所有，後亦斷空執。

答辯：魔術師由於對女人等所知貪戀的煩惱習氣還沒有斷除，因而見到虛幻的女人時，他空性的習氣極其微弱，雖然明白虛幻為空性，但由於沒有證悟諸法為空性，因此貪戀的習氣還會復甦。如果長久串修諸法了知為空性的習氣，結果必然會斷除實執的習氣，了悟所謂的「空與不空一切均不成立」，再進一步加以修習，那麼空性或虛妄的執著到後來也將斷除，最終對任何法均無有執著，也就不可能產生煩惱，因此這二者並不相同。

壬二（所修道之自性）分二：一、一切對境均不成立；二、心不緣一切。

癸一、一切對境均不成立：

觀法無諦實，不得諦實法。

無實離所依，彼豈依心前？

任何時候，觀察所謂的「某一有實法不存在」並且不得所破的有實法，當時，安立無實法就脫離了觀待的基礎，這樣一來，心前怎麼會存在無實法對境呢？就像石女兒不存在就不會有他的死亡一樣。

癸二、心不緣一切：

若實無實法，悉不住心前，

彼時無餘相，無緣最寂滅。

任何時候，有實法與無實法均不住於心前，當時也不會存在是二、非二的第三品物其餘相，通過修持此法最終可達到能緣對境之心不存在的最寂滅境界。如《入中論》中云：「盡焚所知如乾薪，諸佛法身最寂滅，爾時不生亦不滅，由心滅故唯身證。」這其中也可以說是指佛陀無有本智之義，然而《大疏》中說：「息滅一切分別念故為寂滅，並非像火一樣全然消失。」因此我認為，能緣對境四邊（有、無、是二、非二）的心也就是執著對境的分別念不存在稱為最寂滅，而下文中出現的所謂「無心」等也是指無有二取分別念之義而並非是說智慧不存在的意思。

壬三（修道之果）分三：一、雖無發心然能成利；二、作者雖滅然有作用；三、雖無心然能生福。

癸一、雖無發心然能成利：

摩尼如意樹，無心能滿願，

因福與宿願，諸佛亦現身。

如果對方說：如此一來，佛陀就不能利他了，因為佛陀沒有利他的想法。

就像如意寶與如意樹雖然無有分別念，但它們的能力與眾生的福德聚合後就能滿足眾生心願。同樣，所化眾生的相續清淨與菩薩發願利眾這兩者聚合，佛陀的色身就會現世饒益眾生，因此全無過失。關於無分別念而行利眾事業的這一道理，在《現智莊嚴經》中有廣說。

癸二、作者雖滅然有作用：

如人修鵬塔，塔成彼人逝。

雖逝經久遠，滅毒用猶存。

隨修菩提行，圓成正覺塔，

菩薩雖入滅，能成眾利益。

如果對方說：菩薩的願力在成佛時已經泯滅，因此當時利益眾生不應理。

無有此種過失，比如，婆羅門桑革以陀羅尼咒的威力而修大鵬塔，此塔修成之後修塔人已經去世，雖然他過世後已經歷經了漫漫歲月，但那一大鵬塔仍舊具有解毒等能力。同樣，菩薩以隨順菩提行的資糧、願力等修成佛身之塔，成就者菩薩雖然趣入不住之涅槃，滅盡了想成辦他利的分別念，然而他仍舊能夠成辦一切他利，這並無相違之處。

癸三、雖無心然能生福：

供養無心物，云何能得果？
供奉今昔佛，經說福等故。
供以真俗心，經說皆獲福，
如供實有佛，能得果報然。

聲聞宗論師說：如果佛陀無有心，那麼供佛怎麼會有福德果呢？不會有的。

這不一定，為什麼呢？因為經中說供養住世或者涅槃的佛身，二者福德相同。《繞塔功德經》中云：「若人清淨心，供養住世佛，滅後之遺塔，功德無差別。」無論是對無心世俗的佛陀或有心真如的佛陀供養都會獲得果報，這一點以教證成立，就像你們所承認的供養實有具心的佛陀能生實有的福德果一樣，我們承認供養虛妄的佛陀會生虛妄的福德也同樣無有過失。此處所謂的無心實際上也是指無有二取分別念。《大疏》中說：「遠離世俗心之佛陀。」

辛二（了知勝義空性而修道）分二：一、辯諍；

二、答辯。

壬一、辯諍：

見諦則解脫，何需見空性？

聲聞有部等宗派論師說：修習現量見到四諦無常等行相，就能解脫業與煩惱，見到一切不成立的空性又有何用呢？實在無有必要。

壬二（答辯）分三：一、以教略說；二、以辯答廣說；三、攝共同之義。

癸一、以教略說：

般若經中說：無慧無菩提。

需要見到空性的原因，正如《般若經》中所說：「若無證悟空性之此慧，則無菩提果，具實法之相者無修智慧波羅蜜多……未斷以習氣結生之煩惱。」又云：

「欲成善逝聲聞者，獨覺以及正等覺，不依此忍（空性）不可得。」

癸二（以辯答廣說）分三：一、不成立之諍辯；二、大乘教典成立佛說；三、修持勝義正道。

子一、不成立之諍辯：

聲聞有幻化、大菩提、一邊寂滅與增上慢四種，其中最後增上慢聲聞沒有現見真諦而過於耽著自己的宗派，他們說：大乘不是佛說，因此不成立是可信的聖教。

子二（大乘教典成立佛說）分二：一、反詰；二、

破彼回答。

丑一、反詰：

大乘若不成，汝教云何成？

反問：大乘如果不成立佛說，你們的四部阿含等這些怎麼能成立是佛說呢？

丑二（破彼回答）分二：一、破教之理由；二、破佛說之理由。

寅一（破教之理由）分二：一、破是教之理由；二、破非教之理由。

卯一、破是教之理由：

二皆許此故。汝初亦不許。

何緣信彼典，大乘亦復然，

二許若成真，吠陀亦成真。

若對方辯駁說：四部阿含等可以相信是佛說，為什麼呢？因為辯論雙方均承認它是佛說。

雙方的意義是指你們中的二者還是任何兩者？如果是你們中的二者，那麼最初你們在沒有入宗派時也不承認阿含四部等是佛說，因為當時對你們來說這並不成立佛說。

對方又辯駁說：由於從傳承沒有間斷的大德那裡聽聞到的，因此可以確認是佛說。

相信你們的教是佛說的這一理由也同樣適用於大乘，因為大乘具有未曾間斷的傳承大德。如果只是因為

任何其他二者共許就成了真實的話，那麼吠陀等外道的所有論典也應成了真實可信的聖教。

卯二、破非教之理由：

小諍大乘故。外道於阿含，
自他於他教，有諍悉應捨。

如果說由於（小乘）對大乘有爭論的緣故可以推知（大乘）不是可信的教法，那麼對於你們的共同教法，由於所有外道與其他有部宗等自他有爭論的緣故也該捨棄。

寅二、破佛說之理由：

若語入經藏，即許為佛語，
三藏大乘教，云何汝不許？

所謂「若語入經藏」等三頌，慧源論師說這些是他人加入的，而並不是（寂天）阿闍黎的原論。有些論師認為是原論，有些論中寫在此處，多數都是在下文講解的。應當提到此處講述。

有部宗論師說：宣說定學的佛語放入經藏中，宣說戒學的出現在律藏中，宣說慧學的不違對法論，並承認這些是佛所說，大乘無有這些，因而不是佛語。

那麼《解深密經》等大乘的多數經中也宣說了三學，這些與你們的經一致，為何不承認是佛語呢？理當承認。

若因一不攝，一切皆有過，
則當以一同，一切成佛語。

如果對方說：雖然有些大乘是佛語，但《般若經》等宣說諸法無自性這一切不具有佛語的三種法相，因此不是佛語。

像《經莊嚴論》中所說的「入於自經故，現於自律故，甚深廣大故，與法性無違㊲。」這一切也具有三法相，只是你們自己沒有了悟此理而已，假設你們完全了悟了佛語的三法相，而僅以諸如《般若經》一者就認為所有的大乘經典具有不是佛語的過失，那麼怎麼不以與你們的經同樣具足佛語法相的《解深密經》等一部經來承認所有的大乘經均是佛說，理由相同之故。

諸聖大迦葉，佛語未盡測，

誰因汝不解，廢持大乘教？

如果對方說：大乘教與《般若經》等這些如果是佛語，那麼大迦葉尊者等理當了悟，而他們也沒有了悟，由此可知大乘不是佛語。

對於大迦葉尊者等也並沒有透徹了達極其深奧的大乘經所說的內容，怎麼能因為你們自己沒有了達而斷言大乘不是佛語呢？如《經莊嚴論》中云：「無量種種相，愚者何故定㊳？」或者如此解釋：你們自己根本不知道迦葉尊者等是否通達了大乘經義，怎麼能以此原因而說大乘不是佛語呢？由於理由不成立，因此理由所表達

㊲唐譯：入自大乘經，現自煩惱滅，廣大甚深義，不違自法空。
㊳唐譯：無量餘未聞，謗者成癡業。

的意義也就無法立足。

子三（修持勝義正道）分三：一、未修勝義之過失；二、修勝義之功德；三、攝義。

丑一（未修勝義之過失）分三：一、未斷煩惱不得涅槃；二、斷煩惱亦不得涅槃；三、心滅亦再現。

寅一、未斷煩惱不得涅槃：

比丘為教本，彼亦難安立，

心有所緣者，亦難住涅槃。

佛教住世的根本即是比丘阿羅漢，（這一點也難以安立，）如果心有所緣沒有證悟空性，

那麼即便是比丘羅漢也難得安住涅槃，因為他仍然沒有從根本上斷除煩惱，由於他沒有遣除痛苦而難以安住、獲得涅槃。

寅二、斷煩惱亦不得涅槃：

斷惑若即脫，彼無間應爾，

彼等雖無惑，猶見業功能。

如果對方說：雖然沒有證悟這樣的空性，

但通過修行蘊無常等人無我也能斷除煩惱、脫離痛苦。

既然如此，那麼獲得有餘阿羅漢即刻就要無有痛苦，因為已經斷盡了煩惱。如果這樣承認，那些阿羅漢就該無有煩惱，可是佛經中明確記載目犍連等某些（阿羅漢）以往昔業力而感受痛苦。

謂無近取愛，故定無後有，

此非染污愛，如癡云何無？

因受緣生愛，彼等仍有受。

如果對方說：暫時斷除煩惱雖然不能立即脫離痛苦，但如若已經捨棄了壽之行便可解脫，因為他們對近取三有之緣的蘊無有愛著，故而必定不存在後有。

他們（指阿羅漢）對所知尚有非染污性的愚癡，怎麼會沒有不是業與煩惱性的蘊呢？以具有實執的受之緣必定產生愛，因為那些阿羅漢也有受的緣故。

寅三、心滅亦再現：

心識有所緣，彼仍住其中。

若無空性心，滅已復當生，

猶如無想定，故當修空性。

遠離證悟空性的心就是具有所緣的心，因而仍舊會耽著某一對境，儘管暫時滅盡，但仍會再度生起，就像入無想定時心雖然暫時息滅但還會再度生起一樣。因此，想盡除一切痛苦者應當修持空性。

丑二（修勝義之功德）分二：一、成辦二利；二、斷除二障。

寅一、成辦二利：

為度愚苦眾，菩薩離貪懼，

悲智住輪迴，此即悟空果。

自己如果證悟了空性，那麼就會對所有由於不知空性而痛苦的有情生起悲心，因此為了利益他們而以遠離貪執輪迴安樂、畏懼痛苦之二邊的方式住在輪迴中成辦無量利他事業，這就是修行空性的結果。

寅二、斷除二障：

空性能對治，煩惱所知障，

欲速成佛者，何不修空性？

阻礙遍知佛果之煩惱障與所知障黑暗的對治法即是修空性，因而想要迅速獲得遍知果位者為什麼不修空性呢？必須修持空性。

丑三、攝義：

不應妄破除，如上空性理，

切莫心生疑，如理修空性。

由於證悟空性有如是的功德、沒有證悟空性有如此的過患，因此破斥空性是不合理的，不要懷疑空性是否為佛道，而該如理修持空性。

癸三、攝共同之義：

執實能生苦，於彼應生懼，

悟空能息苦，云何畏空性？

如果有人想：由於畏懼空性，因而不修空性。

實執能產生一切痛苦，對它理當生起恐懼，然而眾生卻不生恐懼。修習空性本能息滅一切痛苦，為何對它生起恐怖呢？實在不該生恐怖。

己二（深入對境無我）分二：一、深入人無我；

二、深入法無我。

庚一（深入人無我）分二：一、承上啟下而略說；二、廣說。

辛一、承上啟下而略說：

實我若稍存，於物則有懼，

既無少分我，誰復生畏懼？

假設畏懼者的我有少許存在，那麼對於任何對境產生畏懼也是情理之中的事，如果我一絲一毫也不存在，那麼生畏懼者到底是誰呢？

辛二（廣說）分三：一、分析蘊而總破；二、別破所許之我；三、遣除無我之爭論。

壬一、分析蘊而總破：

齒髮甲非我，我非骨及血，

非涎非鼻涕，非膿非黃水，

非脂亦非汗，非肺亦非肝，

我非餘內臟，亦非屎與尿，

肉與皮非我，脈氣熱非我，

百竅亦復然，六識皆非我。

牙齒、頭髮、指甲不是我，我也不是骨骼及血液，又不是口涎與鼻涕，不是膿，不是黃水，不是脂肪，也不是汗水，既不是肺，也不是肝，我又不是其餘的內臟，也不是屎與尿，身肉與皮膚不是我，（脈絡、）氣（風）、溫熱不是我，百竅也同樣不是我，六識都不是我，因為此等六界是無常、眾多、無有自主之故。

壬二（別破所許之我）分二：一、破數論外道所假立之我；二、破勝論外道所假立之我。

癸一（破數論外道所假立之我）分二：一、宣說遮破；二、破遣過之答覆。

子一、宣說遮破：

聲識若是常，一切時應聞，
若無所知聲，何理謂識聲？
無識若能知，則樹亦應知，
是故定應解：無境則無知。

如果緣取聲音的耳識常有，那麼無有聲音的一切時刻也成了有緣取聲音的識。如果承認這一點，則由於聲識觀待聲音，倘若所知的聲音不存在，又如何能認知對境呢？這樣一來，又以什麼理由能說有緣取聲音的識呢？如果說沒有認知聲音也是緣取聲音的識，那麼樹木也成了緣取聲音的識。因此，可以肯定地說所知對境不存在，緣取它的識就無有。

子二（破遣過之答覆）分二：一、作答；二、破彼。

丑一、作答：

若謂彼知色。

對方回答說：無有聲音的時候，並不會導致不存在緣取聲音的識，由於以前知覺聲音，而後來在無有聲音

時，去認知色法等，前後兩個識其實是一體。

丑二（破彼）分三：一、以前一太過存在之推理而破；二、以行相相違之推理而破；三、以相互不緣之推理而破。

寅一、以前一太過存在之推理而破：

彼時何不聞？若謂聲不近，

則知識亦無。

如果是這樣的話，那認知色的時候為什麼聽不到聲音，應當聽到。

如果對方說：當時聲音不在近前，因而聽不到。

這樣一來，緣取聲的識也必然成立無有。

寅二（以行相相違之推理而破）分二：一、安立推理；二、比喻不成立。

卯一、安立推理：

聞聲自性者，云何成眼識？

本是取聲的自性又如何能成為取色的眼識呢？因為二者行相相違之故。

卯二、比喻不成立：

一人成父子，假名非真實。

憂喜暗三德，非子亦非父。

如果對方說：相違的行相觀待前後兩個對境而是一體，如此一來並不矛盾，就像一個人觀待父親或兒子分別安立為兒子、父親一樣。

你們的觀點也只是說父親與兒子假立為一人，實際上這並非是真實的，你們承許任何有實無情法的喜憂暗三者平衡時不顯現，其實這既不是父親也不是兒子。

寅三（以相互不緣之推理而破）分二：一、安立推理；二、遣除不成立。

卯一、安立推理：

彼無聞聲性，不見彼性故。

取色的眼識並不具有聽聲的自性，如果具有聽聲的自性，應當可以發現，實際上並沒有發現這一點。

卯二（遣除不成立）分二：一、真實遣除；二、遣除不定之理。

辰一、真實遣除：

如見伎異狀。是識即非常。

如果對方說：就像一位舞蹈演員表演不同形象一樣，取前面聲音的識也可以通過其他形式取色而見。

這樣一來，那個識顯然就成了無常的，因為變成了其他法的行相。

辰二、（遣除不定之理）分二：一、辯諍；二、破彼等之理。

巳一、辯諍：

謂異樣一體。

如果對方說：雖然變成了不同行相，但前面的那一自性仍舊是恆常的。

巳二、（破彼等之理）分二：一、形象相違故自性一體不應理；二、別相虛妄故總相真實不應理。

午一、形象相違故自性一體不應理：

彼一未曾有，異樣若非真，

自性復為何？若謂即是識，

眾生將成一。

（你們所承認的）這一自性是前所未有的一種形式。

如果對方說：雖然現為異體的行相，但這並不是真實的，實際上就是一體。

那麼，請說說絕對真實的這一自性到底是什麼？

如果對方說：只是心識一者而已。

如此一來，相續不同的所有眾生的心也同樣成了這唯一的心識，結果一切的一切都將變成一體。

心無心亦一，同為實有故。

同樣，有心的神我與無心的主物也都成為一體，因為它們恆常存在於所知中是相同的緣故。

午二、別相虛妄故總相真實不應理：

差殊成妄時，何為共同依？

什麼時候，取色取聲等識的別相都是顛倒不實，當時真實的共同唯識——所依總相究竟是什麼呢？根本不存在。

勝論外道承許屬於士夫相續唯一常有的無情法和心

是異體，因而無情物是享用對境的「我」。

癸二（破勝論外道所假立之我）分三：一、安立推理；二、破除周遍迷亂；三、攝義。

子一、安立推理：

無心亦非我，無心則如瓶。

無心的實法也不是享用對境的「我」，無心的本體就像瓶子等一樣。

子二、破除周遍迷亂：

謂合有心故，知成無知滅。

若我無變異，心於彼何用？

對方說：雖然它沒有思維真如的本體，但由於具有異體之心的緣故，可以作為對境的受用者。

這種說法是不合理的，如果「我」的自性本來不了知對境，而當具有心時才了知，那麼無知的神我顯然就成了壞滅、無常法。既然「我」無有遷變，那麼具有心又能對我從不知對境變成了知對境的差別起到什麼作用呢？根本不能起作用。

子三、攝義：

無知復無用，虛空亦成我。

由於「我」是這樣的無情物既不了知對境，又是常有之法，因而並不具有生果的作用，如果承認這樣的一個「我」，那麼虛空也可以作為「我」了（，實際上它根本不是「我」）。

壬三（遣除無我之爭論）分二：一、遣除業果不合理；二、遣除悲心不合理。

癸一（遣除業果不合理）分二：一、辯諍；二、作答。

子一、辯諍：

若我非實有，業果繫非理，
已作我既滅，誰復受業報？

對方說：假設常有的我不存在，那麼業果之間的聯繫——造業感受果報就不合理了，由於造業以後作者已經滅亡，在受報之時已不復存在，結果成為誰的業呢？

子二（作答）分三：一、相同辯論；二、遮破辯答；三、遣除違教。

丑一、相同辯論：

作者受者異，報時作者亡。
汝我若共許，諍此有何義？

造業所依的今生之蘊、成熟果報的所依後世之蘊這兩者是異體，時間也是兩個階段，積業的那個我在感受異熟時就不存在，關於這一點，是承認常有無情法的你們與承許無我的我們共同承許，對此進行爭論難道不是無有意義嗎？確實無有意義。

丑二、遮破辯答：

因時見有果，此見不可能。

如果對方認為：順現法受業的業果在因位時並沒有

不同。

如此一來，造因業之蘊的剎那就能見到感受它的果報，這是不可能的，就像父子不可能同時出生一樣。

丑三、遣除違教：

依一相續故，佛說作者受。

如果對方說：經教中云：「此者所造之業他者如何感受？諸比丘，所造所積之此業即不成熟於外界之地界等上，而成熟於有執受之蘊等上。」如此就與所說的「造業者感受果」相違了。

經中所說是有密意的，用意是指同一相續，出自制止誹謗業果的必要而說造業者就是受報者，而並不是指真實的作者感受，因為常有的我不成立之故。

過去未來心，俱無故非我。
今心若是我，彼滅則我亡。
猶如芭蕉樹，剝析無所有，
如是以慧觀，覓我見非實。

如果問：那到底是怎樣的呢？

過去與未來心不是我，因為過去心已經滅亡，未來心還沒有產生，它們都不存在。

如果對方說：然而生已未滅現在的心是我。

這樣一來，現在的心第二剎那滅亡時，我也將蕩然無存了，同樣以此理也能遮破五蘊為我。譬如，假設將芭蕉樹幹剖析成部分，那麼絲毫實質也無有，同樣，如

若以理分析尋覓，我也並非真實存在。

癸二（遣除悲心不合理）分三：一、遣除無對境故修悲心不合理；二、遣除無果故修悲心不合理；三、遣除是所斷故修悲心不合理。

子一、遣除無對境故修悲心不合理：

有情若非有，於誰起悲愍？

立誓成佛者，因癡虛設有。

有人提出這樣的問題：倘若有情不存在，那麼對誰修悲心呢？

作為對境的眾生雖然無實有，但在世俗中立誓將他們安置於解脫果位，所緣境是由愚昧所假立的，對迷亂者前顯現的他們修悲心並不相違。

子二、遣除無果故修悲心不合理：

無人誰得果？許由癡心得。

有人又問：假設眾生不存在，那麼誰獲得修悲心之果呢？

在勝義中的確如此，然而在世俗中卻要承認，在不知萬法真相的迷亂心前，眾生的顯現分仍然存在，修現分的悲心也就有現分的果報。

子三、遣除是所斷故修悲心不合理：

為息眾生苦，不應除果癡。

我慢痛苦因，惑我得增長。

謂慢不能除，修無我最勝。

如果說：悲心也是顯現虛妄的有境，屬於對所知的一種愚癡，因此與對我愚癡同樣是應當遣除的。

為了息滅痛苦，不需要遣除這種愚癡，也不能遣除，因而對果位這種現分的無明不是該遣除的，而對我的無明務必要遣除，因為依靠它會增長成為痛苦之因的我慢等，而一定要擯除。

如果對方說：無有能遣除它的方法。

修持無我就是對治它的最殊勝方法。

接下來，廣說深入法無我之理：《宣說諸法無生經》中云：「文殊，若見身如虛空，則彼即於身隨觀身之念住。同理類推，若不緣受，則為於受隨觀受之念住；若知心唯名，則為於心隨觀心之念住；若不緣善不善法，則為於法隨觀法之念住。」

庚二（深入法無我）分四：一、身念住；二、受念住；三、心念住；四、法念住。

辛一（身念住）分三：一、具支分之身不成立；二、支分不成立；三、攝義。

壬一（具支分之身不成立）分二：一、對境身體不成立；二、身執說為迷亂。

癸一（對境身體不成立）分二：一、破與分支相聯之身；二、破與分支不相聯之身。

子一（破與分支相聯之身）分三：一、破各自分支為身；二、破身住於每一部分中；三、攝義。

丑一、破各自分支為身：

身非足小腿，腿腰亦非身，
腹背及胸臂，彼等復非身，
側肋手非身，腋窩肩非身，
內臟頭與頸，彼等皆非身，
此中孰為身？

身體不是腳、小腿，大腿、腰也不是身體，腹、背、胸、臂這些也不是身體，側肋、手不是身體，腋窩、臂不是身體，內臟、頭顱與頸部都不是身體。這所有肢體中哪一種能真實成立為身體呢？沒有任何部位成立為身體。

丑二、破身住於每一部分中：

若身遍散住，一切諸支分，
分復住自分，身應住何處？

如果這個身體住在所有支分的每一部位，那麼身體的所有部分又住於支分的部分，無分真實之身體自己到底住於何處呢？

若謂吾一身，分住手等分，
則盡手等數，應成等數身。

如果說：我的整個身體分別住於手等每一部位。

這樣一來，手等支分有多少數量，身體也該有同等多的數量。

丑三、攝義：

內外若無身，云何手有身？

如果裡裡外外都沒有身體，那麼手等部位怎麼會真實存在身體呢？根本不會存在。

子二、破與分支不相聯之身：

手等外無他，云何有彼身？

由於除了手等所有支分以外得不到的緣故，因而身體並不存在。既然如此，那麼整體的身軀又怎麼會與支分不相聯而存在呢？絕對不會存在。

癸二、身執說為迷亂：

無身因愚迷，於手生身覺，
如因石狀殊，誤彼為真人，
眾緣聚合時，見石狀似人，
如是於手等，亦見實有身。

身體實際上並不存在，可是眾生由於愚昧而對本無身體的手等生起是身體的迷亂妄心。而事實並不是像內心所執著的那樣真實存在，就像執著與人形象似的假人而把它當作人的妄心一樣，在將假人誤認為人的眾緣存在期間，就會見到假人現為真人，同樣在將手等誤認為身體的外緣存在期間，就會見到這些顯現為身體。

壬二、支分不成立：

手復指聚故，理當成何物？
指亦指節聚，指節猶可分。
分復析為塵，塵析為方分，

方分離部分，如空無微塵。

就像一個整體的身軀不成立實有一樣，由於手是手指等聚合的緣故，手又怎麼會成立實有呢？由於手指也是指節的聚合，因此手指也不真實存在。這些指節也可以分析為各自的部分，因而每一部分都不存在，一個部分可以更細緻地分成微塵，微塵又以方分的分析而變成多體，結果統統不成實有。對每一方分再加以剖析，就成了遠離實有的部分，到最後都如同虛空般成為空性，結果微塵本身也無實有。

壬三、攝義：

是故聰智者，誰貪如夢身？

如是身若無，豈有男女相？

因此，對於現而無實如夢境般的身體，具有觀察能力的智者誰會貪執呢？絕不該貪執。既然身體不存在，身體的差別男相與女相又是什麼呢？根本不存在。

辛二（受念住）分四：一、受之自性；二、受之因觸；三、受之對境；四、執著不成立。

壬一（受之自性）分二：一、勝義中受不成立之理；二、修分別彼之對治。

癸一（勝義中受不成立之理）分二：一、遮破之理證；二、破彼之回答。

子一、遮破之理證：

苦性若實有，何不損極樂？

樂實則甘等，何不解憂苦？

如《中論》中云：「若法實有性，後則不應無。性若有異相，是事終不然。」如果苦受真實存在，那麼永遠不能捨棄它，如此一來，怎麼會對與之相違的喜樂沒有害處呢？由於有害，結果永遠也就無法生起喜樂，可是卻明明見到可以生起快樂。同樣，安樂如果真實存在，那麼甘美食品等為什麼對具有受憂愁、疾病等極度折磨者不能起作用呢？本該起作用，但明明見到並沒有起作用。

子二、破彼之回答：

若謂苦強故，不覺彼樂受。

既非領納性，云何可謂受？

如果對方說：痛苦雖然真實存在，但如果生起了強有力的快樂，便壓服了痛苦，因此感覺不出痛苦。

如果不是領受本性的痛苦怎麼能算是受呢？因為它不具有受的法相。

若謂有微苦，豈非已除粗？

謂彼即餘樂，微苦豈非樂？

如果你們說只是感覺出細微痛苦，那麼雖然是受，但它的粗大部分難道不是已被具有力量的快樂所遣除了嗎？

如果對方說：細微苦受的本體就是除了粗大快樂以外力量微弱的喜樂。

這樣一來，所感受的這一細微喜樂也就不再是前面的痛苦，因為它屬於快樂的種類。

倘因逆緣故，苦受不得生，
此豈非成立，分別受是執？

假設因為生起快樂這一違緣而使他相續中不能生起痛苦，那麼對於未生起的這種痛苦妄自分別為受難道不是一種顛倒執著嗎？一定是顛倒執著。

癸二、修分別彼之對治：

故應修空性，對治實有執，
觀慧良田中，能長瑜伽食。

執著受完全是一種迷亂，因此應當修持這種迷亂的對治法即分析諸法無有自性的這一智慧，因為智慧觀察的良田中所生的果實禪定是使證悟瑜伽實相之身體茁壯成長的食物。

遮破承許受之因是對境、根、識三者接觸的觀點有三：

壬二（受之因觸）分三：一、破根境相遇；二、破與識相遇；三、攝義。

癸一（破根境相遇）分二：一、總破相遇；二、破微塵相遇。

子一、總破相遇：

根境若間隔，彼二怎會遇？
無隔皆成一，誰復遇於誰？

如果眼等根與色等外境有間隔，那麼它們如何能相遇呢？就像東山與西山一樣。如果中間無有任何中斷的部分，那麼顯然就成了一體，結果它們誰接觸誰呢？因為所接觸與能接觸無二無別。

子二、破微塵相遇：

塵塵不相入，無間等大故。

不入則無合，無合則不遇。

根境的微塵所有方向都沒有相遇，因為微塵進入微塵而融入一塵內的情況不存在，其原因是兩種微塵均無有餘地，體積也完全相等。這一點是一定的，因為相互沒有進入而不會融合一體，由於沒有融合一體使得一切方向不可能完全接觸，故而稱周遍。

無分而能遇，云何此有理？

若見請示我，無分相遇塵。

承認無分微塵一方能相遇的說法怎麼會合理呢？倘若如此，顯然就成了相遇與未遇的兩部分。假設見到存在相遇並無有方分的情況，請顯示給我看看，根本無法顯示。

癸二、破與識相遇：

意識無色身，遇境不應理。

聚亦無實故，如前應觀察。

意識接觸外境不合理，因為意識無有色相之故。

如果對方說：雖然它們之間不存在色法的接觸，但聚合而生果這一點是存在的。

這種說法也是不合理的，因為聚合也不存在真實的有實法，就像前面「手復指聚故，理當成何物？指亦指節聚，指節猶可分。分復析為塵，塵析為方分，方分離部分，如空無微塵」分析的一樣。

癸三、攝義：

若觸非真有，則受從何生？
何故逐塵勞，何苦傷何人？

如果受之因——觸不存在，那麼其果——受又從何而生呢？何故為了追逐、獲得樂受而辛苦勞累呢？究竟是什麼苦受在加害何者的相續呢？所害與能害根本不存在。

若見無受者，亦無實領受，
見此實性已，云何愛不滅？

一旦徹見到了既無有任何受者的我，也不存在感受本身這一階段，當時已遠離了苦樂，貪愛怎麼會不滅除呢？一定會滅除。

壬三、受之對境：

所見或所觸，性皆如夢幻。

所見與所觸之間五境都是現而不實、如夢如幻的本性，為此它們的有境受也不存在實有。

壬四、執著不成立：

與心俱生故，受非心能見。

後念唯能憶，非能受前心，

不能自領納，亦非他能受。

受並非是以與自身一同產生的心所能見到的，因為與心同時產生的緣故它們之間沒有聯繫。而心在受之前或之後產生也只能憶念它、嚮往它而已，並不能親自體驗，因為在此等之時受尚未產生，或者已經滅亡。由於所受與能受無二，因此並不是自己領受自己。如果觀察三時，則以他者來領受也不應理。

畢竟無受者，故受非真有，

誰言此幻受，能害無我聚？

由此可見，受者終究不存在。既然受者不存在，那領受當然就不可能有了，如此一來還怎麼能以樂受利益、以苦受加害這個無我的蘊聚呢？因為能利與能害均不成立。

辛三（心念住）分二：一、意識不成立；二、五根識不成立。

壬一、意識不成立：

意不住諸根，不住色與中，

不住內或外，餘處亦不得。

意識既不住於眼等諸根中，也不住在色等諸境中，原因是：雖然根境都存在，但是每一根、每一境都不能產生意識。根境之間其他處也不存在心，因為得不到的緣故。心不在身內也不在身外，除此之外他處也得不到心。

非身非異身，非合亦非離，

無少實性故，有情性涅槃。

心既不是身體，也不是身外的實有法，又不是與身混在一起，離開身心另外也不存在。這樣的意識毫無實有，如《寶積經》中云：「迦葉，心於內無有，於外亦無，二者亦無有且不可得。迦葉，心無有色，無有所示，無有阻礙，非為所依，無有顯現，無有有表，無有住處。迦葉，諸佛亦未見、不見、不可見心。」因此，眾生本來即是涅槃的本性。

壬二、五根識不成立：

離境先有識，緣何而生識？

識境若同時，已生何待緣？

識若後境起，緣何而得生？

如果說：五根識能取五境是真實的。

那麼請問，觀察五根識是在五境之前、同時還是後面有的？如果說它們在所知五境之前就已存在，那麼識是緣什麼對境而產生的呢？由於當時對境尚未產生還不存在。如果識與所知同時產生，同樣請問它是緣什麼對境產生的？因為識沒有產生對境也沒有形成，識若已經產生，那就無需依靠對境來產生。如果識在所知對境後才有，那麼當時識是從何對境中產生的呢？因為對境已滅盡而不存在的緣故。

辛四（法念住）分二：一、諸法成立無生之理；二、遣除於彼之爭論。

壬一、諸法成立無生之理：

故應不能知，諸法實有生。

由此可見，以前面、後面、同時均不能產生的這一理證足可通達一切諸法並非實有產生。

壬二（遣除於彼之爭論）分二：一、遣除無有世俗之過失；二、遣除分析不合理。

癸一（遣除無有世俗之過失）分二：一、辯諍；二、答辯。

子一、辯諍：

若無世俗諦，云何有二諦？
世俗若因他，有情豈涅槃？

如果對方說：倘若一切法無生，那麼具生滅的世俗諦就不存在了，這樣一來，中觀派的二諦怎麼能存在呢？根本無法存在。假設一切法無生無滅，世俗只是其他迷亂的分別心假稱有生有滅才安立的，那麼眾生怎麼會涅槃呢？不會趣入涅槃，因為儘管有些人趣入涅槃，可是他人也假立為有生有死，如此也就變成世俗了。

子二、答辯：

此由他分別，彼非自世俗。
後決定則有，非故無世俗。

儘管實際上是無生，然而由於眾生沒有證悟這一點

而分別妄執為有生有滅，觀待以心作為對境而安立為世俗，因此並不至於成為無有世俗諦的過失。

依此也可證明並非無有涅槃，因為他人的迷亂，不會導致另外人（指涅槃者）成為世俗，這種迷亂的分別念是涅槃以外他人心的妄念，它並不是涅槃者自身的世俗，因為是迷亂分別念的緣故，後來趣入涅槃時如果決定有迷亂妄念，那它就會有自己的世俗，由於當時沒有迷亂妄念，因而無有世俗。《大疏》中解釋道：「諸法生諸法並非是後來而生且有，因此後來決定之法若有，則爾時有世俗。」意思是說，涅槃時決定由一法生後一法的情況如果存在，則……我認為這種解釋也可以。

癸二（遣除分析不合理）分二：一、辯諍；二、答辯。

子一、辯諍：

分別所分別，二者相依存。

如果對方說：能分別的心與所觀察的對境二者是相互依存的關係，對境不成立，心也不存在，因此進行分析不合理。

子二（答辯）分三：一、能分析不需要實有；二、若需要則有太過；三、未分析亦成立空性。

丑一、能分析不需要實有：

是故諸觀察，皆依世共稱。

雖然對境無實，心也無實，但這一點並不能說明分

析不合理，一切分析均是名言的分別心依據世間共稱的道理而說的。

丑二、若需要則有太過：

以析空性慧，究彼空性時，

若復究空智，應成無窮過。

什麼時候需要由成立實有的分析作為能分析，爾時那一分析也需要以其他分析來加以分析，結果就成了無窮無盡，由此根本的所分析也成了不一定。

丑三、未分析亦成立空性：

悟明所析空，理智無所依，

無依故不生，說此即涅槃。

對所分析的對境進行分析，如果成立空性，那麼對能分析的智慧未加分析也根本不存在所依的對境，由於無有所依對境，也就不能產生能依的心，這樣一來，境心無二寂滅為無生，這就是涅槃，也就是前文中所說的「無緣最寂滅」。

己三（破除所斷實執）分三：一、總說；二、遮破能立；三、宣說能害。

庚一、總說：

心境實有宗，理極難安立。

如果按照有實宗的觀點承認境心二者實有，這一點極難立得住腳，因為無有所立而有能害。

庚二（遮破能立）分二：一、相互依存故不成立；

二、破彼遣過之回答。

辛一、相互依存故不成立：

若境由識成，依何立識有？

若識由境成，依何立所知？

如果說，由心識實有而成立對境實有。

那麼心識實有又有什麼依據或根據呢？如果說，由所知成立心識，那麼所知存在又有何依據呢？

心境相待有，二者皆無實，

無子則無父，無父誰生子？

無子也無父，如是無心境。

如果相互觀待由一者而推出另一者存在，那麼當時一者不成立另一者也就不成立，因此二者都成了不存在，如若無有兒子，父親就不能成立，父親不成立，兒子又從何而生呢？這樣一來，無有兒子就無有父親，無有父親就無有兒子，最終二者均不存在，同樣境心二者也終歸無有。

辛二、破彼遣過之回答：

如芽從種生，因芽知有種，

由境所生識，何不知有境？

由彼異芽識，雖知有芽種，

然心了境時，憑何知有識？

如果對方說：由於觀待而成立故不相違，比如苗芽從種子中生，由於相互觀待便可通過苗芽了知種子存

在。同樣，依靠所知中產生的心識為何不能了知所知存在呢？

這兩者是不同的，如果苗芽可通過它以外的心識來見再進一步了知有種子，那麼能了知所知實有的心識實有存在又憑藉什麼呢？因為它並沒有能知。

庚三（宣說能害）分三：一、由因建立空性；二、由果建立空性；三、成立之攝義。

辛一（由因建立空性）分二：一、真實無生建立空性；二、名言中由因生建立空性。

壬一（真實無生建立空性）分三：一、破無因生；二、破常因生；三、攝義。

癸一、破無因生：

世人亦能見，一切能生因，

如蓮根莖等，差別前因生。

破斥順世外道與密行派所謂的「日升河水向下流，豌豆圓形刺尖長，孔雀翎豔等諸法，誰亦未作自性成」，也就是承認一切有實法無因生的觀點。暫時世間現量也見到果由它本身的諸因聚合而生，並且依靠比量等也能證實，如同蓮花莖等不同果的差別完全是由各不相同因的差別而形成的。

誰作因差別？由昔諸異因。

何故因生果？從昔因力故。

如果有人問：因的差別由誰所造的呢？

那是由往昔的不同因而來。那麼，不同的因又為何能生不同的果呢？這也是由前因的力量才這樣生果的。

癸二（破常因生）分三：一、破由大自在所生；二、破由微塵所生；三、破由主物而生。

子一（破由大自在所生）分三：一、大自在不成立；二、由彼所生不存在；三、大自在不能作為能生。

丑一、大自在不成立：

自在天是因，何為自在天？
若謂許大種，何必唯執名？

勝論派與吠陀派將所謂的大自在天作為聖尊，認為他具有清淨、應供、常有、唯一、一切的作者這五種特點，是一切眾生之因。

那麼暫且請問，大自在天到底是什麼？

如果對方說：他是一切大種。

既然他是大種所造的因，那假立為自在天只是徒有虛名了，對此為何要徒勞爭論呢？不必爭論。

無心大種眾，非常亦非天，
不淨眾所踐，定非自在天。
彼天非虛空，非我前已破，
若謂非思議，說彼有何義？

儘管如此，但要說明的是，你們自己所許的（自在天）法相是不存在的，由於地等一切大種具有眾多、無常、無有動搖之心、非為聖尊且可踐踏、不清淨，可見

它不是自在天。虛空不是自在天，因為它無有動搖。神我也不是自在天，對於神我前面已經破遮完畢。如果說作者自在天是不可思議的，既然不是所思，那將他稱為作者又有什麼用途呢？實在無有意義。

丑二、由彼所生不存在：

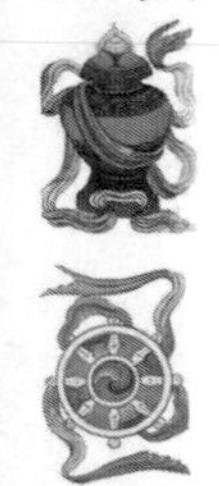

云何此彼生？我及自在天，

大種豈非常？識從所知生，

苦樂無始業？何為彼所生？

再請問：你們承認由大自在天所生的果到底是什麼？

如果對方說：是我、地等的微塵、大自在天後面同類的相續。

那麼豈不是承認這些的本體是常有了嗎？由於是常有的緣故，與所生相違。

心識也是從所知中產生、具有外境行相的，這種覺知也是由無始以來的前前心識中產生，苦樂是從善業、惡業中生，因此請說說大自在天所生的果究竟是什麼呢？

丑三（大自在不能作為能生）分二：一、宣說過失；二、遣除周遍之謬論。

寅一、宣說過失：

若謂因無始。彼果豈有始？

如果作為因的大自在天能生果是恆常的，無始的，

那麼它的果安樂等豈能有初始？也成了無始。同樣，大自在也無有終結，為什麼苦樂等不是常有呢？也應成常有，但由於苦樂這些是偶爾出現的緣故，因此對方的觀點不攻自破。

寅二、遣除周遍之謬論：

彼既不依他，何故不常作？

若皆彼所造，彼需觀待何？

如果對方說：大自在天雖然是恆常的，但生果有時觀待他緣，因而不一定恆常生果。

這樣一來，那位大自在天應成不觀待他法，因為非由他所造的其他實法不存在。既然如此，那他生果還需要觀待什麼呢？

若依緣聚生，生因則非彼。

緣聚則定生，不聚無生力。

若非自在欲，緣生依他力。

若因欲乃作，何名自在天？

如果對方說：需要觀待外緣聚合，這樣一來，就有外緣聚合成為因而自在天並不是因的過失。原因是：因緣聚合時自在天沒有不生果的權力，因緣不聚合時他也沒有生果的權力。倘若自在天在不願意的情況下能生果，那麼就成了被他法主宰了。即使是願意而生果，那也說明將依賴於生果的意願，如果由意願而造出果，那又怎麼能稱得上是自在天呢？因為意願是受無常控制的。

子二、破由微塵所生：

微塵萬法因，於前已破訖。

勝論外道承認由常有的微塵產生器情萬法，這些均是不合理的，關於微塵常有，前面以「塵析為方分」等已經破斥完畢。

子三（破由主物而生）分二：一、安立觀點；二、破彼觀點。

丑一、安立觀點：

常主眾生因，數論師所許。

喜樂憂與暗，三德平衡狀，

說彼為主體，失衡變眾生。

數論外道認為萬事萬物均可包括在神我心識與主物無情法二者當中，其中神我如前所說具有五種特點，它不是任何因果。而主物也具有唯一、恆常、無情、誰也見不到、一切的作者五種特點，是一切眾生之因。主物的本體：當心所具有的精力、微塵、黑暗也就是苦、樂、等捨三德處於平衡狀態時，它的自性即稱為因之主物。當這三者失去平衡時，從中產生現象，首先出現如水晶般清澈的大，它由內現出神我的影像，從外顯現對境的影像，因此這兩者融合在一起時就作為神我享受對境的名言。

隨後出現我慢以及我慢所生的眼等心之五根、口足手尿道肛門業之五根與共同意根十一根，再加上聲、

觸、味、色、香五境，共有十六群體。其中五境按次第產生虛空、風、火、水、地五大種，這二十二法，稱作果，如云：「自性生大彼生慢，慢生群體十六相，十六相中皆亦爾，五境中生五大種。」

丑二（破彼觀點）分四：一、破自性是一體；二、破樂等是境；三、破實法常有；四、破生前有者。

寅一、破自性是一體：

一體有三性，非理故彼無。

如是德非有，彼復各三故。

唯一實有的主物真實具有三種自性不合理，因而主物並不存在。同樣，德也並不是真實具有三種，因為每一德都同樣有三種自性。

若無此三德，杳然不聞聲。

推理是成立的，原因是你們自己承認無論是唯一的神我還是實有的無情物都具有三種功德自性。關於最後的推理，《大疏》中已進行了明示。如果不具有因三德，那麼它的果——聲音等所有現象就不可能存在了。

寅二、破樂等是境：

衣等無心故，亦無苦樂受。

謂此即因性，豈非已究訖？

你們所謂的衣等五唯（數論派所立的二十五法之一組，即色、聲、香、味、觸五境）不可能具有樂等本體，因為它們沒有心。

如果對方說：衣等一切有實法的確有樂等因之自性，因此具有樂等。

實際上衣等一切有實法也與身體相同，而身體不是已經分析、破斥完畢了嗎？確實已經破完了。

汝因具三德，從彼不生布。

若布生樂等，無布則無樂。

再者說，你們宗派承認衣服等的因也具有樂等三德，實際上從樂等根本不會有氆氌等物品生出。如果說世俗中明明見到了由氆氌等中產生樂等，對此觀察分析，則由於因——氆氌等並非真實存在，所以它的果——樂等也必然無實有。

寅三、破實法常有：

故樂等常性，畢竟不可得。

樂等若恆存，苦時怎無樂？

若謂樂衰減，彼豈有強弱？

捨粗而變細，彼樂應非常。

你們所承認的樂等是恆常性這一點永遠也得不到，因為這些是偶爾性的緣故。如果明顯的樂等恆常存在，那麼生起痛苦時為何感受不到快樂呢？應該感受到快樂。

如果對方說：生起痛苦時，由於快樂變得微弱，因此感受不到。

既然樂等是恆常性的，怎麼會時而粗大、時而細微

呢？以捨棄粗大而變成細微這一點，就足可證明樂等的這些粗細是無常性。

如是何不許，一切法非常，
粗既不異樂，顯然樂非常。

同樣，為什麼不承認現象等一切有實法都是無常的本性呢？同等理之故。

如果對方說：樂的粗細階段雖然無常，但樂的自性是恆常的。

既然樂的粗大部分並不是樂以外的他法，粗大是無常的，樂也顯然是無常。

寅四（破生前有者）分四：一、他宗之觀點；二、發太過；三、破彼之回答；四、遣除妨害自宗。

卯一、他宗之觀點：

因位須許有，無終不生故。
顯果雖不許，隱果仍許存。

如果承許：不存在的法絲毫也不生，因為無有之故，就像沙子中無有芝麻油一樣。產生前所未有的明顯之果這一點你們雖然不承認，但你們宗派實際上也承認有果存在，因為承認以前不明顯後來生成明顯的果。

卯二、發太過：

因時若有果，食成啖不淨，
復應以布值，購穿棉花種。

如果在因位時果已存在，那麼吃食物就成了吃不淨糞，應當以買布的錢去購買棉花的種子來穿。

卯三、破彼之回答：

謂愚不見此，然智所立言，

世間亦應知。何故不見果？

世見若非量，所見應失真。

對方回答：雖然事實本是如此，但世間人由於愚昧而見不到種子是布，為此才不穿種子。

事實並不是這樣吧，因為被你們承許為了知此理的色迦大師等也並沒有穿著種子，而是穿著布衣。你們宗派所了知的果，它的因在世人面前也存在，為何世人不見種子中有布呢？理當見到。

如果認為世人面前雖然存在，但在因位時由於世間人的所有分別心並不是正量，所以不能了達。

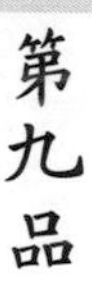

這樣一來，以分別心明顯見到果也應成了不真實，因為是迷亂的對境之故。

卯四、遣除妨害自宗：

若量皆非量，量果豈非假？

真實修空性，亦應成錯謬。

如果對方說：假設按照你們中觀派所承認的，能衡量對境的所有量都不是正量，而是迷亂的，那麼以其衡量的空性難道不也成了虛妄的嗎？由於空性成了虛假的緣故，修行空性也就不合理了。

不依所察實，不取彼無實，

所破實既假，無實定亦假，

如人夢子死，夢中知無子，

能遮有子想，彼遮也是假。

駁斥：不依賴心所假立的有實法，也就是說沒有以有實法作為對境，心就不能執著它的無實法，就像沒有以石女兒作所取就不會執著他死亡一樣。無實法觀待有實法，既然所破有實法是虛假的，能破它的無實法也顯然是虛妄的。然而，修習空性是合理的，因為它能作為實執的對治法，譬如夢中夢見兒子死去，想到無有兒子的念頭能夠遮止有兒子的妄念，無的執著雖然是虛妄的，但卻能遣除有的執著。

癸三、攝義：

如是究諸法，則知非無因，

亦非住各別，合集諸因緣，

亦非從他來，非住非趨行。

愚癡所執諦，何異幻化物？

可見，經過這般以理分析，便會明白：任何有實法都不是無因而存在，也不是最初安住於個別的因緣或積聚的眾緣中，又不是從他處重新而來，因此不是最初產生、也不是中間來安住、又不是最終滅盡去往他處。如果加以分析，這些均不成立，但眾生由於愚癡而執為實有，這一切法實際上是現而無實的，因此與幻物又有什麼差別呢？無有差別。

壬二、名言中由因生建立空性：

幻物及眾因，所變諸事物，

應詳審觀彼，何來何所去？

對於幻化師所幻化的象馬等與諸因緣所幻變的色法等事物進行觀察：最初從何處來、中間住於何處、最終去往何處，結果就會發現都是無來無去。如經中云：「色不從何來，亦不往何處，何處亦不住……」

緣合見諸物，無因則不見，

虛偽如影像，彼中豈有真？

任何果都是依靠它的因才被見到的，如果因不存在，那麼就不會見到果，可以說完全是因緣的產物，因而與影像一模一樣，怎麼會有真實性可言呢？經中云：「何依緣生彼無生，彼生自性皆非有，依緣何法彼空性，誰知空性即謹慎。」

辛二（由果建立空性）分三：一、破二邊生；二、破二邊滅；三、故成立空性。

壬一（破二邊生）分二：一、破有生；二、破無生。

癸一、破有生：

若法已成有，其因何所需？

如果有實法已經存在，那麼因還有什麼必要呢？因為果已經形成。

癸二（破無生）分二：一、無有非為所生；二、彼

不能轉成有實法。

子一、無有非為所生：

若法本來無，云何需彼因？

如果某法本來就不存在，也是同樣，因還有什麼必要呢？因為它不是果的因。

子二、彼不能轉成有實法：

縱以億萬因，無不變成有。

無時怎成有？成有者為何？

如果對方說：雖然因不能生無實法，但它還是能夠轉變成有實法。

這種說法不合理，縱然是以百千萬數的因，也沒有使無實法轉變成其他有實法的，因為無實法是常有的。假設能轉變，那麼是在沒有離開無實法還是已經離開了無實法而轉變的，如果說未離開無實法而轉變的，那麼在沒有脫離無實法的階段如何會是有實法呢？根本不會是。如果離開無實法而轉變，則離開無實法以後成為其他的有實法到底是什麼呢？不可能存在。

無時若無有，何時方成有？

於有未生時，是猶未離無。

倘若未離無，則無生有時。

再者說，如果尚未捨棄無實法的階段，那麼無實法之時不可能存在有實法，既然如此，那什麼時候才能變成有實法呢？相反，如果捨棄了無實階段後變化，則有

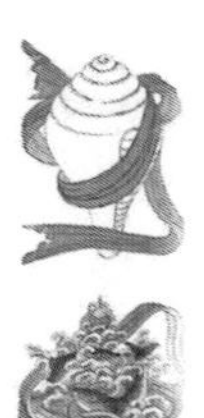

實法沒有產生而不會離開無實法，既然沒有脫離無實法，有實法就不可能有產生存在的機會，由於相互依存，二邊不可能並存。

壬二、破二邊滅：

有亦不成無，應成二性故。

同樣，有實法也不會滅盡而變成無實法，原因是：如果當時沒有離開有實法，則同一自性就應成有實法與無實法兩種，這種情況是不可能的。如果離開有實法而轉變，則在有實法之時與其真實性也相違。如云：「倘若自性有，則彼不變無。」

壬三、故成立空性：

自性不成滅，有法性亦無。

是故諸眾生，畢竟不生滅。

由此可見，滅是不存在的，有實法也無有生，因此一切有情恆常不生不滅，本來即是寂滅涅槃的本性。

辛三、成立之攝義：

眾生如夢幻，究時同芭蕉，

涅槃不涅槃，其性悉無別。

眾生現而無實猶如夢境，進行詳細分析時，無有實質如同芭蕉樹一般，《三摩地王經》中云：「如人剝開濕芭蕉，欲從中得實有果，然而內外無實質，一切諸法如是觀。」因此，涅槃、不涅槃於真實性中無有差別。經云：「諸法等性故智慧波羅蜜多亦等性。」

戊三（以智慧所得之事）分二：一、平息世間八法；二、於未證悟空性者生悲心。

己一、平息世間八法：

故於諸空法，何有得與失？
誰人恭敬我？誰復輕蔑我？
苦樂由何生？何足憂與喜？

對於本為空性的一切法，有什麼得有什麼失呢？哪位眾生在讚歎承侍我，又有誰在輕蔑我呢？以什麼利益而快樂，以什麼損害而痛苦呢？聽到刺耳的話語有什麼可憂傷的，聽到悅耳之語又有什麼值得喜悅的呢？

若於性中覓，孰為愛所愛？
細究此世人，誰將辭此世？
孰生孰當生？誰為親與友？
如我當受持，一切如虛空？

如果於真如性中尋找，那麼是什麼有境在貪愛什麼樣的對境呢？若加以分析，則活著的此世尚且不成立，誰又會於此世死亡呢？誰將在後世降生，又有誰在前世出生過呢？誰是親戚與朋友呢？這一切的一切都如虛空一般不成立，願諸位能像寂天我一樣分析而受持實相。

己二（於未證悟空性者生悲心）分二：一、所緣；二、行相。

庚一（所緣）分三：一、今世辛苦維生；二、後世感受痛苦；三、三有共同過患。

辛一、今世辛苦維生：

世人求自樂，然由諍喜因，
頻生煩亂喜。勤求生憂苦，
互諍相殺戮，造罪艱困活。

只求自我快樂的人們由爭鬥之因導致頻頻發生衝突，心煩意亂，由利益之因而數數歡喜，由於沒有得到快樂而憂傷難過，為了獲得安樂自己的三門辛苦奔波，與他人爭論不休，自他互相殘殺，頻繁造罪，飽嘗巨大的艱辛維持生活。

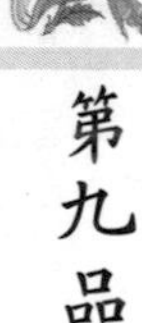

辛二、後世感受痛苦：

雖數至善趣，頻享眾歡樂，
死已墮惡趣，久歷難忍苦。

雖然曾經三番五次投至善趣，享受眾多的安樂，可是死後會墮落到惡趣中感受漫長難忍的痛苦。

辛三（三有共同過患）分三：一、與解脫相違；二、此相違難除；三、顛倒執苦為樂。

壬一、與解脫相違：

三有多險地，於此易迷真，
迷悟復相違，生時盡迷真。
將歷難忍苦，無邊如大海。

在三有之中，痛苦的險處多種多樣，對此沒有證悟解脫的方便真如本性而將色法等執為實有，之所以具有諸如此類的實執也是由於證悟空性與實執相違的緣故。

因此，只要流轉輪迴就說明沒有證悟真如，而要感受無可比擬、無法忍受、如無邊無際大海般的痛苦。

壬二、此相違難除：

苦海善力微，壽命亦短促，
為活及無病，強忍飢疲苦。
睡眠受他害，伴愚行無義，
無義命速逝，觀慧極難得。
此生有何法，除滅散亂習？

在三有中，由於沒有證悟空性而使行善的力量微弱，並且善妙的所依暇滿人身的壽命也是短短一瞬間。在世時也是為了存活、健康而想方設法疲於奔命，而且還有睡眠、他眾的損惱。以與凡愚交往等無聊之事，就這樣在毫無意義當中，今生的光陰很快就流逝過去了，並且觀察現而無實的智慧也極難得到。對於無始以來串習實執的散亂，怎麼能有遣除的辦法呢？

此時魔亦勤，誘墮於惡趣，
彼復邪道多，難卻正法疑。
暇滿難再得，佛世難復值，
惑流不易斷，嗚呼苦相續！

自己非但不具足順緣，反而經常遭受他人製造違緣，為了引墮大惡趣，惡魔也是再接再厲，魔教邪道也是屢見不鮮，而且對正道的滿腹懷疑也難以遣除，正由於以上種種原因，使得暇滿人身很難再度獲得，值遇佛出世更是難能可貴，煩惱的河流難以阻斷。為此，作者不禁悲憫地感歎道：唉，輪迴眾生將連續不斷感受痛苦！

壬三、顛倒執苦為樂：

輪迴雖極苦，癡故不自覺，
眾生溺苦流，嗚呼堪悲愍！
如人數沐浴，或數入火中，
如是雖極苦，猶自引為樂。

雖然處在極度痛苦的輪迴中卻不見自己痛苦與趨入苦因的眾生沉溺在痛苦的河流中實在是值得悲憐，比如有人數數沐浴，屢屢步入火中，雖然處於極端痛苦之中，但他卻自以為快樂，實際上是將痛苦誤認為快樂。

如是諸眾生，度日若無死，
今生遭弒殺，後世墮惡趣。

眾生儘管如此痛苦，然而卻像沒有老死等苦難一樣仍舊在造作苦因，以致於在諸處，首先被死主所殺，死後又墮入三惡趣中招致難忍的痛苦，一直被因果痛苦所束縛。

庚二（行相）分二：一、願安樂；二、願成利益之因。

辛一、願安樂：

自聚福德雲，何時方能降，
利生安樂雨，為眾息苦火？

什麼時候才能從自己的福德祥雲中降下善資的妙雨為遭受痛苦烈火逼迫的眾生消除苦難?

辛二、願成利益之因:

何時心無緣，誠敬集福德，

於執有眾生，開示空性理?

但願有朝一日能以具有證悟諸法無緣的智慧來恭敬積累福德資糧，待到自己的二種資糧圓滿以後，緣他眾而為一切有情開示空性的法理。

第九品釋終

第十品　迴向

乙三（圓滿結尾）分二：一、迴向福德；二、憶念恩德之作禮。

丙一（迴向福德）分三：一、迴向所化他利；二、迴向作者之自利；三、迴向共同所說之義。

丁一（迴向所化他利）分二：一、迴向成為諸世間利樂之因；二、迴向成為諸出世間意願之因。

戊一（迴向成為諸世間利樂之因）分二：一、為總利樂而迴向；二、尤其為趣入佛教而迴向。

己一（為總利樂而迴向）分三：一、略說迴向；二、為各別利益而迴向；三、為共同之利而迴向。

庚一（略說迴向）分二：一、為利益而迴向；二、為安樂而迴向。

辛一、為利益而迴向：

造此入行論，所生諸福善，
迴向願眾生，悉入菩薩行。

我以造此《入菩薩行論》的善根願一切眾生趣入菩薩行。

辛二、為安樂而迴向：

周遍諸方所，身心病苦者，
願彼因吾福，得樂如大海！
願彼盡輪迴，終不失安樂，

願彼悉皆得，菩薩相續樂！

願諸方所有遭受身心痛苦的眾生都以我的福德而獲得如海的喜樂！在未獲得佛陀的大樂之前，願永不失去安樂！願眾生擁有菩薩連續不斷的安樂！如《經莊嚴論》中云：「施與悲共起，能令菩薩樂，三界中樂受，比此無一分。」

庚二（為各別利益而迴向）分二：一、迴向惡趣眾生；二、迴向善趣眾生。

辛一（迴向惡趣眾生）分三：一、為地獄眾生而迴向；二、為旁生而迴向；三、為餓鬼而迴向。

壬一（為地獄眾生而迴向）分二：一、願痛苦自息；二、願以他力而息。

癸一（願痛苦自息）分二：一、略說；二、廣說。

子一、略說：

願諸世間界，所有諸地獄，
彼中諸有情，悉獲極樂喜！

願世間所有地獄的一切有情均獲得最勝的喜樂！

子二、廣說：

願彼寒者暖，亦願菩薩雲，
飄降無邊水，清涼炙熱苦！

願具皰地獄、皰裂地獄、阿秋秋地獄、緊牙地獄、虎虎婆地獄、裂如青蓮花地獄、裂如紅蓮花地獄、裂如大蓮花地獄中被嚴寒所逼迫的八寒地獄眾生得到溫暖！

願菩薩的二資濃雲中降下的無邊甘露水給復合地獄、黑繩地獄、號叫地獄、大號叫地獄、燒熱地獄、極熱地獄、無間地獄為熾熱所惱的八大地獄眾生帶來清涼！

願彼劍葉林，悉成美樂園，

鐵刺樹枝幹，咸成如意枝！

願獄成樂園，飾以鷗鵝雁，

悅音美飛禽，芬芳大蓮池！

祈願劍葉林也成為美麗的樂園，鐵刺樹長成如意樹！願由海鷗、天鵝、大雁等以悅耳的吟鳴聲來裝點，芳香異常的蓮花池使地獄各處變得賞心悅目！

願煻煨成寶聚，燒鐵成晶地，

怖畏眾合山，成佛無量宮！

岩漿石兵器，悉成散花雨，

刀兵相砍殺，化為互投花！

祈願煻煨炕變成珍寶聚，烈火燃燒的鐵地變成平整如掌的水晶地，眾合山都變成遍滿佛陀的無量宮殿！願熱炭、燃石以及兵器雨從今以後均變成紛紛綴下的花雨，相互兵革相鬥從今起變成為遊戲投拋的鮮花！

陷溺似火燃，無灘河眾生，

皮肉熔蝕盡，骨露水仙白，

願彼因吾福，得獲妙天身，

緩降天池中，天女共悠遊！

願沉溺在如烈火般的無灘河中皮肉焦爛、骨白如水

仙花般的眾生以我的善業力而獲得天人妙身，與諸天女一起緩緩悠然而遊戲！

癸二、願以他力而息：

云何此中隼，卒鷲頓生懼？
誰有此妙力，除暗生歡喜？
思已望空際，喜見金剛手，
願以此欣喜，遠罪隨密主！

為什麼在此令人忍受不了的閻羅獄卒、烏鴉、鷹鷲會驚恐起來呢？心裡暗想：能消除黑暗帶來喜樂的妙力到底是誰的威德力所致呢？想到這裡不禁向上觀瞧，結果發現虛空中金剛手菩薩威光赫赫地端坐在那裡，不由得歡欣喜悅，願以清淨心而遠離罪業，隨行金剛手菩薩！

願獄有情見，香水拌花雨，
自天迅飄降，熄滅熾獄火，
安樂意喜足，心思何因緣？
思時望空際，喜見聖觀音！

願地獄眾生見到摻拌香水的花雨從天而降熄滅地獄熾熱的火爐，驟然獲得安樂而心滿意足，不禁思維這究竟是怎麼回事呢？想到這裡抬頭觀望，喜出望外地見到了如是的作者手持蓮花的觀世音菩薩！

願獄眾有情，歡呼見文殊，
友朋速來此，吾上有文殊，

五髻光燦燦，已生菩提心，

力能滅諸苦，引樂護眾生，

令畏盡消除，誰願捨彼去？

彼居悅意宮，天女齊歌頌，

著冠百天神，齊禮蓮足前，

花雨淋髻頂，悲淚潤慈目！

偶然間見到文殊，於是情不自禁失聲呼喊：諸位朋友不要害怕迅速來這裡，快看：我的上方有以其威德力賜予離苦得樂救護一切有情的菩薩，他就是具有能除地獄痛苦的光芒與慈悲五髻金光閃閃的童子文殊，能令一切怖畏蕩然無存，因此各位無需再顛倒地逃往別處，有百天以冠冕頂戴其足蓮，以大悲浸潤雙目，頂上花束妙雨飄灑，這樣的文殊菩薩居住在舒心悅意成千上萬天女同頌讚歌的宮殿中。願所有眾生均能見到文殊菩薩，當下地獄有情便以歡喜心脫離痛苦！

復願獄有情，以吾善根力，

悉見普賢等，無礙菩薩雲，

飄降芬芳雨，清涼復安樂，

見已彼等眾，由衷生歡喜！

以我的善根也願地獄有情見到普賢菩薩，「等」字所包括的彌勒菩薩、地藏王菩薩、虛空藏菩薩、除蓋障菩薩等以各自的神變力所湧現的樂雲普降悅意、清涼、芬芳的妙雨，由衷生起歡喜！

壬二、為旁生而迴向：

願彼諸旁生，免遭強食畏！

但願所有旁生都能遠離互相啖食的畏懼！

壬三、為餓鬼而迴向：

復願餓鬼獲，北俱盧人樂！

願聖觀世音，手出甘露乳，

飽足餓鬼眾，永浴恆清涼！

也願餓鬼能像北俱盧洲的人們那樣，無有不得飲食的痛苦，安樂無比！願聖者觀世音菩薩手中灑下的甘露乳汁，滿足一切餓鬼，為他們沐浴，從而恆時感受清涼！

辛二、迴向善趣眾生：

願盲見形色，聾者常聞聲，

如彼摩耶女，孕婦產無礙！

祈願盲人能復明見色，聾者恆常聽到聲音，孕婦都能像摩耶夫人一樣無有阻礙地生下兒女！

願裸獲衣裳，飢者得足食，

渴者得淨水，妙味諸甘飲！

願無衣裸體者能獲得衣裳，飢腸轆轆的挨餓者得到豐足的食品，口乾舌燥者獲得清淨的水以及味道甘美的飲品！

願貧得財富，苦者享安樂！

願彼絕望者，振奮意永固！

但願窮困潦倒的貧困者獲得財富，受苦受難的可憐者享受快樂！願那些心灰意冷的絕望者振作精神，意志堅定！

願諸病有情，速脫疾病苦！

亦願眾生疾，畢竟永不生！

願患病的有情都能迅速擺脫疾苦！也願眾生的所有病患恆不出現！

願畏無所懼，縛者得解脫，

弱者力強壯，心思互饒益！

願所有惶恐不安者無所畏懼，一切受束縛者均得到解脫，所有軟弱無能者具足威力，相互之間滿懷饒益之心！

願諸營商賈，處處皆安樂，

所求一切利，無勞悉成辦！

願諸航行者，成辦意所願，

安抵河海岸，親友共歡聚！

願所有奔波勞頓的商人，處處平安快樂，所嚮往的任何事都不費吹灰之力而成辦！願所有大小航船中的船客都能如願以償，安全順利抵達江河海岸，與親友歡聚一堂！

願迷荒郊者，幸遇諸行旅，

無有盜虎懼，無倦順利行！

願那些迷失在荒郊野外的漂泊者有幸逢遇到旅客，

無有盜匪猛虎等威脅怖畏，無有疲倦，一路平安，行程順利！

願諸天守護，無路險難處，

老弱無怙者，愚癡癲狂徒！

祈願諸天神能在空曠荒野等無有路途危險之處庇護那些年邁體弱的老者、幼稚無知的孩童、無依無靠的孤苦者以及愚昧瘋狂的可憐者！

願脫無暇難，具信慈愛慧，

食用悉富饒，時時憶宿命！

願眾生都能脫離八無暇的險難處，具足信心、慈心與智慧，盡情享用無有罪業的飲食，豐足富裕，恆時回憶宿世。

受用願無盡，猶如虛空藏，

無諍亦無害，自在享天年！

願世間或一切有情的受用如同虛空的寶藏一般取之不竭、用之不盡，彼此之間無有爭論、無有損惱，自由自在享受天年！

願卑寒微士，容光悉煥發，

苦行憔悴者，健朗形莊嚴！

願所有卑微貧寒之人個個容光煥發，神采奕奕！願一切容顏憔悴的苦行者個個健壯，相貌端嚴。

願世諸婦女，悉成男子漢，

寒門晉顯貴，慢者轉謙遜！

願世間的所有女子都變成偉健的男子漢，所有下賤之人都晉升為達官顯貴，貢高我慢之輩都摧毀傲氣，變得謙虛謹慎！

庚三（為共同之利而迴向）分二：一、迴向成為利益之因；二、迴向成為安樂之因。

辛一、迴向成為利益之因：

願諸有情眾，因吾諸福德，

悉斷一切惡，常樂福善行！

這一偈頌是說成為總利益之因，願一切有情都以我的所有福德而斷除一切惡業，恆常奉行善法！

願不捨覺心，委身菩提行，

諸佛恆攝受，斷盡諸魔業！

尤其是願眾生意樂不離菩提心，行為盡心盡力精勤於菩提行，具足順緣，蒙受諸佛攝受，遣除違緣魔業！

辛二（迴向成為安樂之因）分二：一、迴向實現意願；二、願離不幸。

壬一、迴向實現意願：

願諸有情眾，萬壽永無疆，

安樂度時日，不聞死歿名！

願一切有情都能萬壽無疆，恆時安樂度日，甚至連「死亡」的名稱也聽不到！

願於諸方所，遍長如意林，

充滿佛佛子，所宣妙法音！

願於一切方位處所遍布如意樹的樂園，其中充滿佛與佛子演說妙法的悅耳之音！

普願十方地，無礫無荊棘，

平坦如舒掌，光滑似琉璃！

普願十方的大地無有瓦礫、荊棘等，平平坦坦宛如舒展的手掌一般，光滑得好似琉璃一樣！

願諸菩薩眾，安住聞法眷，

各以妙功德，莊嚴此大地！

願諸位菩薩能安住在聞法眷屬中央，各自以神變等功德莊嚴整個大地！

願諸有情眾，相續恆聽聞，

鳥樹虛空光，所出妙法音！

但願一切有情能連續不斷地聽聞到鳥類、樹木、光芒等以及虛空中傳出的微妙法音！

願彼常值佛，以及諸佛子，

並以無邊雲，獻供眾生師！

祈願他們恆常幸遇佛陀及佛子，並且以無邊的供雲獻給眾生上師佛陀！

願天降時雨，五穀悉豐收，

仁王如法行，世事皆興隆！

但願天神也是應時降雨，五穀豐登，國王如法而行，世間欣欣向榮。

願藥具速效，咒語咸靈驗，

空行羅刹等，悉具慈悲心！

願所有藥物均具有速效，咒語都靈驗無比，空行羅刹等所有凶神惡煞全都具有慈悲心腸！

壬二、願離不幸：

願眾無苦痛，無病未造罪，

無懼不遭輕，畢竟無不樂！

願一切有情絲毫無有痛苦，健康無病，不造罪業，無所畏懼，不受凌辱，始終無有不悅！

己二（尤其為趨入佛教而迴向）分二：一、總迴向；二、分別迴向。

庚一、總迴向：

願諸伽藍寺，講誦以興盛，

僧伽常和合，僧事悉成辦！

願具有正法的寺院以及僧團僧眾誦經等法行之事無比興盛，也願僧眾恆常團結和合，僧眾的事業如願以償！

庚二、分別迴向：

願欲學比丘，悉住阿蘭若，

斷諸散亂已，輕安堪修善！

願尼得利養，斷諍遠諸害！

願誠心誠意想修學解脫道的諸位比丘均得到、居於寂靜處，斷絕一切散亂使心堪能，如願修持善法！願諸位比丘尼獲得利養，相互之間斷除爭論，避免遭受他者

損害！

如是眾僧尼，戒圓無缺憾！
犯者願生悔，時時淨罪業，
壽終生善趣，不復失禁戒！

如是願所有的出家僧尼戒律圓滿，無有失毀！倘若破戒，願他能生起後悔之心恆常懺悔滅盡罪業，以滅罪之力後世得到善趣，不再失毀禁行戒！

願智受尊崇，化緣皆得足，
心續悉清淨，令譽遍十方！

願諸位智者受到人們的尊敬愛戴，化緣均獲得豐足，相續完全清淨我慢等煩惱，名聲遠揚十方！

願離惡趣苦，以及諸艱困，
復以勝天身，迅速成正覺！

普願所有眾生不再感受惡趣的痛苦，無有三門的艱難苦行，以暫時勝過天人的身體迅速成就究竟正等覺佛果！

願諸有情眾，殷勤供諸佛，
依佛無邊福，恆常獲安樂！

願一切有情常常精勤供養諸佛，依靠佛陀的無邊福德，恆時獲得快樂！

戊二、迴向成為諸出世間意願之因：

菩薩願如意，成辦眾生利！
有情願悉得，怙主慈護念！

獨覺聲聞眾，願獲涅槃樂！

願所有菩薩均如願成辦眾生利益！願一切有情均蒙受怙主諸佛慈悲垂念！願所有聲聞獨覺都獲得涅槃的安樂！

丁二、迴向作者之自利：

我未登地前，願蒙文殊恩，
常憶己宿命，出家恆為僧！

在我尚未獲得極喜地之前，願蒙受文殊菩薩的恩德，恆常能回憶宿世，獲得出家身分！實際上這是為所化眾生如是發願而說的，依此並不能證明寂天菩薩是凡夫，就像無罪業者頌《懺悔文》一樣。有些注釋中也說：「聖者寂天，獲得了殊勝成就。」

願吾菲飲食，維生充體能！
世世願恆得，圓滿寂靜處！

願我僅以菲薄的飲食維持生命、補充體能！願我生生世世獲得圓滿寂靜聖地！

何時欲相見，或欲問法義，
願我無障礙，面見文殊尊！

無論何時想見或者想請教法義，願我都能無有障礙地面見文殊菩薩！

為於十方際，成辦有情利，
吾行願得如，文殊圓滿行！

為了成辦遍布十方虛空際的芸芸眾生利益，願我的

行為也能像文殊菩薩的行為那樣圓滿行持!

乃至有虛空,以及眾生住,

願吾住世間,盡除眾生苦!

乃至虛空存在、眾生存在期間,願我一直住在世間,遣除一切有情的疾苦!

眾生諸苦痛,願悉報吾身!

願因菩薩德,眾生享安樂!

願眾生的所有痛苦全部成熟於我身上!願以菩薩僧眾的威德力使一切有情享受快樂!

丁三、迴向共同所說之義:

願除苦良藥,一切安樂源,

教法伴利敬,長久住世間!

願解除眾生苦疾的唯一良藥、暫時與究竟一切安樂的源泉之佛法伴隨恭敬利養而長久住世!

丙二、憶念恩德之作禮:

禮敬文殊尊,恩生吾善心,

亦禮善知識,恩長吾功德。

頂禮以其恩德使我萌生造此論之善心的文殊菩薩,也敬禮以其恩德使我增長善法功德的善知識。

第十品釋終

三時諸佛之遺道，六波羅蜜佛子行，
願以開顯此論善，令眾生入菩提行。
願脫惡趣難忍苦，獲得解脫之正道，
具足圓滿二資福，速入涅槃之城中。
願不失毀善趣樂，悟輪迴樂無實質，
盡滅二取相戲論，享受無漏之大樂。
願依其力能遣除，苦集諦之一切暗，
開啟蓮苑正法日，長久留住此世間。
願持三學德寶藏，以大智悲善巧法，
庇護教法與眾生，勝善知識久住世。
願入佛門諸教徒，解脫懈怠憒鬧縛，
皆以淨戒聞思修，三門恆常具義行。
願天應時而降雨，草木豐穀飾大地，
庶民安樂互慈愛，恆常奉行十善法。
願我未得菩提前，永不貪執輪迴樂，
不求自我得解脫，恆常精勤利有情。
無論於我貪或嗔，讚毀以及作利害，
願凡見聞念我者，悉皆速得勝菩提。

入行論釋善說海，教理法師無著於吉祥艾悟寺撰著！

二〇〇三年九月二十日

譯竟於杭州第六人民醫院